विद्युत उपकेन्द्र
ELECTRICAL SUB STATION

रनवीर सिंह

समर्पण

विद्युत उपकेन्द्र

यह लेख उन लेखकों एवं संस्थानों के प्रति हार्दिक आभार व्यक्त करता है जिनके योगदान/लेखन को पूर्ण या आंशिक रूप से इस लेखन सामग्री में संयोजित किया गया है । विद्युत विभाग के सेवाकाल अनुभव और सेवा निवृति उपरान्त प्रशिक्षुकों के अनुरोध पर यह लेखन सामग्री संकलित की है, जिसका एकमात्र उद्देश्य केवल पूर्णत प्रशिक्षण तथा वास्तविक ज्ञान के सदुपयोग के लिए समर्पण है तथा विद्युत उपकेन्द्र का संचालन और संधारण उचित तरीके से होता रहे ।

क्रम-सूची

प्रस्तावना

प्रस्तावना

विद्युत उपकेंद्र (इलेक्ट्रिकल सब स्टेशन) -

विद्युत उपकेंद्र (इलेक्ट्रिकल सब स्टेशन) विद्युत उत्पादन (जेनरेशन), संचारण (ट्रांसमीशन) और वितरण (डिस्ट्रीब्यूशन) प्रणालियों में प्रयुक्त एक सहायक केन्द्र होता है जहाँ वोल्टता को ट्रांसफार्मर (परिणामित्र) की सहायता से अधिक से कम (स्टेप डाउन) या कम से अधिक (स्टेप अप) किया जाता है । विद्युत उत्पादन केन्द्र से लेकर विद्युत उपभोक्ता तक कई उपकेन्द्र लगाने की जरूरत पड़ती है और वोल्टता को कई चरणों में परिवर्तित किया जाता है न कि एक ही चरण में ।

ट्रांसफॉर्मर -

- ट्रांसफार्मर एक विद्युत उपकरण/मशीन है, जिसमें कोई चलने या घूमने वाला अवयव नहीं होता । ट्रान्सफार्मर केवल प्रत्यावर्ती धारा (AC - एसी – अल्टरनेटिंग करेंट) के साथ कार्य करता है, एकादिश धारा (DC - डीसी – डायरेक्ट करेंट) के साथ नहीं । ट्रान्सफार्मर एक ऐसा स्थिर विद्युत यंत्र है जो ऊर्जा की हानि किए बिना ही एसी वोल्टेज को कम या ज्यादा कर सकता है । वोल्टेज के घटने – बढ़ने से ट्रांसफार्मर की क्षमता नहीं घटती – बढ़ती ।

- माइकल फैराडे ट्रांसफार्मर के जनक हैं तथा उनका मेग्नेटिक इंडक्सन (चुम्बकीय प्रेरण) का नियम ट्रांसफार्मर की खोज का कारण बना । नियम कहता है 'ईएमएफ एक बंद संवहन सर्किट में इंड्यूस्ड होता है जब चुम्बकीय प्रवाह उस सर्किट के साथ जुड़ता है, समय के साथ परिवर्तन होता है तथा ईएमएफ चुम्बकीय प्रवाह की परिवर्तन दर के अनुपात में होता है'।

- ट्रांसफार्मर की क्षमता का केवीए/एमवीए में मापन, जबकि प्रतिरोध/रजिस्टेन्स का ओहम तथा इंडक्टेंस का हेनरी में मापन होता है ।

ट्रान्सफार्मर के कार्य करने का सिध्दांत –

- ट्रांसफार्मर के तीन मुख्य पार्ट होते हैं जिसमें मेटेलिक कोर (धातु कोर), वाईंडिंग और विद्युत रोधक (ट्रांसफार्मर तेल व कोइल इंसुलेशन) होता है । वाईंडिंग जो कि बहुत अच्छे सुचालक धातु जैसे कॉपर/एल्यूमिनियम की बनी होती है । ट्रान्सफार्मर में जब प्राथमिक/पहली/प्राइमरी कुंडली में एसी करेंट प्रवाहित किया जाता है तो मेटेलिक कोर में चुम्बकीय क्षेत्र पैदा हो जाता है जिसका मान बदलता रहता है । दूसरी/सेकेन्डरी कुंडली इसी कोर से लिपटी होती है, इससे दूसरी कुंडली से गुजर रहे चुम्बकीय फ्लक्स में भी परिवर्तन होता रहता है जिससे विद्युत चुम्बकीय प्रेरण के सिध्दांत से चुम्बकीय फ्लक्स में परिवर्तन के कारण दूसरी कुंडली में धारा/करेंट बहने लगती है ।

- यहां यह स्पष्ट करना बहुत आवश्यक है कि प्राइमरी से सेकेन्डरी वाईंडिंग में कोई कनेक्शन नहीं होता हैं, केवल विद्युत चुम्बकीय प्रेरण का सिध्दांत कार्य करता है ।

ट्रान्सफार्मर की उपयोगिता क्यों ?

- अत: उत्पादन की वोल्टेज को बढ़ा कर भार विद्युत केन्द्रों की विद्युत ट्रांसमिट (पारेषण) की जाती है । विद्युत का उपयोग सीधे ही भार (लोड) केन्द्रों पर नहीं किया जा सकता क्योंकि यह उच्च वोल्टता पर होती है । अधिकांशत: उपभोक्ता सेवाएं निम्न एलटी स्तर अर्थात 415 या 400 वोल्ट (फेज टू फेज) अथवा 240 या 230 वोल्ट (फेज टू न्यूट्रल) पर होती है । इसलिए जब यह उपभोक्ता तक पहुंचाई जाती है तो विभिन्न चरणों में वोल्टेज को घटाने की जरूरत होती है ।

- संचारित विद्युत को उसी तरह से बनाए रखने के लिए वोल्टेज को बढ़ाने व घटाने का कार्य (थोड़ी बहुत हानि के अलावा) ट्रांसफार्मर से किया जाता है ।

ट्रांसफार्मर के विशिष्ट लाभ -

- यह बिना आंतरिक घूमने वाला पुर्जा के लिए एक स्थैतिक (स्थिर) उपकरण है इसलिए इसमें ऑपरेशन एंड मेंटीनेंस (संचालन और संधारण) लागत कम होगी । कोई टूट – फूट नहीं होती ।

- स्थैतिक किस्म के कारण उच्च वोल्टता विद्युत रोधन की सुविधा होती है तथा वोल्टेज को बढ़ाना और घटाना सुलभ होता है ।
- स्थिर वाईंडिंग के कारण उच्च वोल्टेज इंसुलेशन मुहैया करवाया जा सकता है ।
- इनमें कम रख – रखाव की आवश्यकता होती है । अत: मितव्ययी (कम खर्चीला) होते हैं ।
- इसकी उपयोग (प्राचलन) क्षमता काफी ऊंची है (90 % वितरण तथा 99 % तक ईएचवी ट्रांसफार्मरों के लिए)
- उपयोग की विभिन्न वोल्टेज पर सप्लाई को उपलब्ध कराने के अलावा इसे नेटवर्क के मीटरिंग तथा तंत्र की सुरक्षा प्रणालियों में भी प्रयोग किया जाता है । इसका प्रयोग एक विद्युत ट्रांसफार्मर के न्यूट्रल के भू – सम्पर्कन (अर्थिंग) के लिए किया जाता है ।
- वितरण तथा उप संचारण में ट्रांसफार्मर अत्यधिक महत्वपूर्ण है तथा तुलनात्मक रूप में महंगा उपकरण है । यह अत्यधिक कार्य उपयोगी यंत्र है ।

ट्रांसफार्मर की जरूरत/आवश्यकता क्यों ?

- विद्युत का उत्पादन प्राय: 11 केवी पर होता है । विद्युत संयंत्र भार केन्द्रों से दूर होते हैं, उत्पादित विद्युत को ट्रांसमिट/पारेषण किए जाने की जरूरत होती है । लंबी दूरी तक उत्पादन की वोल्टता पर विद्युत के पारेषण में अनेक क्षतियां होती हैं जैसे कि –
- निम्न वोल्टेज पर विद्युत पारेषण के चलने पर इसी विद्युत के संचारण की तुलना में उच्च धारा/करेंट का आहरण होगा ।
- इसके फलस्वरूप उच्च क्षतियां होंगी क्योंकि हानियां करेंट (आई) के वर्ग के अनुपात में होंगी ।
- बड़े व्यास एवं भार के कंडक्टरों की जरूरत होगी, जिससे टावर के भार में वृद्धि होगी तथा लाइन लागत बढ़ेगी ।
- उच्च करेंट को नजर में रखते हुए ज्यादा वोल्टेज की गिरावट होगी ।
- अत: उत्पादन की वोल्टेज को बढ़ा कर भार विद्युत केन्द्रों की विद्युत ट्रांसमिट की जाती है । विद्युत का उपयोग सीधे ही भार केन्द्रों पर नहीं किया जा सकता क्योंकि यह उच्च वोल्टता पर होती है । अधिकांशत: उपभोक्ता सेवाएं निम्न एलटी स्तर अर्थात 415 या 400 वोल्ट (फेज टू फेज) अथवा 240 या 230 वोल्ट (फेज टू न्यूट्रल) पर होती है । इसलिए जब यह उपभोक्ता तक पहुंचाई जाती है तो विभिन्न चरणों में वोल्टेज को घटाने की जरूरत होती है ।
- संचारित विद्युत को उसी तरह से बनाए रखने के लिए वोल्टेज को बढ़ाने व घटाने का कार्य (थोड़ी बहुत हानि के अलावा) ट्रांसफार्मर से किया जाता है ।

इससे स्पष्ट है कि विद्युत उपकेन्द्र की विद्युत व्यवस्था में एक महत्वपूर्ण भूमिका होती है । यदि इससे विद्युत व्यवस्था बाधित/बंद होती है, उस स्थिति में उस उपकेन्द्र से सम्बन्धित समस्त उपभोक्ता प्रभावित होंगे । इस कारण से उपकेन्द्र पर दिनरात (24 घंटा) सातों दिन कर्मचारी निरन्तर पदस्थ रहकर अपनी जिम्मेदारी निभाते हैं । उपकेन्द्र पर कर्मचारी अपनी ड्यूटी देते रहते हैं । इनका अवकाश, त्यौहार आदि से कोई सम्बन्ध नहीं रहता, ड्यूटी करने के मामले में । दिनरात में 8 – 8 घंटे की एक – एक शिफ्ट चलती है । सात दिन बाद एक साप्ताहिक अवकाश मिलता है, जिसे ऑफ भी कहते है और उसके स्थान पर दूसरा कर्मचारी ऑफ रिलीवर कहलाता है । उपकेन्द्र पर पदस्थ कर्मचारी अपनी ड्यूटी तब तक नहीं छोड़ सकता जब तक दूसरा कर्मचारी ड्यूटी पर पहुंचता नहीं है, चाहे कितना भी अधिक समय क्यों न लग जाए । यह एक अति संवेदनशील एवं जोखिमपूर्ण व्यवस्था है जिसे सभी पदस्थ कर्मचारियों/अधिकारियों को निभाना पड़ता है । उपकेन्द्र परिसर के अन्दर किसी भी बाहरी व्यक्ति का अनाधिकृत प्रवेश वर्जित होता है । विद्युत प्रतिष्ठान ओफिसिअल सीक्रेट एक्ट 1923 सेक्शन 2 क्लोज (8) शासकीय गजट नोटिफिकेशन 1 नवम्बर 40 (बी)1778x1 दिनांक 9- 3 – 1978 के अंतर्गत आरक्षित क्षेत्र घोषित किया गया है ।

अत: इस आशा के साथ कर्मचारी/अधिकारी अपने उत्तरदायित्वों का निर्वहन कर्त्तव्य परायणता के साथ सकुशल कार्य करते रहे ।

विद्युत - शब्दावली

विद्युत - शब्दावली

1. करेंट (इलेक्ट्रिक करेंट/विद्युत धारा)-

सभी पदार्थ एक या एक से अधिक तत्वों (एलिमेंट्स) से बने होते हैं जो एक प्रकार परमाणु (एटम) से बने होते है । अक्सर पदार्थों को प्रोटोन्स और इलेक्ट्रोन्स की संख्या से पहचाना जाता है जो किसी परमाणु के तत्व में होते हैं । जिस किसी परमाणु में इलेक्ट्रॉन और प्रोटोन की संख्या बराबर होती है वह विद्युत की दृष्टि से न्यूट्रल होता है । किसी परमाणु की बाहरी पट्टी (कक्षा/ओरबिट) में स्थित इलेक्ट्रोनों को बाहरी ताकत का इस्तेमाल करके आसानी से हटाया जा सकता है ।

किसी पदार्थ में फ्री इलेक्ट्रोन्स का प्रवाह एक एटम से अगले एटम तक उसी दिशा तक होता है और इसको करेंट कहते हैं । इसके लिए अंग्रेजी अक्षर आई (I) प्रतीक होता है । इसे एम्पीयर में नापते हैं । एक एम्पीयर करेंट का मतलब है कि एक कुलम्ब चार्ज किसी कंडक्टर के एक पॉइंट से प्रत्येक सेकेंड में पास (गुजरता) होता है । एक एम्पीयर को कुलम्ब प्रति सेकेंड भी कहते हैं । एक एम्पीयर करेंट का मतलब होता है कि किसी कंडक्टर के क्रॉस सेक्शन से 6.24x10की पावर18 इलेक्ट्रोन मूव करते हैं ।

करेंट एम्पीयर में नापने वाले उपकरण को एम्पीयर मीटर कहते हैं ,यद्यपि टोंगटेस्टर से भी करेंट नापा जाता है । एम्पीयर मीटर से करेंट नापने के लिए एम्पीयर मीटर को परिपथ (सर्किट) के श्रेणी क्रम (सीरीज) में लगाते हैं । टोंगटेस्टर से करेंट नापते समय टोंगटेस्टर के क्लैम्प (जॉ)को खोलकर उस कंडक्टर/केबिल को क्लैम्प के अंदर कर लेते हैं और कलैंप बंद रखते हैं यह सीटी के सिद्धांत पर कार्य कर करेंट नापता है । उच्च वोल्टेज की लाइनों का करेंट सीटी (करेंट ट्रांसफार्मर) की मदद से नापते हैं इन्हें श्रेणी (सीरीज) क्रम में लगाते हैं । सीटी के 33 केवी वोल्टेज तक अनुपात (रेशों) 500 – 400 - 300 - 200 - 100/5 एम्पीयर, तथा 33 केवी से अधिक वोल्टेज पर अनुपात (रेशों) 500 – 400 - 300 - 200 - 100/1 एम्पीयर रहते हैं ।

2 - वोल्टेज –

जितनी ताकत बिजली के प्रवाह को किसी कंडक्टर से होकर मूव (चलायमान) करने में जरूरी होती है उसको पोटेन्शियल डिफरेंस वोल्टेज या इलेक्ट्रोमोटिव फोर्स (ईएमएफ) कहा जाता है । वोल्टेज की माप की यूनिट है वोल्ट जिसे अक्सर अंग्रेजी अक्षर वी (V) से लिखते हैं । वोल्टेज को कई प्रकार से पैदा कर सकते हैं । किसी बैटरी में इलेक्ट्रो - कैमिकल प्रोसेस इस्तेमाल किया जाता है लेकिन किसी तार के अलटेनेटर अथवा बिजलीघर के जेनरेटर में मैग्नेटिक इंडक्शन प्रोसेस का प्रयोग किया जाता है । सभी वोल्टेज स्रोत में इलेक्ट्रॉन एक सिरे से और दूसरे सिरे अधिक और दूसरे सिरे पर कम होते हैं । दो टर्मिनलों के बीच परिणामस्वरूप डिफरेंस ऑफ पोटेंशियल आता है । वोल्टेज सोर्स के डायरेक्ट करेंट (डीसी) में टर्मिनलों की पोलरिटी चेंज नहीं होती । परिणाम ये होता है किकरेंट एक ही दिशा में निरंतर बहता रहता है ।

वोल्ट नापने वाले उपकरण को वोल्टमीटर कहते है । वोल्टेज हमेशा दो लाइनों (फेज टू न्यूट्रल, या फेज टू फेज) के बीच नापा जाता हैं, इसलिए वोल्टमीटर को समानान्तर (पैरेलल) क्रम में लगाते हैं । उच्च दाब लाइनों के वोल्टेज नापने के लिए पीटी (पोटेन्शियल ट्रांसफार्मर) के द्वारा नापते हैं, पीटी के अनुपात (रेशों) 11केवी/110 वोल्ट, 33केवी/110 वोल्ट रहते हैं और इन्हें समानान्तर (पेरेलल) क्रम में ही लगाते हैं

3 - प्रतिरोध (रजिसटेन्स) – यह सभी पदार्थों में होता है और विद्युत प्रवाह (इलेक्ट्रिसिटी फलो) का विरोधी होता है । कुछ पदार्थों में अन्य के मुक़ाबले ज्यादा रजिसटेन्स होता है । चांदी, तांबा, एल्यूमिनियम और लोहे जैसी कुछ धातुओं में कम रजिसटेन्स होता है और इनको बिजली का अच्छा सुचालक (अच्छा कंडक्टर) कहा जाता है । प्लास्टिक, कांच, अभ्रक, रबड़ और लकड़ी में रजिसटेन्स ज्यादा होता हैं और इन्हे विद्युत का कुचालक (बेड कंडक्टर) माना जाता है । इसलिए इनको इंसुलेटर (बचाव करने वाले) के तौर पर इस्तेमाल किया जाता है । किसी पदार्थ में कितना रसिसटेन्स होगा यह उसके गठन, लंबाई, क्रॉस सेक्शन और रेजिस्टिव मैटेरियलके तापमान (टेम्परेचर) पर निर्भर करेगा । एक नियम के रूप में किसी कंडक्टर का रजिसटेन्स तब बढ़ जाता है जब उसकी लंबाई बढ़ती है अथवा क्रॉस सेक्शन घट जाता है । रेजिस्टेंस के लिए प्रतीक के रूप में आर (R) लिखा जाता है । रेसिस्टेंस के नापने की यूनिट (इकाई) को ओहम कहते हैं और इसे नापने वाले उपकरण को ओहममीटर कहा जाता है ।

4 - विद्युत परिपथ (इलेक्ट्रिक सर्किट) -

एक साधारण विद्युत परिपथ(सिम्पल इलेक्ट्रिक सर्किट) में वोल्टेज सोर्स , कुछ तरह का लोड और कंडक्टर होते हैं, जिनसे होकर इलेक्ट्रॉन वोल्टेज सोर्स और लोड की तरह फलो करते हैं ।

5 – ओहम का नियम –

ओहम का नियम ये दर्शाता है कि करेंट वोल्टेज के बढ़ने से बढ़ता है और घटने से घटता है । और रेजिस्टेंस का उल्टा होता है । करेंट (आई - I) को एम्पीयर्स में मापा जाता है । वोल्टेज को वी (V) या ई (E) वोल्ट में और रेसिस्टेंस (आर - R) को ओहम में मापा जाता है ।

ओहम के नियम के अनुसार इसे प्रकट करने लिए तीन तरीके हैं –

1 - वोल्ट (वी या ई) = करेंट (आई) रसिस्टेंस (आर), V = I x R, E = I x R

2 – करेंट (आई) = वोल्ट (वी) / रेसिस्टेंस (आर), I = V/ R , I = E/ R

3 – रेजिस्टेंस (आर) = वोल्ट (वी) / करेंट (आई) , R = V/I , R = E/I

6 - पावर (शक्ति) -

जब भी किसी फोर्स के कारण मोशन (गति) पैदा होता है काम पूरा होता है । अगर बिना मोशन के फोर्स लगाया जाता है तो कोई काम नहीं होता है । किसी इलेक्ट्रिक सर्किट में जब भी किसी कंडक्टर पर वोल्टेज अप्लाई किया जाता है तो उसके कारण इलेक्ट्रोन्स प्रवाहित होने लगते हैं । वोल्टेज फोर्स है और इलेक्ट्रॉन का प्रवाह मोशन है । पावर वो रेट है जिससे काम हो जाता है और इसके लिए प्रतीक पी (P) लिखा जाता है । पावर की माप वाट है और इसके लिए प्रतीक के रूप में डब्ल्यू (W) लिखा जाता है । किसी डायरेक्ट करेंट (डीसी -DC) सर्किट में एक वाट वो दर है जिससे काम तब हो जाता है जब एक वोल्ट के कारण एक एम्पीयर करेंट का प्रवाह होता है ।

पावर का सूत्र (फार्मूला) है – पावर (पी) = वोल्टेज (वी) x केरेंट (आई), P= VxI

जबकि आल्टरनेटिंग करेंट (एसी -AC) और वोल्टेज निरंतर भिन्न होते हैं । इनको साइन वेव से प्रस्तुत करते हैं इसकी दो डायरेकशन पोजिटिव और नेगेटिव होती हैं । एक साइन वेव 360 डिग्री में चक्राकार प्रवाहित होती है, इसे एक साइकिल/चक्र कहा जाता है । आल्टरनेट करेंट इन्हीं अनेक साइकिलों/चक्रों से हर सेकेंड गुजरता है ।

तब पावर का सूत्र (फोरमूला) निम्नानुसार होता है –

पावर (पी) = वोल्टेज (वी) x केरेंट (आई) x कोस फ़ाई, P = V x I x COS Faee

यहाँ यह स्पष्ट करना आवश्यक है कि कोस फ़ाई का मान एक या एक से कम होता है । डी सी सर्किट में कोस फ़ाई का मान 1 होता है क्योंकि वोल्टेज और करेंट एक ही दिशा में होते हैं अर्थात 0 डिग्री ।

रियल पावर की बेसिक यूनिट होती है वाट (डब्ल्यू- W), इंटरनेशनल सिस्टम ऑफ यूनिट्स (एस आई) में इसका इस्तेमाल होता है । परिभाषा के रूप में एक वाट बराबर होता है प्रति सेकेंड एक जूल ऑफ एनर्जी । बिजली की शब्दावली में इसे उस पावर के रूप में दिखाया जाता है जो एक वाट की दर से तब खपत की जाती है जब एक वोल्ट के पोटेंशियल डिफरेंस से एक एम्पीयर प्रवाहित होता है । यानि एक वाट = एक वॉल्ट x एक एम्पीयर (W = Vx I)

पावर को मापने की कई विभिन्न यूनिट (इकाई) हैं । इलेक्ट्रिक मोटर की पावर अश्व - शक्ति (हॉर्स पावर = एचपी - HP) और किलोवाट (केडब्ल्यू - KW) में मापते हैं । जबकि ट्रांसफार्मर को केवीए (KVA) और एमवीए (MVA) में मापते हैं । एक अश्व शक्ति (हॉर्स पावर = HP = एचपी), 746 वाट(डब्ल्यू - W) या 0.746 किलोवाट (केडब्ल्यू - KW) के बराबर होता है ।

पीएफ (पावर फेक्टर) = शक्ति गुणांक = PF = COS Faee = (KW)/(KVA) = किलोवाट/केवीए = (Active Power)/(Apparent Power) = एक्टिव पावर/एप्परेंट पावर = वास्तविक शक्ति/आभासी शक्ति

पावर फेक्टर का मान 1 से कम तथा 0 से अधिक रहता है, कहने का आशय है कि पावर फेक्टर 0 और 1 के बीच होता है ।

लैगिंग पावर फेक्टर - जब करेंट (धारा) वोल्टता से पीछे (Current Lags Voltage) होता है इसे लैगिंग पवार फेक्टर कहते हैं ।

लीडिंग पावर फेक्टर – जब करेंट (धारा) वोल्टता से आगे होता है (Current Leeds Voltage) तो इसे लीडिंग पावर फेक्टर कहते हैं ।

उद्योगों में इंडक्शन मोटर एवं अन्य प्रेरकत्व – युक्त भारों (लोडों) के कारण पीएफ (पावर फेक्टर) प्राय: पिछड़ा हुआ (Lagging – लैगिंग) ही रहता है ।

एक्टिव पावर (Active Power) को ही True, Real, Useful, वास्तविक, सक्रिय पावर कहते हैं, यह वह पावर है जो इंडकशन मोटर द्वारा उपयोग की जाती है । इसको किलोवाट (KW) में लिखते हैं । एसी करेंट और वोल्टेज जब पावर फेक्टर के साथ गुणा करते हैं तब उसे वाट कहते हैं । 1000 वाट को ही 1 किलोवाट (KW) कहते हैं ।

एप्परेंट पावर (Apparent Power) को ही आभासी, प्रत्यक्ष शक्ति कहते हैं । यह केवी और करेंट (एम्पीयर) के गुणनफल के बराबर केवीए (KVA) होती है ।

रिएक्टिव पावर (Reactive Power) को प्रतिक्रिया, प्रतिघाती शक्ति कहते हैं । यह केवीएआर (KVAR) में मापी जाती है ।

कुछ सामान्य उपकरण जिनके पीएफ (पावर फेक्टर) सामन्यत: इस प्रकार रहते हैं –

इनकेंडेसेंट लेम्प्स – 1.0, फ्लोरोसेंट लेम्प्स – 0.6 से 0.8, इंडक्शन मोटर – 0.8, निऑन साइन – 0.4 से 0.5, आर्क लेम्प (सिनेमा) 0.3 से 0.7, आर्क फरनेस – 0.85, आर्क वैल्डिंग – 0.3 से 0.4, रजिसटेन्स वैल्डिंग – 0.65, इंडक्शन फरनेस – 0.6, इंडक्शन हीटिंग – 0.85 आदि ।

उदाहरण – विद्युत से हटकर जब हम एक दूध दुकानदार के पास जाकर उससे कहते हैं कि एक गिलास दूध तैयार करो । तब दुकानदार अपनी कढ़ाई से दूध निकालकर दो चार बार उलट – पुलटकर दूध तैयार कर दूध देता है । तब हम देखते हैं कि दूध के गिलास में कुछ झाग हैं, शेष में दूध है । झाग रिएक्टिव (KVAR) पावर हैं, पूरा एक गिलास दूध आभासी (एप्परेंट- KVA) पावर है, वास्तविक दूध (झाग रहित) एक्टिव (KW) पावर है । पीएफ (पावर फेक्टर) एक्टिव पावर (KW)/एप्परेंट पावर (KVA) कहलाता है ।

7 - ऊर्जा : - (यूनिट -किलोवाट आवर - केडब्ल्यूएच – KWH)

ऊर्जा की एस आई यूनिट होती है जूल (जे - J)। जूल का इस्तेमाल मुख्य रूप से विज्ञान में होता है । ये ऊर्जा की वह मात्रा है जो एक न्यूटन (एक एन – 1N) ऊर्जा के स्रोत की तरफ किसी वस्तु को एक मीटर खिसकाने में लगती है । जूल अपेक्षाकृत एक छोटी यूनिट होती है लेकिन बिजली की खपत के मामले में आमतौर पर इस्तेमाल की जाने वाली यूनिट जो खासतौर से यूटिलिटी (बिजली) के बिलों में दिखाई जाती है वो है किलोवाट आवर (केडब्ल्यूएच KWH) । जो उस बिजली का माप है जो विनिर्दिष्ट समय के अंतर्गत, जैसे एक महीने तक बिजली के प्रवाह को दर्शाती है । एक किलोवाटआवर ऊर्जा की वह मात्रा है जो एक घंटे तक एक किलोवाट की दर से प्रवाहित होती है । उदाहरण के लिए एक 100 वाट का बल्व 10 घंटे में 1000 वाट आवर (एक किलोवाट आवर = 1 यूनिट) एनर्जी खपत करता है । एक किलोवाट का मतलब 3,600,000 जे (जूल) एनर्जी ।

8 - इंडक्टेंस: - (प्रतिबाधा)

इस पॉइंट पर जिन सर्किटों का अध्ययन किया गया वे रेजिस्टिव हैं । रेजिस्टेंस और वोल्टेज सिर्फ सर्किट की प्रॉपर्टीज़ (गुण) ही नहीं बल्कि इफेक्टिव करंट फ्लो भी हैं लेकिन इंडक्टेंस किसी इलेक्ट्रिक सर्किट की प्रॉपर्टी होती है जो इलेक्ट्रिक करंट में किसी चेंज का विरोध करती है । रेजिस्टेंस करंट फ्लो का विरोध करता है जबकि इंडक्टेंस करंट फ्लो में चेंज का विरोधी होता है । इंडक्टेंस को अंग्रेजी के एल(L) अक्षर के रूप में दर्शाया जाता है । इंडक्टेंस का यूनिट हेनरी (H) होता है लेकिन हेनरी सापेक्ष रूप में एक बड़ी यूनिट है जबकि इंडक्टेंस मिलीहेनरी अथवा माइक्रोहेनरी के रूप में दर्शाया जाता है ।

किसी कंडक्टर में करंट मैगनेटिक फील्ड पैदा करता है । करंट की मात्रा मैगनेटिक फील्ड की स्ट्रेंथ तय करती है । जैसे - जैसे करंट फ्लो बढ़ता है फील्ड स्ट्रेंथ भी बढ़ती है । इसी तरह से जैसे - जैसे करंट फ्लो घटता है, फील्ड स्ट्रेंथ भी घटती है । किसी करंट में अगर कोई चेंज आता है तो कंडक्टर के आस - पास के मैगनेटिक फील्ड में भी करंट में उतना ही परिवर्तन आ जाता है । किसी रेगुलेटिड डीसी सोर्स के लिए करंट कोंस्टेंट (स्थिर) होता है । लेकिन अपवाद स्वरूप जब सर्किट ऑन या ऑफ कर दिया जाता है तो अथवा जब लोड में चेंज आ जाता है तो ऐसा नहीं होता । लेकिन अल्टरनेट करंट निरंतर बदलता रहता है और इंडक्टेंस लगातार चेंज का विरोधी होता है । किसी कंडक्टर के आस -पास के मैगनेटिक फील्ड में होने वाला परिवर्तन कंडक्टर के वोल्टेज में भी परिवर्तन लाता है । सेल्फ इनड्यूस्ड वोल्टेज करंट में चेंज को अपोज (विरोध) करता है । इसको काउंटर ई एम एफ (EMF) कहते हैं । सभी कंडक्टरों में और बिजली के यंत्रों में पर्याप्त मात्रा में इंडक्टेंस होता है लेकिन इंडक्टर्स क्वाइल या तारों के रूप में स्पेसिफिक इंडक्शन के लिए बंधे होते हैं । कुछ एप्लिकेशन के लिए इंडक्टर्स किसी मेटल कोर के चारों ओर बांधे जाते हैं जिससे इंडक्टेंस और कोन्सेंट्रेट हो जाता है । किसी क्वाइल का इंडक्टेंस क्वाइल में मौजूद घेरों (नंबर ऑफ टर्न्स) के जरिये तय होता है । क्वाइल डाइमीटर तथा लंबाई और कोर मेटेरियल भी इसके अवयव होते हैं । इंडक्टर संकेत रूप में किसी इलेक्ट्रिकल ड्राइंग में घुमावदार लाइन के रूप में दिखाया जाता है ।

9 - कैपेसिटेन्स और कैपेसिटर्स – (संधारित्र)

कैपेसिटेन्स वह माप होती है जो किसी सर्किट में इलेक्ट्रिकल चार्ज स्टोर करने की क्षमता दिखाती है । कोई ऐसा उपकरण जिसे विनिर्दिष्ट मात्रा में कैपेसिटेन्स स्टोर करने के लिए बनाया जाता है, उसे कैपेसिटर कहते हैं । कैपेसिटर को हिन्दी में संधारित्र कहते हैं । कोई कैपेसिटर कंडक्टिव प्लेट की एक जोड़ी से बना होता है और इसके बीच में इंसुलेटिड मेटेरियल की एक बारीक परत डाली जाती है । इसी इंसुलेटिड मेटेरियल का दूसरा नाम डाईलेक्ट्रिक मेटेरियल है । कैपेसिटर को आमतौर पर और इलेक्ट्रिकल ड्राइंग में सीधी लाइन और घुमावदार लाइन के कंबीनेशन से अथवा दो सीधी लाइनों के रूप में दिखाया जाता है ।

जब किसी कैपेसिटर की प्लेट पर वोल्टेज एप्लाई किया जाता है, एक प्लेट पर इलेक्ट्रोन्स डाले जाते हैं और दूसरी प्लेट से निकाले जाते हैं । इससे कैपेसिटर चार्ज हो जाता है । डायरेक्ट करंट किसी डाईइलेक्ट्रिक मेटेरियल के आर - पार प्रवाहित नहीं हो सकता है क्योंकि उसमें इंसुलेटर होता है लेकिन जब भी कैपेसिटर चार्ज हो जाता है डाई इलेक्ट्रिक के जरिये इलेक्ट्रिक फील्ड पैदा हो जाता है । कैपेसिटर की रेटिंग उस चार्ज की मात्रा से की जाती है जितना चार्ज वह होल्ड कर सकते हैं ।

किसी कैपेसिटर की कैपेसिटेन्स प्लेट के एरिया और दोनों प्लेटों के बीच दूरी तथा डायलेक्ट्रिक मेटेरियल के रूप में इस्तेमाल किए गए पदार्थ के प्रकार पर निर्भर करता है । कैपेसिटेन्स का प्रतीक चिह्न अंग्रेजी का अक्षर सी (C) है ,और इसे फेराड एफ (F) के रूप में मापा जाता है । लेकिन फेराड एक बड़ी यूनिट होती है और अक्सर कैपेसिटर्स की रेटिंग माइक्रोफेराड अथवा पीकोफेराड के रूप में की जाती है ।

इंडक्टिव मोटर लोड के लिए कैपेसिटर लगाने से डिस्कोम और उपभोक्ता दोनों को लाभ होता है -

क्र. - डिस्कोम लाभ, - उपभोक्ता लाभ

1, - कैपेसिटर लगाने से सिस्टम (प्रणाली)का पावर फेक्टर बढ़ता है ।, - उपभोक्ता मोटर का पावर फेक्टर बढ़ता है ।

2, - यदि फीडर का लोड 100 से अधिक 120 -150 एम्पीयरलोड है तो कैसिटर उपयोग से लगभग 20 से 30 एम्पीयरलोड कम हो जाता है ।, - एक 10 अश्व शक्ति मोटर जो लगभग 15 – 16 एम्पीयर करंट ले रही थी कैपेसिटर के उपयोग होने पर लगभग 12 – 13 एम्पीयर करंट लेगी ।

3, - डिस्कोम को राजस्व हानि कम होती है ।, - उपभोक्ता का कम बिल आता है ।

4, - कैपेसिटर उपयोग से लाइनों पर लगे उपकरण कम करंट लेने से कम गरम होंगे और पूर्ण दक्षता से कार्य करेंगे ।, - कैपेसिटर उपयोग से मोटर अन्य उपकरण कम गरम होंगे व पूर्ण दक्षता से कार्य करेगे ।

5, - उसी केबिल क्षमता/ट्रांसफार्मर क्षमता से अधिक कनेकशन दिये जा सकते हैं ।, - मोटर कम करंट लेने के कारण कम बिजली खर्च करेगी ।

6, - अच्छे वोल्टेज मिलने से उपभोक्ता/विभाग संतुष्टि होगी।, - अच्छे वोल्टेज मिलने से कम यूनिट और बिल कम होगा , उपभोक्ता को लाभ होगा ।

10 - लाइन – लाइनों को विभिन्न प्रकार से वर्गीकृत किया जाता है, जिनमें मुख्य हैं – कंडक्टर लाइन व केबिल लाइन, जमीन के ऊपर लाइन (ओवर हेड लाइन), भूमिगत (अंडरग्राउंड) लाइन, निम्न दाब (एलटी - लो टेंशन) लाइन, उच्च दाब (एचटी – हाई टेंशन) लाइन तथा अतिउच्चदाब (ईएचटी – एक्स्ट्रा हाई टेंशन) लाइन, निम्नदाब लाइन को पुन: सिंगल फेज व थ्री फेज लाइनों में वर्गीकृत किया जाता है । सिंगल फेज लाइन को - सिंगल फेज टू वायर (फेज व न्यूट्रल) लाइन, सिंगल फेज थ्री वायर (फेज, न्यूट्रल और स्ट्रीट लाइट फेज) लाइन में वर्गीकृत किया गया है, उसी प्रकार से थ्री फेज लाइन को - थ्री फेज फोर वायर (तीन फेज व न्यूट्रल) लाइन, थ्री फेज फाइव वायर (तीन फेज, एक न्यूट्रल और एक स्ट्रीट लाइट फेज) लाइन में वर्गीकृत किया गया है । केबिल को भी सिंगल कोर केबिल, टू कोर, थ्री कोर केबिल, थ्री एंड हाफ कोर केबिल, फोर कोर केबिल, आर्म्ड केबिल, अनआर्म्ड केबिल, गैस फिल्ड, आयल फिल्ड, एक्सएलपी, एबी (एयर बन्च) केबिल, एलटी केबिल और एचटी केबिल आदि । आइल फिल्ड, गैस फिल्ड केबिल ईएचवी (अति उच्चदाब) नेटवर्क के लिए होती हैं । कंट्रोल केबिल उप - केन्द्रों पर मीटरिंग, सिगनल, नियंत्रण (कंट्रोल) सर्किटों में प्रयोग होती है।

लाइन को पहचानने के लिए हमेशा उपरोक्त वर्गीकरण के अलावा यह भी बोला जाता है कि लाइन का वोल्टेज क्या है, या लाइन किस वोल्ट की है, जैसे 220 - 230 वोल्ट (फेज टू न्यूट्रल) 400/440 वोल्ट (फेज टू फेज) लाइन एलटी लाइन कहलाती हैं । एचटी लाइन -11 केवी, 33 केवी और 66 केवी लाइन कहलाती हैं । तथा ईएचटी लाइन – 132 के वी, 220 केवी, 400 केवी, 765 केवी और इससे अधिक वोल्ट की लाइन कहलाती हैं । वोल्ट और केवी (किलोवोल्ट) में 1000 (एक हजार) वोल्ट को ही एक केवी कहते हैं । लाइन में वोल्ट के साथ करंट बहता (चलता) है उसे एम्पीयर में नापते हैं । जब भी लाइन की चर्चा होगी तब लाइन का वोल्टेज और उसमे कितना लोड (भार - करंट) चल रहा (प्रवाहित) है, बोला जाता है ।

जब लाइन पर केवल एक ही वोल्टेज की सप्लाई दी जाती है तब उसे सिंगल सर्किट लाइन बोलते हैं तथा जब उसी लाइन पर दो सर्किट हों तब उसे डबल सर्किट लाइन कहते हैं ।

एक ही लाइन पर अलग – अलग वोल्टेज की सप्लाई होने पर यदि दो या उससे अधिक सर्किट हैं तब उसे डबल सर्किट लाइन न बोलते हुए मिश्रित (कम्पोजिट) लाइन कहते है । जब लाइन एक रेखीय (सीधी लाइन) हो तो उसे रेडियल लाइन/फीडर बोलते हैं । और उस मुख्य लाइन से कोई अन्य लाइन निकालते हैं तो उसे टेप/टेपिंग लाइन बोलते हैं । जब लाइन का कोई अंत न हो और पूरी लाइन आपस में जुड़ी हो उसे रिंग मेंन लाइन बोलते हैं परन्तु ध्यान रहे कहीं भी एक स्थान पर लाइन के जमफर खुलें होने आवश्यक होते हैं अन्यथा की स्थिति लाइन ही नहीं चलेगी और फाल्टी हो जाएगी । अक्सर शहरों में रिंग मेन सर्किट होते हैं वहां विशेष सावधानी की जरूरत होती है । जहां जमफर खुले होते हैं वहां डबल सप्लाई की स्थिति होती हैं । अत: सावधानी पूर्वक कार्य करना आवश्यक होता है ।

11 - पोल - लाइन जिस सपोर्ट पर खींची जाती है उसे पोल कहते हैं । पोल विभिन्न प्रकार की लंबाई, आकार के अनुसार होते हैं, मुख्यत: पोल लकड़ी, सीमेंट (140 केजी/8मीटर वजन –360किग्रा, 280केजी/9.1 मीटर वजन 680 किग्रा और 350 केजी/9.1 मीटर वजन 750 केजी), लोहे (गर्डर - आरएस जोइस्ट/रिइंफोर्सड स्टील जोइस़ - (127 वाय 75 एमएम, 175 वाय 85 एमएम), एच बीम - (152 वाय 152 एमएम), रेल - (45 केजी व 52.5 केजी प्रति मीटर), लेटिस टावर - (फेब्रीकेटिड पोल इसे गेंट्री के उपयोग में भी लाते हैं), एंगिल टावर (ईएचटी टावर लाइन), ट्यूबुलर तथा मोनो ब्लॉक) के होते हैं जिनका उपयोग आवश्यकतानुसार किया जाता है ।

12- कंडक्टर (तार) – जिसमें होकर विद्युत प्रवाहित होती हैं उसे कंडक्टर कहते हैं । कंडक्टर एसीएसआर (एल्यूमिनियम कंडक्टर स्टील रि-इंफोर्सड) और एएएसी (ऑल एलोय एल्युमीनियम कंडक्टर) होते हैं । एएएसी कंडक्टर चोरी या खराव होने के बाद बिकता नहीं हैं, थोड़ा हाई (कठोर) होता है एसीएसआर की तुलना में ।

13 - केबिल - केबिल का विभिन्न प्रकार से वर्गीकरण किया जाता है यथा -पावर, कंट्रोल केबिल, सिंगल कोर (सिंगल कोर अनस्क्रीन्ड अनआर्म्ड, सिंगल कोर स्क्रीन्ड अनआर्म्ड) व मल्टी कोर केबिल (थ्री कोर आर्म्ड, स्कींडया अनस्क्रीन्ड), ओवरहेड, अंडर-ग्राउंड केबिल, तथा

वोल्टेज के अनुसार एलटी, एचटी, ईएचटी केबिल आदि ।

केबिल संबंधी निर्माण में खास बातें ये होती हैं – कंडक्टर साइज, कंडक्टर स्क्रीन, इंश्युलेशन, इंश्युलेशन स्क्रीन, मेटेलिक स्क्रीन, फिलर्स, बेलटिंग पेपर, मेटेलिक शीट, आर्मरिंग, आउटर सर्विसिंग/शीट आदि । केबिल की साइज इन बातों पर निर्भर करती है – करंट ले जाने की क्षमता, शॉर्ट सर्किट करंट, वोल्टेज ड्रॉप, बिजली की क्षतियाँ आदि ।

14 – मीटर– मीटर ऊर्जा माप का एक उपकरण है इसे एनर्जी मीटर भी कहते है । इनका वर्गीकरण - - सिंगल फेज, थ्री फेज मीटर (थ्री फेज थ्री वायर, थ्री फेज फोर वायर, थ्री फेज फोर वायर सीटी ऑपरेटिड एम - डी रिकॉर्डिंग के साथ), मेकेनीकल (मूविंग पार्ट -चकरी), इलेक्ट्रोनिक (स्टेटिक) मीटर, एलटी मीटर, एचटी मीटर (सीटी पीटी /एमई - मीटरिंग उपकरण के साथ) । एचटी इलेक्ट्रोनिक ट्राई वेक्टर मीटर में ये सभी वाचन की सुविधा होती है – एक्टिव एनर्जी - केडब्ल्यूएच, रिएक्टिव एनर्जी - केवीएआरएच, अपरेंट एनर्जी - केवीएएच, पीक मेक्सीमम डिमांड - केवीए, केडब्ल्यू (लेगिंग पावर फेक्टर के साथ), क्यूमुलेटिव डिमांड और पिछले महीने के लिए एम डी बिलिंग - केवीए, रीसेट काउंटर, पावर फेक्टर, फ्रीक्वेंसी, सप्लाई वोल्टेज में मिसिंग पीटी का होना, मीटरिंग का टाइम, मीटरिंग के टाइम में अंतराल, ऊर्जा - आयात/निर्यात (इम्पोर्ट/एक्सपोर्ट), टेम्पर की जानकारी, बीते समय के साथ मांग प्रस्तुत करना ।

आधुनिक मीटर - इनके अलावा एएमआर (ओटोमेटिक मीटर रीडिंगमीटर तथा स्मार्टमीटर (रेडियो फ्रीक्वैन्सी मीटर), नेट मीटरिंग, प्रीपेड मीटरिंग व्यवस्था भी आधुनिक है । एएमआर मीटर में प्रत्येक मीटर पर एएमआर के लिए सिम लगानी पड़ती है, जब कि स्मार्ट मीटर के लिए एक समूह (100 से 200 उपभोक्ता) या क्षेत्र (50 से 100 मीटर) के लिए केवल एक मॉडम लगाया जाता है जो रेडियो फ्रीक्वैन्सी के द्वारा सभी मीटरों की रीडिंग कर लेता है । प्रीपेड मीटर एडवांस्ड भुगतान के हिसाब से उपयोग किया जाता है इसमें बिलों का भुगतान न करने पर कनेक्शन काटने की कार्यवाही नहीं करनी पड़ती है ।

15 - ट्रांसफार्मर (परिणामित्र) – ट्रांसफार्मर वह उपकरण है जो एक वोल्टेज को दूसरे वोल्टेज में बदलता है । यहा भी करंट होता है, परंतु विशेष बात यह है कि एक ही कोर पर पहले एलटी वाईंडिंग तथा उसके ऊपर एचटी वाईंडिंग होती है किन्तु एचटी से एलटी वाईंडिंग का कोई किसी प्रकार का कनेक्शन नहीं होता है, यहाँ चुम्बकत्व (मेगनेटिज्म), इंडकशन (प्रेरणा/प्रभाव) के कारण एक वाईंडिंग से दूसरी वाईंडिंग में करंट प्रवाहित होता है । यदि ट्रांसफारमर एक वाईंडिंग में करंट है तो दूसरी वाईंडिंग में भी करंट प्रवाहित होगा । जबकि एलटी लाइन का किसी स्थान पर जाइंट/जमफर खुलने/जलने से उस लाइन में आगे करंट नही होगा, परंतु अन्य 11 केवी या उससे अधिक वोल्ट की लाइन कि किसी स्थान पर जाइंट/जमफर खुलने/जलने से उस स्थान पर दोनों तरफ से करंट होगा, यह करंट ट्रांसफार्मर के डेल्टा कनेक्शन होने के कारण वापस करंट पहुचेगा वहाँ तक जहां पर जाइंट/जमफर खुला/जला है । ऐसे में बहुत सावधानी बरतने की आवश्यकता है ।

विद्युत – ट्रान्सफार्मर क्षमता केवीए/एमवीए में क्यों ?

- प्रत्येक ट्रान्सफार्मर में कोर लॉस और कॉपर लॉस होते हैं ।
- कोर लॉस इनपुट वोल्टेज पर निर्भर करते हैं ।
- कॉपर लॉस करंट के वाईंडिंग में प्रवाह पर निर्भर करते हैं ।
- इस प्रकार कुल लॉस वोल्टेज और करंट पर निर्भर करते हैं, परन्तु पावर फैक्टर पर नहीं ।
- इसलिए ट्रान्सफार्मर क्षमता केवीए/एमवीए में होती है किलोवाट/मेगावाट में नहीं होती है ।

ट्रांसफार्मर को दो श्रेणी में वर्गीकृत किया जाता है – एक वितरण ट्रांसफार्मर, दूसरा पावर ट्रांसफार्मर । वितरण ट्रांसफार्मर 11 केवी (एचटी) से 440 वोल्ट (एलटी - फेज टू फेज) और 220/230 फेज टू न्यूट्रल बनाता है, जबकि पावर ट्रांसफार्मर एचटी (33 केवी या और अधिक) से एलटी (11 केवी या और अधिक) बनाता है अथवा इसके विपरीत भी कार्य करता है, जब वोल्टेज अधिक से कम होते हैं उसे स्टेप डाउन ट्रांसफार्मर, और जब वोल्टेज कम से अधिक होते हैं उसे स्टेप अप ट्रांसफार्मर कहते हैं । अन्य वर्गीकरण कोर के अनुसार (कोर टाइप और शेल टाइप), फेज के अनुसार (सिंगल फेज, थ्री फेज), वाईंडिंग के अनुसार (सिंगल वाईंडिंग, टू वाईंडिंग) भी होता है ।

पावर ट्रांसफार्मर के बाहरी मुख्य अवयव होते हैं – मैन टैंक, रेडिएटर्स, कंजरवेटर टैंक, सिलीकाजेल ब्रीडर, पोर्सलीन बुशिंग स्टड, बुकोल्ज़ रिले, नेम प्लेट, आयल एंड वाईंडिंग टेम्प्रेचर इंडिकेटर मीटर, टेप चेंजर आदि, तथा भीतरी अवयवों में मुख्य होते है – लेमिनेशन, एचटी, एलटी वाईंडिंग कोइल, ट्रांसफार्मर आयल (तेल) टेप चेंजर मेकेनिज्म आदि ।

उपरोक्त के अतिरिक्त भी अन्य ट्रांसफार्मर होते हैं - जैसे - बेल्डिंग ट्रांसफार्मर, सीटी (करंट ट्रांसफार्मर), पीटी (पोटेन्शियल ट्रांसफार्मर), सीटी पीटी यूनिट (एमई – मीटरिंग/मेजरिंग यूनिट) होते हैं । सीटी का अनुपात (रेशो - प्राइमरी/सेकेन्डरी) प्राय: 100-50/5, 200-100/5, 300–150/5, 400–200/5, 500–250/5,- - - आदि तथा ईएचटी (अति उच्च दाब उपकेन्द्रों) 100–50/1, 200–100/1, 300–150/1, 400–200/1, 500-250/1 - - आदि रहता है । पीटी का अनुपात (रेशो - प्राइमरी/सेकेन्डरी) 11केवी/110 वोल्ट, 33केवी/110 वोल्ट - -- आदि रहता है ।

ट्रांसफार्मर की क्षमता केवीए (किलो वोल्ट एम्पीयर) या एमवीए (मेगा वोल्ट एम्पीयर) में नापते/कहते/बोलते हैं ।

16 - उपकेंद्र/सब - स्टेशन/पावर हाउस – यह स्थान वह स्थान कहलाता है जहां पर सप्लाई का वोल्टेज बदला जाता है पावर ट्रांसफार्मर के द्वारा तथा 33 केवी फीडरों का आना/जाना (इंकमिंग/आउट गोइंग) के साथ 11 केवी फीडरों का निकलना/जाना (आउट गोइंग) और इन सब का नियंत्रण/कंट्रोल का कार्य । अक्सर 33 केवी से 11 केवी में वोल्टेज बदलने से इसे 33/11 केवी विद्युत उप - केंद्र/सब - स्टेशन/ पावर हाउस कहते हैं । सब स्टेशन को दो हिस्सों में बांटा जाता है –

आउट डोर एरिया –

यह एरिया यार्ड फेंसिंग या चार दीवारी के अंदर का एरिया होता है जहां खंभे/पोल, बसबार, पावर ट्रांसफार्मर, वीसीबी (ब्रेकर), आइसोलेटर, एबी स्विच, लाइटिनिंग अरेस्टर (33 केवी व 11 केवी) सब - स्टेशन यार्ड स्टेशन ट्रांसफार्मर (11/0.4 के वी), अर्थिंडग सिस्टम, कंट्रोल केबिल, यार्ड लाइटिंग आदि होते हैं ।

इंडोर उपकरण (कंट्रोल रूम - नियंत्रण कक्ष) - कंट्रोल रूम के अंदर कन्ट्रोल पैनल (33 केवी, 11 केवी ट्रांसफार्मर/फीडर पैनल रिले सहित), बैटरी एवं चार्जर (30 वोल्ट डीसी), एसी डिस्ट्रीब्यूशन बोर्ड, डीसी डिस्ट्रीब्यूशन बोर्ड, कंट्रोल केबिल, टी एंड पी व सुरक्षा उपकरण, ओथराइजेशन चार्ट, फर्स्ट ऐड बॉक्स तथा उपकेंद्र से संबन्धित रिकॉर्ड (अभिलेख) आदि ।

17 – वीसीबी– इसका पूरा नाम वेक्यूम सर्किट ब्रेकर है इसमें लाइन का सर्किट वैक्यूम (हवा रहित) चेम्बर में काटा जाता है । वीसीबी का उपयोग फीडर सप्लाई को चालू/बंद करने के लिए उपयोग होता है ।

18 – कंट्रोल पैनल – वीसीबी को संचालित करने के लिए कंट्रोल पैनल लगाए जाते हैं जिसमें से दो ओवर करंट की रिले, एवं एक अर्थ फाल्ट की रिले लगी होती है । साथ ही उसमें वोल्टेज एवं करंट नापने हेतु वोल्ट मीटर एवं एम्पीयर मीटर लगे होते हैं । बिजली की खपत नापने के लिए के डब्ल्यू एच मीटर लगा होता हैं ।

19 – रिले – एक विशेष प्रकार का उपकरण होता है जो कि वीसीबी में लगा होता है । लाइनों में जब निर्धारित मात्रा से ज्यादा करंट बहने लगता है या कंडक्टर टूटता या लाइन के तार आपस में टकराने पर सीटी के द्वारा असामान्य करंट रिले को मिलता है, तब रिले के कॉंटेक्ट आपस में मिल जाते हैं एवं बैटरी की डीसी सप्लाई ही वीसीबी की ट्रिप क्वाइल को चार्ज कर देती है, तब उसमें लगी घुंडी मेकेनिज्म बॉक्स में लगे लीवर को धक्का मार देती है, जिसके फलस्वरूप वीसीबी ट्रिप हो जाती है । वीसीबी में लगने वाली रिले दो प्रकार की होती हैं – 1- ओवर करंट और 2- अर्थ फाल्ट

ओवर करंट रिले – जब लाइन में निर्धारित मात्रा से अधिक करंट बहता है, अर्थात लोड अधिक हो जाता है या फेज आपस में टकरा जाएं,तब ओवर करंट रिले स्वत: (ओटोमेटिक) उपरोक्त अनुसार कार्य करती है । यह वीसीबी में आर एवं बी फेज पर स्थापित होती है । इसमें लाइन में बहने वाले करंट की मात्रा निर्धारित करने की व्यवस्था होती है ।

अर्थ फाल्ट रिले – जब लाइन के फेज किसी तरह से अर्थ हो जाएं जोकि कंडक्टर के टूटने या इंसुलेटर के फूटने इत्यादि से होते हैं , पर अर्थ फाल्ट रिले स्वत: (ओटोमेटिक)

संचालित होकर लाइन की वीसीबी को ट्रिप कर देती है ।

विशेष– जब कभी लाइन का जमफर जल/टूट जाय तब लाइन में अर्थ फाल्ट अथवा ओवर करंट का कारण नहीं बनता उस समय कोई ट्रिपिंग नहीं होगी, और न ही पैनल पर कोई इंडीकेशन आयेगा । ऐसी स्थिति में केवल ड्यूटी ऑपरेटर तीनों फेजों पर लोड और वोल्टेज नापने/ देखने से पता चलता है अथवा क्षेत्र (फील्ड) से कम वोल्टेज मिलने की शिकायत पर पता चलेगा ।

20 - आइसोलेटर/एबी स्विच – ये उपकरण अधिकतर बंद लाइन को खोलने या चालू करने के लिए उपयोग होते हैं, एबी स्विच को एयर ब्रेकर स्विच कहते है क्योंकि यह खुली हवा में खोलना/लगाना होता है । इसमें एक मेल तथा दूसरा फ़ीमेल पार्ट होते हैं, एबी स्विच खुले होने की स्थिति में मेल फेमेल पार्ट एक दूसरे से अलग होते हैं या इसी को एबी स्विच का खुला होना कहते हैं । जब मेल और फ़ीमेल पार्ट्स एक दूसरे के संपर्क में होते हैं उस स्थिति को एबी स्विच का चालू रहना या लगा होना कहते हैं । आइसोलेटर एबी स्विच इस प्रकार भिन्न होता है कि वह दो तरफ से खुलता और लगता है कहने का आशय यह है कि इसमें दो मेल और दो फ़ीमेल पार्ट्स होते हैं अर्थात यह दो स्थान पर खुलता है और दो ही स्थान पर लगता है ।

11केवी एबी स्विच एवं आइसोलेटर

एबी स्विच

11 केवी डीओ (ड्रॉप आउट) फ्यूज –

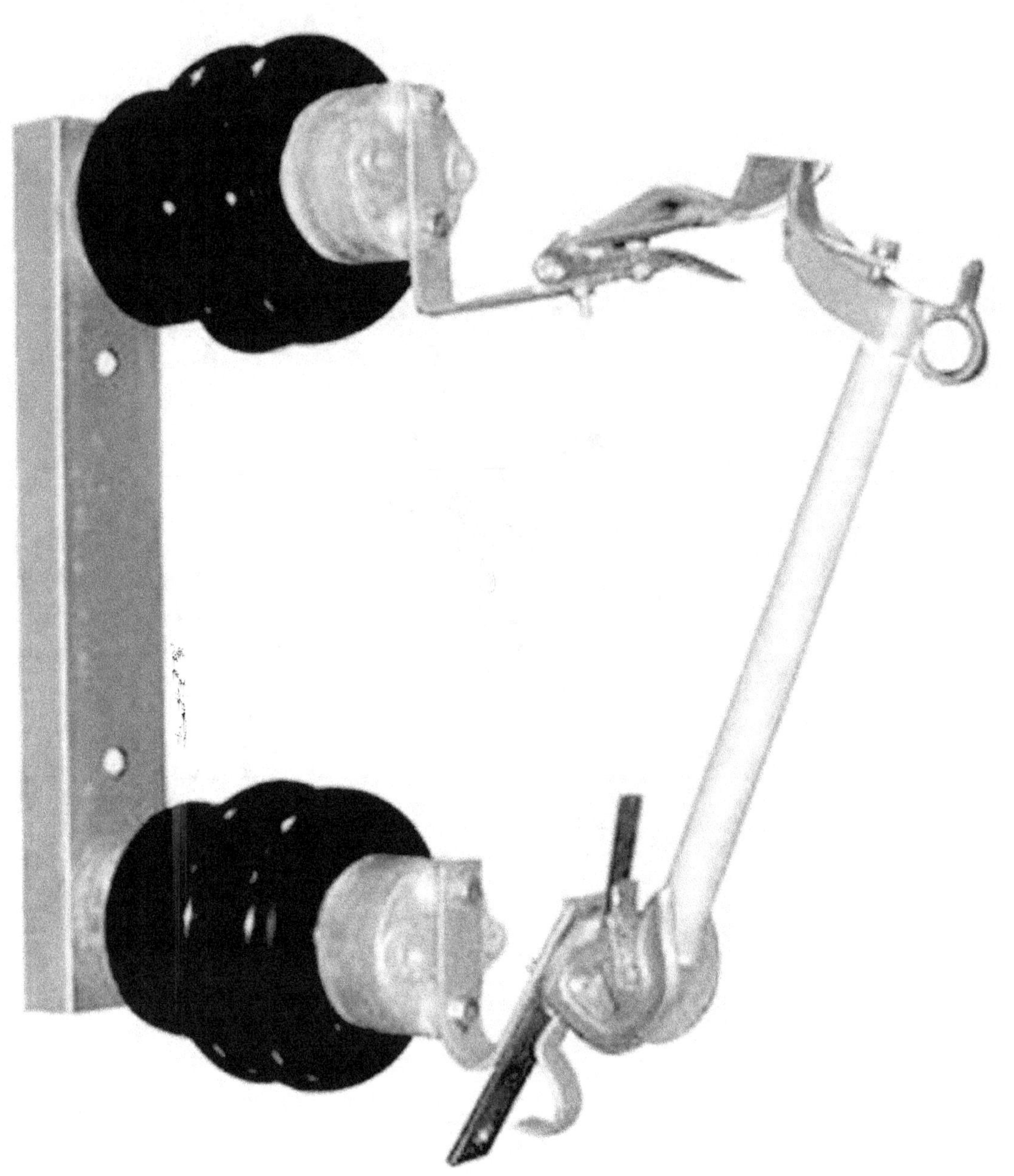

11 केवी डीओ (ड्रॉप आउट) फ्यूज

ट्रान्सफार्मर क्या है ?

ट्रान्सफार्मर क्या है ?

- ट्रान्सफार्मर क्या है ? – ट्रान्सफार्मर एक विद्युत उपकरण/मशीन है, जिसमें कोई चलने या घूमने वाला अवयव नहीं होता । ट्रान्सफार्मर केवल प्रत्यावर्ती धारा (AC - एसी – अल्टरनेटिंग करेंट) के साथ कार्य करता है, एकादिश धारा (DC - डीसी – डायरेक्ट करेंट) के साथ नहीं । ट्रान्सफार्मर एक ऐसा स्थिर विद्युत यंत्र हैं जो ऊर्जा की हानि किए बिना ही एसी वोल्टेज को कम या ज्यादा कर सकता है । वोल्टेज के घटने – बढ़ने से ट्रान्सफार्मर की क्षमता नहीं घटती – बढ़ती ।
- माइकल फैराडे ट्रान्सफार्मर के जनक हैं तथा उनका मेग्नेटिक इंडक्सन (चुम्बकीय प्रेरण) का नियम ट्रान्सफार्मर की खोज का कारण बना । नियम कहता है 'ईएमएफ एक बंद संवहन सर्किट में इंड्यूस्ड होता है जब चुम्बकीय प्रवाह उस सर्किट के साथ जुड़ता है, समय के साथ परिवर्तन होता है तथा ईएमएफ चुम्बकीय प्रवाह की परिवर्तन दर के अनुपात में होता है' ।

- ट्रांसफार्मर की क्षमता का केवीए/एमवीए में मापन, जबकि प्रतिरोध/रजिस्टेन्स का ओहम तथा इंडक्टेंस का हेनरी में मापन होता है ।

ट्रान्सफार्मर के कार्य करने का सिध्दांत –

- ट्रान्सफार्मर के तीन मुख्य पार्ट होते हैं जिसमें मेटेलिक कोर (धातु कोर), वाईंडिंग और विद्युत रोधक (ट्रांसफार्मर तेल व कोइल इंसुलेशन) होता है । वाईंडिंग जो कि बहुत अच्छे सुचालक धातु जैसे कॉपर/एल्यूमिनियम की बनी होती है । ट्रान्सफार्मर में जब प्राथमिक/पहली/प्राइमरी कुंडली में एसी करेंट प्रवाहित किया जाता है तो मेटेलिक कोर में चुम्बकीय क्षेत्र पैदा हो जाता है जिसका मान बदलता रहता है । दूसरी/सेकेन्डरी कुंडली इसी कोर से लिपटी होती है, इससे दूसरी कुंडली से गुजर रहे चुम्बकीय फ्लक्स में भी परिवर्तन होता रहता है जिससे विद्युत चुम्बकीय प्रेरण के सिध्दांत से चुम्बकीय फ्लक्स में परिवर्तन के कारण दूसरी कुंडली में धारा/करेंट बहने लगती है ।
- यहां यह स्पष्ट करना बहुत आवश्यक है कि प्राइमरी से सेकेन्डरी वाईंडिंग में कोई कनेक्शन नहीं होता हैं, केवल विद्युत चुम्बकीय प्रेरण का सिध्दांत कार्य करता है ।
- दूसरी कुंडली में पैदा हुई धारा/करेंट की मात्रा फ्लक्स के समानुपाती होता है,
- पैदा हुई धारा/करेंट की दिशा सीधे हाथ के ग्रिप (मुठ्ठी) नियम से मालूम कर सकते हैं ।
- दूसरी कुंडली में पैदा हुई धारा/करेंट की आवर्ती/फ्रीक्यूएनसी पहली कुंडली में प्रवाहित की जा रही धारा/करेंट के समान होती है ।
- इस क्रिया/रिएक्शन से इलेक्ट्रोमेगनेटिक इंडक्सन से दूसरी कोइल में उसी आवर्ती का एसी वोल्टेज उत्पन्न हो जाता है जितनी आवर्ती का हमने पहली वाईंडिंग में लगाया था ।
- ट्रांसफार्मर की क्षमता (पावर) केवीए और एमवीए में होती है । अत: एक निश्चित क्षमता होती है, परन्तु प्राइमरी और सेकेन्डरी के वोल्टेज बदलने से करेंट भी बदलता है परन्तु क्षमता नहीं बदलती, वह एक समान रहती है ।
- साधारण भाषा में यदि 33 केवी में 1 एम्पीयर करेंट प्रवाहित होता है तब क्षमता 33 x 1 = 33 केवीए हुई, परन्तु 11 केवी में करेंट 3 एम्पीयर होगा इस प्रकार क्षमता 11 x 3 = 33 केवीए हुई । यदि प्राइमरी को (1) और सेकेन्डरी (2) संकेत माने तब क्षमता (पावर) सूत्र = वी (1) x आई (1) = वी (2) x आई (2) और तब वी (1)/वी (2) = आई (2)/आई (1) अत: 33 केवी/11 केवी = 3, एम्पीयर (11 केवी)/1 एम्पीयर (33 केवी) = 3/1 = 3.
- वोल्टेज में परिवर्तन को प्राइमरी (1) और सेकेन्डरी (2) कुंडलियों में चक्रों (टर्न्स) की संख्या में भिन्नता द्वारा प्राप्त किया जाता है । इण्ड्यूस्ड ईएमएफ प्रति चक्र वही वोल्टता होती है जो प्राइमरी कुंडली (जब सेकेन्डरी कुंडली बिना विद्युत भार के हो) की होती है ।
- अगर एन (1) और एन (2) प्राइमरी और सेकेन्डरी कुंडली में चक्रों (टर्न्स) की संख्या है तब जब सेकेन्डरी को किसी विद्युत भार (लोड) के साथ संयोजित (जोड़ा) नहीं किया जाता है उस समय - एन (1)/ एन (2) = वी (1)/वी (2) जब समरूपी करेंट आई (1) तथा आई (2) हैं, क्योंकि अन्तरित प्रत्यक्ष विद्युत वही है अर्थात केवीए/एमवीए क्षमता समान है ।
- जनसाधारण की भाषा में समझने के लिए उदाहरण – किसी के पास रुपये 500 हैं, तब उस व्यक्ति के पास नोटों का प्रकार और नोटों की संख्या पर निर्भर करता है, परन्तु हर स्थिति में रुपये का मूल्य/कीमत 500 ही रहेगा । रुपये 500 का नोट तब नोट संख्या 1 होगी, रुपये 100 का नोट तब नोट संख्या 5 होगी, और रुपये 50 का नोट तब नोट संख्या 10 होगी ।

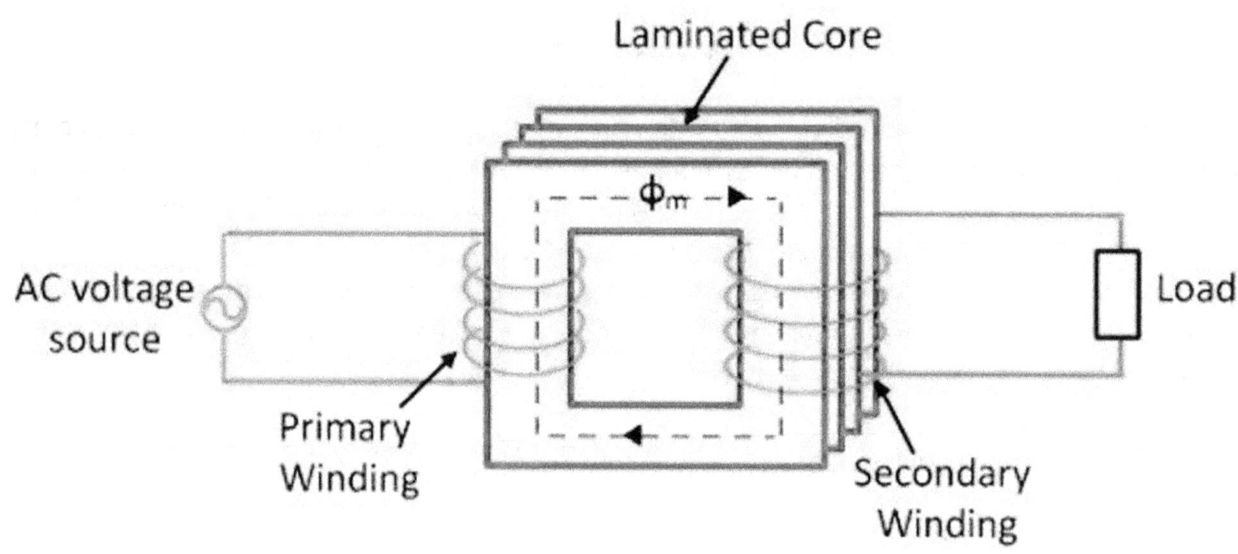

ट्रान्सफार्मर के कार्य करने का सिध्दांत

ट्रान्सफार्मर की आवश्यकता/जरूरत क्यों ? -

ट्रान्सफार्मर की आवश्यकता/जरूरत क्यों ? -

- विद्युत का उत्पादन प्राय: 11 केवी पर होता है । विद्युत संयंत्र भार (लोड) केन्द्रों से दूर होते हैं, उत्पादित विद्युत को ट्रांसमिट/पारेषण किए जाने की जरूरत होती है । लंबी दूरी तक उत्पादन की वोल्टता पर विद्युत के पारेषण में अनेक क्षतियां होती हैं जैसे कि –
- निम्न वोल्टेज पर विद्युत पारेषण के चलने पर इसी विद्युत के संचारण की तुलना में उच्च धारा/करेंट का आहरण होगा ।
- इसके फलस्वरूप उच्च क्षतियां होंगी क्योंकि हानियां करेंट (आई) के वर्ग के अनुपात में होंगी ।
- बड़े व्यास (मोटे) एवं बड़े भार के कंडक्टरों की जरूरत होगी जिससे टावर के भार में वृद्धि होगी तथा लाइन लागत बढ़ेगी ।

उच्च करेंट को नजर में रखते हुए ज्यादा वोल्टेज की गिरावट होगी ।

ट्रान्सफार्मर की उपयोगिता क्यों ?

- अत: उत्पादन की वोल्टेज को बढ़ा कर भार विद्युत केन्द्रों की विद्युत ट्रांसमिट (पारेषण) की जाती है । विद्युत का उपयोग सीधे ही भार (लोड) केन्द्रों पर नहीं किया जा सकता क्योंकि यह उच्च वोल्टता पर होती है । अधिकांशत: उपभोक्ता सेवाएं निम्न एलटी स्तर अर्थात 415 या 400 वोल्ट (फेज टू फेज) अथवा 240 या 230 वोल्ट (फेज टू न्यूट्रल) पर होती है । इसलिए जब यह उपभोक्ता तक पहुंचाई जाती है तो विभिन्न चरणों में वोल्टेज को घटाने की जरूरत होती है ।
- संचारित विद्युत को उसी तरह से बनाए रखने के लिए वोल्टेज को बढ़ाने व घटाने का कार्य (थोड़ी बहुत हानि के अलावा) ट्रांसफार्मर से किया जाता है ।

ट्रान्सफार्मर के विशिष्ट लाभ -

- यह बिना आंतरिक घूमने वाला पुर्जों के लिए एक स्थैतिक (स्थिर) उपकरण है इसलिए इसमें ऑपरेशन एंड मेंटीनेंस (संचालन और संधारण) लागत कम होगी । कोई टूट – फूट नहीं होती ।
- स्थैतिक किस्म के कारण उच्च वोल्टता विद्युत रोधन की सुविधा होती है तथा वोल्टेज को बढ़ाना और घटाना सुलभ होता है ।
- स्थिर वाईंडिंग के कारण उच्च वोल्टेज इंसुलेशन मुहैया करवाया जा सकता है ।
- इनमें कम रख – रखाव की आवश्यकता होती है । अत: मितव्ययी (कम खर्चीला) होते हैं ।
- इसकी उपयोग (प्राचलन) क्षमता काफी ऊंची है (90 % वितरण तथा 99 % तक ईएचवी ट्रांसफार्मरों के लिए)
- उपयोग की विभिन्न वोल्टेज पर सप्लाई को उपलब्ध कराने के अलावा इसे नेटवर्क के मीटरिंग तथा तंत्र की सुरक्षा प्रणालियों में भी प्रयोग किया जाता है । इसका प्रयोग एक विद्युत ट्रांसफार्मर के न्यूट्रल के भू – सम्पर्कन (अर्थिंग) के लिए किया जाता है ।
- वितरण तथा उप संचारण में ट्रांसफार्मर अत्यधिक महत्वपूर्ण तथा तुलनात्मक रूप में महंगा उपकरण है । यह अत्यधिक कार्य उपयोगी यंत्र है ।

ट्रान्सफार्मर वाइंडिंग कनेक्शन

ट्रान्सफार्मर के प्रकार (टाइप)

ट्रान्सफार्मर के प्रकार (टाइप)

क्रमांक , - विवरण

1, - कोर के अनुसार - कोर टाइप, - शैल टाइप

2, - फेज के अनुसार - सिंगल फेज, - थ्री फेज

3, - बाइंडिंग के अनुसार, - सिंगल बाइंडिंग, - टू बाइंडिंग

4, - वोल्टेज के अनुसार, - स्टेपअप/उच्चायी, - स्टेप डाउन/अपचायी

5, - प्रयोग/इस्तेमाल के अनुसार, - पावर ट्रांसफार्मर, - वितरण/डिस्ट्रीब्यूशन ट्रांसफार्मर

6, - मापन उपयोग के अनुसार, - सीटी (करेंट ट्रांसफार्मर) व पीटी (पोटेन्शियल ट्रांसफार्मर), - सीटी पीटी यूनिट (एमई – मीटरिंग एक्यूपमेंट)

मुख्य वर्गीकरण उपयोग पर आधारित है –

- पावर ट्रांसफार्मर - पीटीआर – पावर का अंतरण/सप्लाई
- वितरण ट्रांसफार्मर – डीटीआर - विद्युत का अंतरण/सप्लाई
- यंत्रीय ट्रांसफार्मर - इंस्ट्रूमेंट ट्रांसफार्मर – मापन एवं सुरक्षा (सीटी – करेंट ट्रांसफार्मर, पीटी – पोटेन्शियल ट्रांसफार्मर एवं सीटी पीटी/एमई – मीटरिंग उपकरण)
- भू – सम्पर्कन (अर्थिंग) ट्रांसफार्मर – भू – सम्पर्कन (अर्थिंग)
- रेक्टीफायर ट्रांसफार्मर – प्रक्रिया के अनुकूल नियंत्रित सप्लाई मुहैया कराने के लिए
- वेल्डिंग ट्रांसफार्मर – वेल्डिंग कार्य

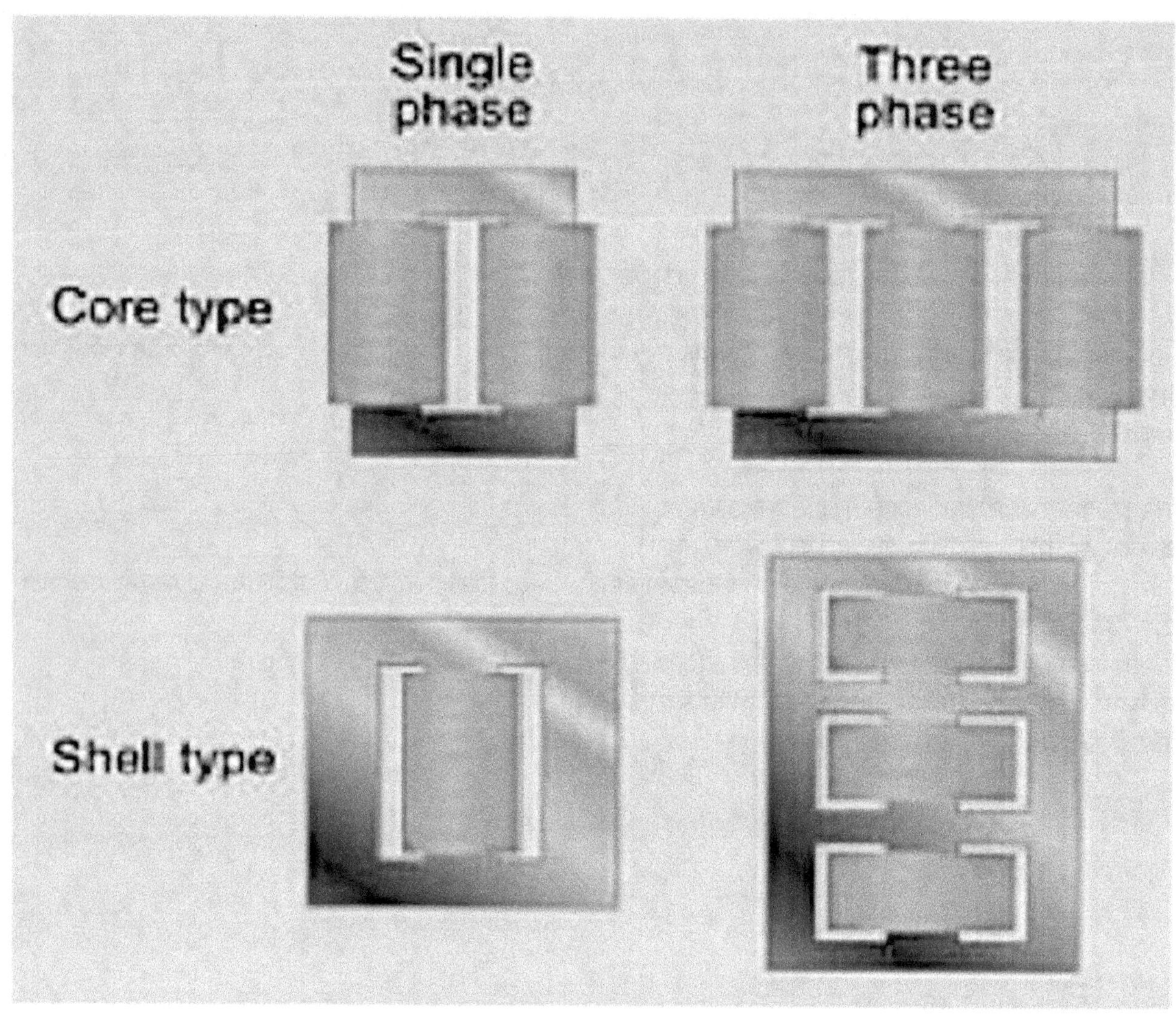

ट्रान्सफार्मर - कोर टाइप - शैल टाइप, सिंगल फेज - श्री फेज

1

33/11 केवी विद्युत उपकेंद्र - निर्माण

33/11 केवी विद्युत उपकेंद्र (सब – स्टेशन/पावर हाउस) – निर्माण

- 220 केवी/132 केवी/33 केवी सब - स्टेशन से निकलने वाली 33 केवी के विद्युत प्रदाय को 11 केवी में परिवर्तित करने के लिए 33/11 केवी सब - स्टेशन का निर्माण किया जाता है । 33/11 केवी - सब स्टेशन के निर्माण हेतु निम्नलिखित बातों का ध्यान रखना अति आवश्यक है –
- सब - स्टेशन - भार (लोड) के मध्य (सेंटर) में हो ।
- सब - स्टेशन सड़क (रोड) के पास हो, अथवा सब - स्टेशन तक पहुँच मार्ग हो ।
- सब - स्टेशन शहर/गांव के पास हो ।
- सब - स्टेशन कचरा एवं मरे हुए पशुओं के फेंकने के स्थान से दूर हो ।
- सब - स्टेशन हवाई अड्डे से दूर हों ।
- सब - स्टेशन की जमीन समतल हो, जमीन दलदली या पथरीली न हो ।
- सब - स्टेशन की जमीन भविष्य में होने वाले विस्तार को ध्यान में रखते हुए पर्याप्त मात्रा में होना चाहिए ।
- सब - स्टेशन की क्षमता (लोड) भार के अनुसार हो ।
- उपरोक्त बिन्दुओं को ध्यान में रखते हुए नए सब - स्टेशन के लिए पर्याप्त भूमि उपलब्ध हो ।

सब – स्टेशन हेतु भूमि -

- नए सब - स्टेशन के लिए भूमि शहर में लगभग 450 (30x15), 500 (25 x 20), 600 (30x20), 750 (35x20), 800 (40x20), 900 (45x20), 1000 (50x20), 1200 (40x30), 1500 (50x30) वर्ग मीटर से अधिक अथवा उपलब्धतानुसार/आवश्यकतानुसार लगभग 1/10 हेक्टेयर और ग्रामीण क्षेत्र में 1 एकड़ के लगभग या उससे अधिक अर्थात 3500 (70x50), 4000 (80x50), 4800 (80x60), 5000 (100x50), 5400 (90x60), 6000 (100x60) वर्ग मीटर, (½ आधा) हेक्टेयर से अधिक होनी चाहिए ।
- जमीन आयाताकार, समतल, पानी उपलब्धता और पहुँच मार्ग की सुविधा सहित सबसे ठीक होती है ।
- नए सब - स्टेशन के लिए जमीन का अधिग्रहण करने के बाद सब स्टेशन की जमीन या जमीन के चारों ओर फेंसिंग एवं गेट (फाटक) लगाना चाहिए । गेट इस प्रकार लगाना चाहिए कि पावर ट्रांसफार्मर लाने ले जाने में भविष्य में समस्या न हो । सब स्टेशन का कार्य प्रारम्भ करने के लिए स्थान को समतल करके सब स्टेशन में लगने वाले सामान की आपूर्ति करना अत्यंत आवश्यक है ।

विद्युत उपकेंद्र – फेंसिंग, सड़क और गेट –

- फेंसिंग – सब - स्टेशन का क्षेत्र/इलाका चारों तरफ से चहारदीवारी से घिरा होना चाहिए इसके लिए आरसीसी या एंगल आयरन की चाहारदीवारी बनाई जाती है । जिसके ऊपर बुने हुए तारों के जाली लगाई जाती है । सबसे ऊपर कंटीले तारों की बाढ़ होनी चाहिए ।
- सड़क/रोड – सब - स्टेशन को सड़क से जोड़ने के लिए कम से कम 20 फुट (6 मीटर) चौड़ी पक्की सड़क बनाई जावे जिससे आसानी से ट्रांसफार्मर सब स्टेशन तक आ जा सके । बड़े सब स्टेशनों के लिए अगर जरूरत समझें, तो दो सड़कें बनाई जा सकती हैं ।

- गेट – सब - स्टेशन के सामने उपर्युक्त आकार का लोहे का गेट लगाना चाहिए, 12 फुट (4 मीटर) चौड़ा गेट जिससे पावर ट्रांसफार्मर आसानी से आ जा सकें । इसके साथ एक छोटा गेट भी बड़े गेट के साथ होना चाहिए जो रोजाना उपयोग में हो और बड़ा गेट सामान्य दिनों में बन्द रखा जाता है ।

विद्युत सब – स्टेशन – ग्रेडिंग और ड्रेनेज –

- सब स्टेशन ग्रेडेड होना चाहिए और बाहर की ओर ढलुआ/ढलान होना चाहिए ताकि उसमें पानी न रुके । अगर जरूरी हो तो बारिश का पानी किसी प्राकृतिक नाले के तरफ मोड़ा जा सकता है ।
- पूरे इलाके का अध्ययन करके ग्रेडिंग करनी चाहिए ताकि शुरुआती और अंतिम ले आउट तय किया जा सके । सामान्य रूप से ग्रेडेड इलाके में पूरा चाहारदीवारी वाला इलाका और उसके 3 फुट बाहर तक की जमीन शामिल होनी चाहिए । जिन मामलों में यह व्यावहारिक न हो, उनमें प्राकृतिक ढलाव और परिसर के ग्रेडेड इलाके को ज्यों की त्यों छोड़ दिया जाये ।
- यार्ड एलीवेशन – पूरा परिसर इतना ऊंचा हो कि उसमें से बारिश का पानी आराम से निकल जाये । उसके अंदर ऐसे टुकड़े नहीं होने चाहिए, जहां से पानी निकलने की गुंजाइश न हो ।
- अगर किसी जगह पानी इकट्ठा हो जाता हो, तो वहाँ का सबसे ऊंचा जलस्तर का निशान मालूम कर लेना चाहिए । अगर ऐसा करना आर्थिक रूप से व्यावहारिक न हो, तो डाइट, बंध अथवा तटबंध बना दिये जायें ताकि उपकरण जल स्तर से ऊपर रखें जायें ।

विद्युत सब – स्टेशन – यार्ड सरफेस एवं ड्रेनेज –

- यार्ड सरफेस के ढलान इस प्रकार के होने चाहिए कि बारिश का पानी अपनी प्राकृतिक दिशा में न बट जाये और उसे कम से कम रास्ता तय करना पड़े, और उसका ज्यादा हिस्सा पगडंडियों और रास्तों पर न पड़े जहां ज्यादा पानी से मिट्टी का कटाव हो जाता है ।
- आमतौर पर किसी यार्ड के सरफेस में हर 100 फुट पर 9 इंच ढलान होनी चाहिए । खास मामलों में यह ढलान हर 100 फुट पर 6 इंच घट या 12 इंच बढ़ सकती है । अगर 5 फुट की ऊंचाई हो तो ढलान के नीचे एक नाली बना देना चाहिए लेकिन अगर गहरी ढलान हो तो मिट्टी और चट्टानों की हालत देखकर एक उपर्युक्त दीवाल बनानी पड़ेगी जो इस बात पर निर्भर करेगी कि वहाँ की मिट्टी और ढलान की स्थिति कैसी है ।

- सरफेस ड्रेनेज – वर्षा का पानी जल्दी निकल जाये, इसके लिए नालियों की व्यवस्था करनी पड़ती है । इस कारण थोड़ा बहुत मिट्टी का कटाव संभव है । इसके कारण मिट्टी सर्वोत्तम अवस्था में बनी रहती है और उस पर नींव अच्छी डाली जा सकती है जिससे परिसर सूखा रहता है । इससे संचालकों और अनुरक्षण करने वाले लोगों को सुविधा होती है । नाले की व्यवस्था का डिजाइन इस प्रकार होना चाहिए कि परिसर से बारिश का सारा पानी निकल जाये और कोई ऐसा हिस्सा न बचे जहां पानी खड़ा हो । नाली व्यवस्था का तालमेल कंट्रोल रूम तथा अन्य इमारतों/भवनों के साथ होना चाहिए । इस बात की भी व्यवस्था होनी चाहिए कि छत का पानी आसानी से निकल जाये
- हर सब स्टेशन के या तो सभी भाग मैटल (गिट्टी) से ढक दिये जायें ताकि वहां घास – फूंस न उगे और धूल न फैले । जिन उपकरणों में काफी मात्रा में तेल भरा जाता है जैसे कि सर्किट ब्रेकर, ट्रांसफार्मर, रेडिएटर आदि उनपर तेल का लीकेज सोखने के लिए भी व्यवस्था की जानी चाहिए । हर ट्रांसफार्मर के चारों तरफ दो फुट तक 9 इंच की गहराई तक खोदकर 3/2 इंच पत्थर की गिट्टियों से भर देना चाहिए ताकि ट्रांसफार्मर से गिरने वाला तेल जल्दी सुख जाये । अन्य धरातल को भी 3/2 इंच गिट्टियों की 3 से 5 इंच वाली परत से धक देना चाहिए । अगर मिट्टी बहुत नरम है, अथवा वहां कीचड़ होने का डर है तो वहां गिट्टियों की परत की मोटाई 9 इंच कर देनी चाहिए ।

2

विद्युत उपकेन्द्र प्रकार (टाइप)

विद्युत उपकेन्द्र (सब – स्टेशन) प्रकार (टाइप)

- इंसुलेशन के आधार पर वर्गीकरण – सब - स्टेशनों का वर्गीकरण इंसुलेशन के आधार पर – परम्परागत एयर इंसुलेटिड सब – स्टेशन (एआईएस) और गैस इंसुलेटिड सब – स्टेशन (जीआईएस) ।
- परम्परागत एयर इंसुलेटिड सब - स्टेशन (एआईएस) - इस प्रकार के सब स्टेशनों में बस बार आखों से दिखाई देते हैं । ऐसे सब स्टेशन में सर्किट ब्रेकर, आईसोलेटर, ट्रांसफार्मर, सीटी, पीटी आदि बाहर स्थापित किए जाते हैं । ऐसे सब स्टेशनों का ढांचा गेल्वेनाइज्ड स्टील का होता है और वह उपकरणों, इंसुलेटरों और आगे तथा जाने वाली लाइनों को सहारा देता है ।

विद्युत उपकेंद्र –
गैस इंसुलेटिड सब - स्टेशन (जीआईएस) –

- इस प्रकार के सब - स्टेशनों का विकास 1960 के दशक में किया गया और ये सब - स्टेशन विकसित देशों में बहुत लोकप्रिय हैं । ये मजबूत होते हैं और इनके रखरखाव की जरूरत बहुत कम होती है । इनका बुनियादी सिद्धान्त यह है कि करंट वाहक पुर्जे धातु के घेरे में रखे जाते हैं और इनमें स्पेशर इंसुलेटर लगे होते हैं । कंडक्टर और घेरों के बीच की जगह में सल्फर हैक्साफ्लूराइड (एसएफ -6) गैस भरी होती है और उसमें दबाव होता है । इन सब स्टेशनों को इस तरह से भेजा जाता है कि मौके पर पहुँच कर उनको फिर से जरूरत के अनुसार एसेम्बल कर लिया जाये ।
- इस प्रकार के सब - स्टेशनों को परंपरागत - सब - स्टेशनों की तुलना में सिर्फ 10 से 15 प्रतिशत जगह की जरूरत होती है । इन्हें कमरे के अंदर या बाहर किसी भी फर्श/फ्लोर पर अथवा तहखाने में स्थापित किया जा सकता है । आकार में छोटे होने और करंट वाले हिस्सों के अंदर होने के कारण यह उपकरण उन जगहों के लिए उपयुक्त होते हैं, जहां हवा गंदी होती है अथवा तटवर्ती इलाकों में जहां हवा गंदी या फिर औद्योगिक क्षेत्रों में प्रदूषण फैल सकता है ।

3

33/11 केवी विद्युत उपकेंद्र का डिजाइन

- 33/11 केवी सबस्टेशन के लिए 33 केवी लाइन या तो 220/33 केवी, 132/33 केवी सब स्टेशन, 33/11 केवी सब - स्टेशन, और किसी 33 केवी लाइन से आएगी । यह सब स्टेशन 33 केवी से 11 केवी में वोल्टेज बदल देता है अत: इसे स्टेप डाउन (अवचायी) सब स्टेशन कहते हैं और फिर इसे प्राइमरी फीडरों (संभरकों) में वितरित कर देता है जिससे आसपास के इलाकों में बिजली मिलती है । हर सब - स्टेशन से कई फीडर निकलते हैं जो आसपास के इलाकों/क्षेत्रों की बिजली की जरूरते पूरी करते हैं । सब - स्टेशन की स्थिति और क्षमता, फ़ीडर सिस्टम पर सीधा प्रभाव डालती है । अगर सब - स्टेशनों की स्थित अच्छी नहीं है फीडर की लागत बढ़ जाएगी और सप्लाई की क्वालिटी घट जायेगी । अगर क्षमता पर्याप्त नहीं है तो मौके पर फीडरों से मिलने वाली बिजली काफी नहीं होगी और सेवा तथा अर्थ व्यवस्था दोनों को नुकसान पहुंचेगा ।

सब – स्टेशन ले आउट -

- किसी योजना/स्कीम की सभी मुख्य बातें समझ लेने के बाद ही बिजली व्यवस्था का प्रयोग किया जा सकता है । जो कारण पसंद या नापसंद में महत्वपूर्ण भूमिका निभाते हैं वे निम्नलिखित हैं –
- आने वाली (इनकमिंग) लाइनों की संख्या –
- जाने वाली/निकलने (आउट गोइंग) लाइनों की संख्या –
- भार (लोड) का प्रकार
- रखरखाव और संचालन/संधारण की सुविधाएं
- मौसम सम्बन्धी सामान्य हालत
- कंट्रोल रूम, कंट्रोल तथा बचाव ट्रांसफार्मर, पावर ट्रांसफार्मर, आकजीलरी ट्रांसफार्मर
- एचटी और एलटी स्विच गीयर, सर्किट ब्रेकर, आइसोलेटर आदि
- रिले और मीटरिंग पैनल, सीटी, पीटी, कंट्रोल पैनल आदि
- कैपेसिटर, पावर केबिल, कंट्रोल केबिल और ड्रॉप आउट फ्यूज, लाइटिनिंग अरेस्टर (एलए) और स्टेशन अर्थिंग,
- सर्विस स्टेशन उपकरण जैसे – बैटरी, बैटरी सप्लाई डिस्ट्रीब्यूशन ट्रांसफार्मर, लाइटिंग व्यवस्था, ट्रांसफार्मर ऑइल व्यवस्था एवं फिल्टरेशन आदि, सब स्टेशन टी एंड पी आदि

स्टील स्ट्रक्चर, कंडक्टर, इंसुलेटर (पिन, पोस्ट, डिस्क), हार्ड वेयर क्लैंप्स, नट एंड बोल्ट्स आदि ।

विद्युत – सब – स्टेशन –

- सब - स्टेशन अनेक प्रकार के और अनेक आकार में होते हैं, लेकिन इन सब में तीन बातें शामिल होती हैं –
- (1) – प्राइमरी (33 केवी इनकमिंग) साइड

- (2) – सेकेन्डरी (11 केवी आउट गोइंग) साइड
- (3)- पावर ट्रांसफार्मर

सामान्य रूप से किसी सब - स्टेशन की क्षमता उसके ट्रांसफार्मर की क्षमता पर निर्भर करती है । चुने गये स्थान के अलावा सब स्टेशन एक ऐसी यूनिट होती है जिसमें उपरोक्त तीनों होते हैं और सब स्टेशन की लागत हर एक संरचना पर निर्भर करती है ।

विद्युत सब - स्टेशन – डिजाइन – लेआउट –

- किसी सब - स्टेशन का डिजाइन और लेआउट ऐसा होना चाहिए कि अगर किसी उपकरण का ब्रैक डाउन हो जाये, तो पूरे संयंत्र का संचालन बंद न हो या वह क्षति ग्रस्त न हो । ट्रांसफार्मर और सभी अन्य तेल भरे गियर बॉक्स अलग – अलग हों ताकि नुकसान का से कम हो, उसमें बचाव वाले आटोमैटिक गियर लगे हों जो फाल्ट वाले उपकरण को अपने आप अलग – अलग कर दें, बाकी संयंत्र में बाधा न पड़े ।
- किसी बिल्डिंग का रख रखाव व मरम्मत बिना सेवा में बाधा डाले संभव होनी चाहिए ।
- उपकरणों और भवनों का विस्टा (रास्ता) भी संभव होना चाहिए और ऐसा करते हुए, सेवा अथवा सब - स्टेशन के संचालन में बाधा नहीं पड़नी चाहिए ।
- जहां पर सभी फीडर एक बस से जुड़े हों, वहां सामान्य रूप से छोटे और औसत दर्जे के सब - स्टेशनों में सिंगल बस स्कीम होती है । कारण यह है कि यह कम खर्चीली होती है । इस स्कीम में कोई सर्किट ब्रेकर फेल हो जाता है तो वह सिर्फ एक फीडर को प्रभावित करेगा, पूरे सब स्टेशन को नहीं ।
- बड़े सब - स्टेशन का डिजाइन इस तरह से बनाया जाता है कि उसे दो या ज्यादा स्टेशनों से सप्लाई मिल सके और जिसमें महत्वपूर्ण एचटी फीडर भी होते हैं जो विभिन्न पावर सिस्टम को जोड़ते हैं और आमतौर पर डबल बस से जुड़े होते हैं ।

विद्युत सब – स्टेशन – प्राइमरी साइड ले आउट –

- इसके 33/11 केवी साइड पर सब स्टेशन में इनकमिंग ट्रान्समीशन या सब ट्रांसमीशन के टर्मिनेशन का प्रावधान होता है । इसमें बचाव, स्विचिंग और कंट्रोल के उपकरण लगे होते हैं । इसमें बस बार, ब्रेकर रिले मीटर और वे सभी उपकरण भी लगे होते हैं, जो आने वाली लाइन को टर्मिनेट करने अथवा यहां से होकर गुजर जाने के सुविधा देती हैं । आमतौर पर हाई वोल्टेज साइड पर किसी सबस्टेशन में लगने वाली कुल लागत का 25 से 35 प्रतिशत तक खर्च आता है ।
- इस प्रकार के सब स्टेशनों में कई प्रकार के संरचना होती है । यह इनकमिंग लाइनों, उनके टर्मिनेशन और गुजरने की व्यवस्थाओं, स्विचिंग और बचाव के प्रावधानों पर निर्भर करती है । यह प्रबंध इस बात पर भी निर्भर करते है कि वहाँ कितने ट्रांसफार्मर लगाए जा रहें हैं और बेकअप करने की वांछित व्यवस्था क्या है ।
- पारेषण और वितरण के लिए कई प्रकार के उपकरण जरूरी होते हैं, जिन्हें स्थापित करने के लिए बड़ी जगह की जरूरत पड़ती है । इस कारण से नियोजन करने में लचीलापन नहीं रहता और पसंद और नापसंद की गुंजाइश नहीं बचती ।

विद्युत उपकेन्द्र (सब – स्टेशन) आपूर्ति (सप्लाई) प्रबंध –

- किसी सब - स्टेशन में बिजली भेजने का साधारण प्रबंध जिसमें केवल एक इनकमिंग ट्रान्समीशन लाइन होती है । इनको रेडियल लाइन कहते हैं । इसमें अगर एक मात्र इनकमिंग लाइन किसी कारण से फेल हो जाए तो पूरा का पूरा सब स्टेशन काम करना बंद कर देता है । इसमें सुधार की दृष्टि से दो फीडर एक स्रोत अथवा अलग – अलग से लाइन लाते हैं, जिससे एक लाइन फेल होने से दूसरी लाइन से व्यवस्था बनी रहे । उसी तरह सब - स्टेशन से भी दूसरी जगह के लिए भी 33 केवी फीडर निकालते हैं जो दोनों तरह से उपयोग में लाये जाते हैं, बशर्ते सम्पूर्ण 33 केवी लाइन रिंग मेन व्यवस्था के अनुरूप हो । इस व्यवस्था में कम से कम फाल्टी/बाधित क्षेत्र प्रभावित होता है ।

विद्युत सब – स्टेशन - पावर ट्रांसफार्मर -

- अधिकांश सब - स्टेशनों में दो या दो से अधिक पावर ट्रांसफार्मर स्थापित होते हैं, क्योंकि किसी सब - स्टेशन पर एक ही ट्रांसफार्मर लगा हो और वह फेल हो जाये तो पूरी व्यवस्था फेल हो जाती है । इसके विपरीत अगर किसी सब - स्टेशन पर एक ही क्षमता के कई ट्रांसफार्मर

लगे है तो अगर जरूरत हो तो उनमें से एक का लोड दूसरे पर हस्तांतरित किया जा सकता है और इस तरह से कई घंटों तक वह ट्रांसफार्मर क्षमता से 133 प्रतिशत तक लोड उठा/ले सकता है । इस तरह से एक से अधिक ट्रांसफार्मर होना ज्यादा उचित होता है ।

- विस्तार व्यवस्था – अगर कोई सब - स्टेशन अनेक ट्रांसफार्मर लगाने के लिए प्लान किया जाता है तो उसकी क्षमता चरणबद्ध तरीके से जरूरत पड़ने पर बढ़ाई जा सकती है । दूसरी 33 केवी लाइने भी पूर्व के 33 केवी बस की तरफ से लाई जाती हैं, जिससे उनका समुचित उपयोग किया जा सके ।

विद्युत सब - स्टेशन – सेकेंडरी (आउट गोइंग) भाग (11 केवी साइड) -

- सेकेन्डरी भाग में स्विचिंग और बचाव, मीटरिंग, मॉनिटरिंग, कंट्रोल और अन्य उपकरण आते हैं जो सब - स्टेशन फीडरों को सेवा देने के लिए जरूरी होते हैं ।
- जहां किसी सब - स्टेशन का निचला (सेकेन्डरी) हिस्सा कम वोल्टेज (11 केवी) पर काम करना होता है वहीं उसके साइड में यह काफी करेंट (33 केवी साइड से 3 गुना) लेबल पर संचालित होता है । जिससे इसके फाल्ट करेंट लेबिल उंचें होते हैं । इसलिए इसके बस बार का आकार और इंसुलेशन की जरूरते काफी कम हो जाती हैं । कहा जा सकता है कि यह किसी सब स्टेशन की लागत का सबसे कम खर्चीला हिस्सा है और यह सब स्टेशन की कुल लागत के 1/15 से 1/5 के बीच होता है । इस भाग पर लागत आमतौर पर लाइन पर होती है और यह सब स्टेशन की क्षमता और अन्य बातों पर निर्भर करता है । आमतौर पर इसकी लागत बनाये जाने वालों फीडरों की संख्या के अनुपात में होती है ।

विद्युत सब – स्टेशन ले आउट तैयार करना –

- सेंटर लाइन डालना – 33 केवी इनकमिंग लाइन की डीपी के सेंटर से लगभग आउट गोइंग 11 केवी लाइन डीपी के सेंटर तक सब स्टेशन यार्ड (कम्पाउन्ड) में एक चूने की सीधी लाइन रस्सी की सहायता से डाली जाती है, को सेंटर लाइन कहते हैं । इसे सेंटर लाइन मानकर इसके दोनों तरफ 33 केवी की गेंट्री खड़ी की जाती है । साथ ही ट्रांसफार्मर एवं वीसीबी की फाउंडेशन इसी सेंटर लाइन को मध्य में रखते हुये बनाये जाते हैं ।
- 33 केवी इनकमिंग डीपी – सेंटर लाइन को रोस्टर मानकर यार्ड में फेंसिंग से 4 मीटर दूरी पर 33 केवी की इनकमिंग डीपी के निशान लगायें।
- 33 केवी वीसीबी – 33 केवी की डीपी से 13 मीटर की दूरी पर 33 केवी की वीसीबी के फाउंडेशन के निशान लगायें ।
- 33 केवी गेंट्री स्ट्रक्चर – 33 केवी लाइन की इनकमिंग डीपी से 15 मीटर की दूरी पर सेंटर लाइन के दोनों ओर गेंट्री खड़ी की जाती है । प्रत्येक 33/11 केवी ट्रांसफार्मर के लिये अलग – अलग गेंट्री का स्ट्रक्चर बनाया जाता है, के लिये निशान लगाये जाते हैं । गेंट्री से गेंट्री की दूरी 4.8 मीटर रखी जाती है ।

- 33/11 केवी पावर ट्रांसफार्मर का फाउंडेशन – सेंटर लाइन पर 33 केवी के गेंट्री स्ट्रक्चर के निशान के बाद 3 मीटर की दूरी को सेंटर मानकर ट्रांसफार्मर का 2x2 मीटर का फाउंडेशन का निशान बनाना चाहिए । जितने ट्रांसफार्मर लगाना हों, उतने फाउंडेशन के निशान बनायें ।
- 11 केवी की मेन वीसीबी का फाउंडेशन – ट्रांसफार्मर के फाउंडेशन के सेंटर से 3 मीटर की दूरी को सेंटर मानकर में वीसीबी के फाउंडेशन का निशान लगायें ।
- 11 केवी गेंट्री स्ट्रक्चर – वीसीबी के सेंटर से 2 मीटर की दूरी पर 11 केवी की गेंट्री स्ट्रक्चर के निशान लगायें, जिसमें गेंट्री से गेंट्री की दूरी 4.8 मीटर रखी जावे । जितने फीडर की आवश्यकता हो, उतनी गेंट्री स्ट्रक्चर के निशान लगाये जायें ।
- 11 केवी फीडर वीसीबी की फाउंडेशन – गेंट्री स्ट्रक्चर से 2 मीटर की दूरी को सेंटर मानकर वीसीबी के सेंटर वीसीबी की फाउंडेशन के निशान लगायें ।
- 11 केवी फीडर स्ट्रक्चर – वीसीबी के सेंटर से 2 मीटर की दूरी पर फीडर स्ट्रक्चर या 11 केवी की डीपी के निशान लगायें ।
- स्टेशन ट्रांसफार्मर – स्टेशन ट्रांसफार्मर स्थापित करने के लिए निशान लगायें । 33/0.4 केवी 33 केवी तरफ और 11/0.4 केवी होतो 11 केवी की गेंट्री की तरफ निशान लगायें ।

4

33/11 केवी उपकेन्द्र (सब - स्टेशन) - निर्माण

उपकेंद्र की संरचना – वितरण सब – स्टेशन की संरचना आरईसी निर्माण मानक एफ - 1 से एफ - 4 के अनुरूप हो, उपकरणों की अर्थिंग आरईसी निर्माण मानक एफ - 5 के अनुरूप हो ।

ले आउट का कार्य पूर्ण हो जाने के पश्चात 33 केवी एवं 11 केवी की गेंट्रियों के और ट्रान्सफार्मर वीसीबी की फाउंडेशन के निर्माण के साथ कन्ट्रोल रूम बनाने की प्रक्रिया प्रारम्भ कर देना चाहिए । गड्ढे खुद जाने के बाद गेंट्रियां समकोण में खड़ी की जावें । गेंट्री स्ट्रक्चर के सभी पोलों, स्टेशन ट्रान्सफार्मर के पोलों एवं पावर ट्रान्सफार्मर वीसीबी की फाउंडेशनों को 1:3:6 के सीमेन्ट कॉंक्रीट के मिक्चर से तैयार करना चाहिए । ट्रान्सफार्मर की फाउंडेशन के ऊपरी भाग में रेल पोलों या एच बीम या आरएस ज्वाइस्ट के 2 मीटर के दो टुकड़े सेंटर से 1/2 (आधा) मीटर की दूरी अर्थात टुकड़ों के मध्य एक मीटर की दूरी पर गाड़ना चाहिए, जिससे फाउंडेशन पर ट्रान्सफार्मर रखने एवं उतारने में कोई असुविधा न हो । इसी प्रकार वीसीबी के लिए फाउंडेशन में फाउंडेशन बोल्ट गाड़ना चाहिए । इसके बाद डीपी एवं गेंट्रियों पर डीसी क्रॉस आर्म लगाकर 33 केवी साइड और 11 केवी साइड पर डिस्क इन्सुलेटर में 48 स्क्वायर एमएम (वर्ग मिमी) एसीएसआर कंडक्टर अथवा लोड अनुसार कंडक्टर लगाकर बस बार बनाना चाहिए । निर्धारित स्थल पर आवश्यकतानुसार एबी स्विच या आइसोलेटर, डीओ सेट, एलए (लाइटिनिंग अरेस्टर), सीटी, पीटी, एमई (मीटरिंग इक्युपमेंट) इत्यादि लगाना चाहिए । उसके बाद पावर ट्रान्सफार्मर, वीसीबी फाउंडेशन पर रखना चाहिए एवं बाईमेटेलिक क्लैम्प लगाकर 48 वर्ग मिमी एसीएसआर कंडक्टर द्वारा जम्पर इत्यादि करना चाहिए । कन्ट्रोल रूम में सभी वीसीबी के पैनल स्थापित करें । साथ ही बैटरी एवं बैटरी चार्जर भी स्थापित करें एवं एक कन्ट्रोल रूम से लगाकर ट्रान्सफार्मर एवं वीसीबी तक सीमेन्ट कॉंक्रीट की नाली (ट्रेंच) बनावें एवं कन्ट्रोल केबिल 2.5 वर्ग मिमी से सभी उपकरणों की डीसी सप्लाई देने हेतु वायरिंग करें । स्टेशन ट्रान्सफार्मर की स्थापना करके यार्ड एवं कन्ट्रोल रूम में लाइटिंग का इंतजाम करें । आवश्यकतानुसार 33 केवी एवं 11 केवी के एबी स्विच, लाइटिनिंग अरेस्टर, डीओ सेट, सीटी पीटी, एमई लगावें ।

बसबार व्यवस्था –

बसबार अरेंजमेंट की सिफारिश की जाती है कि बसबारों और जम्परों पर 2 बाय 5 एमवीए तक की संस्थापित क्षमता वाले 33 केवी और 11 केवी साइडों पर 65 वर्ग मिमी एसीएसआर कंडक्टर और बसबारों तथा जम्परों का इस्तेमाल होना चाहिए । अगर सब स्टेशन की क्षमता भविष्य में भी बढ़ाने की सम्भावना न हो तो लोवर साइड पर 48 वर्ग मिमी एसीएसआर के कंडक्टर इस्तेमाल किये जायें । कंडक्टरों के आकार की सिफ़ारिश करते समय निम्नलिखित बिन्दुओं को ध्यान में रखा गया है : -

1. बसबार के लिए इस्तेमाल होने वाले कंडक्टर ऐसे होने चाहिए कि वे सब स्टेशन लेवल पर शॉर्ट सर्किट करेंट का फाल्ट होने पर बर्दास्त कर लें ।

2. कोरोना लॉस को सीमा के अंदर रखने के लिए 33 केवी बसबारों के लिए कंडक्टर और जम्पर का आकार 6.5 मिमी से अधिक होना चाहिए ।

3. बसबार और डायरेक्ट कनेक्शनों की करेंट वहन क्षमता ऐसी होनी चाहिए कि संचालन के समय तापमान निम्नलिखित से ज्यादा न हो –

अ – अधिकतम अनुमान्य टेम्प्रेचर हैं 70 डिग्री सेल्सियस,

आ – अधिकतम हॉट स्पॉट टेम्परेचर है है 75 डिग्री सेल्सियस ।

बसबार की ऊंचाई जमीन के स्तर से ऊपर 6.4 मीटर और क्रॉस बस से ऊपर 4.5 मीटर होनी चाहिए (संदर्भ आर ई सी निर्माण मानक एल – 1 और एल - 2)

पावर और कन्ट्रोल केबिल : -

जो पावर केबिल जमीन के अन्दर डाले जाते हैं उन्हें आर्मर्ड होना चाहिए । इस प्रकार के केबिल वाटर प्रूफ जूट या पीवीसी से ढके हों ताकि उन पर क्षरण का असर न हो ।

जहां तक सम्भव हो, केबिल का रूट ऐसा होना चाहिए जहां तक सुविधाजनक तरीके से पहुंचा जा सके ।

केबिल या तो जमीन के नीचे गड़े हों, अथवा पक्की खाई (केबिल ट्रेंच) बनाकर उनमें से ले जाया जाय, यह ज्यादा सुविधाजनक होता है । अगर केबिल ट्रेंचेज़ बनाये जाते हैं तो उनमें इस तरह का स्वाभाविक ढलान (स्लोप) होना चाहिए कि बारिश का पानी अपने आप निकल जाय । जहां भी जरूरी हो, पानी इकट्ठा करने के लिए जगह बना दिये जायें ।

अगर ट्रेंच में एक से ज्यादा पावर केबिल डाले जा रहे हैं तो उन्हें अलग थलग करने के लिए केबिल रेक का प्रयोग किया जाय अथवा उन्हें आपस में क्लैम्प कर दिया जाय । अगर केबिल जमीन के नीचे गड़े हैं तो उन्हें ले जाने वाले अलग - अलग रूट बनाये जावे ताकि फाल्ट होने की हालत में आराम से उनकी मरम्मत की जा सके ।

किसी खास सेवा के लिए केबिल का चयन करते समय केबिल की शॉर्ट सर्किट रेटिंग पर ध्यान देना चाहिए । इसके अलावा उनकी करंट रेटिंग केपेसिटी और डीरेटिंग फैक्टर भी ध्यान में रखे जाने चाहिए । कन्ट्रोल केबिल सिंगल कोर या मल्टी कोर पीवीसी इन्सुलेटिड और पीवीसी शीट्स होने चाहिए ।

जहां तक सम्भव हो, कन्ट्रोल केबिल पावर केबिल से अलग प्रकार के होने चाहिए । अगर उन्हें भी ट्रेंच में डाला जा रहा है और साथ ही पावर केबिल भी हैं, तो उन्हें अलग - अलग रखा जाना चाहिए । पावर केबिल जब भी जमीन के नीचे डाले जायें उन्हें आर्मर्ड होना चाहिए ।

फाल्ट होने पर केबिल की पहचान की जा सके और उन्हें बदला जा सके इसके लिए कोड नम्बर या अक्षरों में केबिलों के सिरों पर मार्कर अथवा फेरूल्स लगा दिए जाने चाहिए ।

इन्सुलेशन कोआर्डिनेशन : -

सब स्टेशनों मौजूद उपकरणों का इन्सुलेशन लेवल रक्षा उपकरणों के अनुरूप होना चाहिए ताकि सब स्टेशन के बहुमूल्य उपकरणों को नुकसान से बचाया जा सके और यह सुनिश्चित किया जा सके कि अगर आसमान से बिजली गिरे तो लाइटिनिंग अरेस्टर (एलए) के जरिये वह जमीन में जाकर डिस्चार्ज हो जाये ।

ट्रांसफार्मर का इन्सुलेशन लेवल अन्य उपकरणों और लाइटिनिंग अरेस्टर का इन्सुलेशन लेवल भारतीय मानकों के जरिए मानक बना दिया गया है । भारतीय मानकों के अनुसार नीचे दी गई तालिका में वे मानक दिये जा रहे हैं जिनको अपनाने की सिफ़ारिश की गई है : -

ट्रांसफार्मर और अन्य उपकरणों के इन्सुलेशन लेवल –

नोमिनल सिस्टम केवी (आरएमएस) लाइन टू लाइन का वोल्टेज , - हाईएस्ट सिस्टम केवी (आरएमएस) लाइन टू लाइन वोल्टेज, - रेटेड ईएमएफ विदस्टेंड वोल्टेज केवी (पीक)

11 केवी, - 12 केवी, - 75 केवी

33 केवी, - 36 केवी, - 170 केवी

लाइटिनिंग अरेस्टर के लिए स्टैंडर्ड इन्सुलेशन लेवल –

नोमिनल सिस्टम केवी (आरएमएस) लाइन टू लाइन का वोल्टेज, - लाइटिनिंग अरेस्टर रेटिंग केवी (आरएमएस), - अधिकतम 100 प्रतिशत 1.2/50 स्पार्क ओवर वोल्टेज

11 केवी, - 9 केवी, - 32.5 केवी

33 केवी, - 30 केवी, - 108.0 केवी

प्रकाश व्यवस्था - सब स्टेशन : -

सब स्टेशन भवन (कन्ट्रोल रूम) के लिए अथवा स्विच यार्ड के लिए जो भी व्यवस्था चुनी जाये, उसका चयन करते समय सुन्दरता की जगह तकनीकी बातों का ध्यान ज्यादा रखना चाहिए ।

प्रकाश व्यवस्था ऐसी होनी चाहिए कि सब जगह रोशनी बराबर रहे । परछाइयां, सीधा और प्रतिबिम्ब चौंध और रोशनी के कारण होने वाली गर्मी कम से कम हो । डायरेक्ट लाइन ऑफ विजन से लाइट सोर्स हटा दिये जायें और रोशनी की चमक कम से कम रखी जाय । बड़े सब स्टेशनों में पर्याप्त संख्या में इमरजेंसी डीसी लाइटिंग की व्यवस्था की जानी चाहिए ताकि एसी सप्लाई फेल हो जाने पर स्टेशन पर बैटरियों की मदद से रोशनी की जा सके । स्टेशन की सप्लाई फेल हो जाने पर डीसी लाइटिंग सर्किट पर तुरंत स्विचिंग कर दिया जाय, इसके लिए आटोमैटिक अरेंजमेंट होना चाहिए । सभी 33 केवी सब स्टेशनों पर फ्लड लाइटिंग के लिए उपयुक्त लैम्पस होने चाहिये । परिसर के अन्दर आउट लाइन से 20 फीट दूरी तक साफ - साफ रोशनी हो इसके लिए फ्लड लाइट वाल उपयुक्त उपकरणों का चुनाव किया जाय । फ्लड लाइट

ढांचों के शीर्ष से 4 – 5 फीट ऊपर लगाई जावे ताकि पूरे परिसर में रोशनी रहे । इसके अलावा ढांचों और उपकरणों पर भी फ़्लड लाइट की रोशनी पड़नी चाहिए । हर पावर ट्रान्सफार्मर के ऊपर और सभी केंद्रीय क्षेत्रों में 100 वाट वाले अलग - अलग एलईडी लैम्प वाटर टाइटब्रेकेट में लगाए जायें ताकि सभी जगह रोशनी रहे, याई के महत्वपूर्ण स्थानों पर 15 एम्पीयर के 3 पिन वाले प्लग भी लगे होने चाहिए ।

अगर परिसर बहुत बड़ा हो और उसमें बाहर भी काफी जगह पड़ी हो तो डीसी पैनल पर कुछ एमर्जेसी लैम्प भी लगा देने चाहिए ।

निम्नलिखित तालिका में एक सब स्टेशन पर प्रकाश व्यवस्था की रूपरेखा दी जा रही है । (स्रोत 1992 का आई एस 3646) इसमे दी गई वैल्यू हर काम के लिए जरूरी है । हर रेंज में तीन तरह की प्रकाश व्यवस्था की सिफ़ारिश की गई है । उपभोक्ता इनमे से अपनी पसन्द, अनुभव और लागत के हिसाब से ऊर्जा के इस्तेमाल का तरीका चुन सकते हैं । सामान्य परिस्थितियों में मध्यम मार्ग पर चलना बेहतर होगा ।

उपकेन्द्र (सब स्टेशन) क्षेत्र , - मानक प्रकाश व्यवस्था (लक्स)

इन्डोर स्विच रूम, - 200 – 300 - 500

कन्ट्रोल रूम, - 200 – 300 - 500

दूर संचार कक्ष, - 200 – 300 - 500

बैटरी रूम, - 100 – 150 – 250

केबिल टनल और तहखाने, - 50 – 100 – 150

कार्यालय, - 300 – 500 – 750

इंटरेंस हॉल लॉबी आदि, - 150 – 200 – 300

कॉरीडोर, पेसेज, झीना, - 50 – 100 – 150

मेस रूम, - 150 – 200 – 300

शौचालय और भंडार घर, - 100 – 150 – 200

आउट डोर स्विच याई (फ़्लड लाइटिंग), - 5 - 20

पेरीमीटर लाइटिंग, - 5 – 10

एक्सटीरियर लाइटिंग (कन्ट्रोल बिल्डिंग आदि), -5 – 20

भविष्य में विस्तार के लिए गुंजाइस –

सब स्टेशन बनाते समय इस बात का ध्यान रखा जाना चाहिये कि उसमें भविष्य में विस्तार करने की काफी गुंजाइस रहे, आउट गोइंग 11 केवी फीडरों के लिए प्रावधान होना चाहिए जो भविष्य में बनाये जा सकते हैं । 11 केवी आउट डोर के स्विच याई के मामले में 11 केवी बस बार का डिजाइन ऐसा होना चाहिए कि वह वर्तमान और भविष्य के बसबार को समाहित कर सके । इसके अलावा कम से कम एक बसबार एंड की जगह रखी जानी चाहिए कि उसका जरूरत पड़ने पर उसका विस्तार किया जा सके । 33 केवी इनकमिंग ब्रेकरों के लिए भी काफी जगह रखी जानी चाहिए भले ही यह ब्रेकर सब स्टेशन बनाते समय जरूरी न जान पड़ें, यह वांछनीय होगा कि कन्ट्रोल रूम बिल्डिंग में काफी उपर्युक्त जगह छोड़ दी जाये जो भविष्य में जरूरी उपकरणों के लिए आवश्यक हो सकते हैं ।

विद्युत सब – स्टेशन – नियंत्रण कक्ष (कंट्रोल रूम) –

- कंट्रोल रूम का ले आउट कार्यपालन यंत्री (डीई)/अधिशासी अभियंता (ईई)/डिप्टी जनरल मेनेजर (डीजीएम) के मार्गदर्शन में किया जाता है । प्राय कंट्रोल रूम साइज (6x5, 8x5, 10x5, 6x8, 6x10 या 6x12 मीटर) के रखते हैं । खिड़की और दरवाजे इस प्रकार रखते हैं कि याई में आना जाना, देखना सुविधा जनक हो । अक्सर कंट्रोल रूम 33 केवी की गेंट्री साइड तथा मुख्य गेट के नजदीक बनाते हैं । कंट्रोल रूम में शौचालय और बैटरी रूम का विशेष ध्यान रखा जाता है ।
- पानी प्रबंधन हेतु एक ट्यूब बेल खनन भी कराया जाता है ।
- सुरक्षात्मक दृष्टि से उपर्युक्त अग्निशामक यंत्रों की स्थापना भी कराई जाती है ।
- 30 वोल्ट 100 एम्पीयरआवर लेड एसिड बैटरी, 30 वोल्ट 10 एम्पीयर बैटरी चार्जर और 30 वोल्ट 15 एम्पीयर बैटरी चार्जर आटोमैटिक बूस्ट कम फ्लोट टाइप (आटोमैटिक और मेन्यूअल कंट्रोल टाइप)

- **निर्माण के दौरान विशेष ध्यान रखने योग्य बातें –**
- 1 – 33 केवी गेंट्री स्ट्रक्चर के सभी पोलों का अलग - अलग अर्थिंग करना चाहिए, फिर सभी पोलों को एक बड़ा गड्डा खोदकर अर्थ वायर एवं जीआई पाइप द्वारा अर्थ करें । इस प्रकार एक पोल के दो अर्थ करना चाहिए ।

- 11 केवी गेंट्री स्ट्रक्चर के सभी पोलों का अलग - अलग अर्थिंग करना चाहिए, साथ ही सभी पोलों को एक बड़ा गड्डा खोदकर अर्थ वायर एवं जीआई पाइप द्वारा अर्थ करें । इस प्रकार एक पोल के दो अर्थ करना चाहिए ।

नोट – 33 केवी एवं 11 केवी की गेंट्रियों के अर्थ आपस में नहीं मिलना चाहिए ।
प्रत्येक पावर ट्रान्सफार्मर के न्यूट्रल बुशिंग को दो (डबल) अर्थ करना चाहिए ।

- प्रत्येक पावर ट्रान्सफार्मर की बॉडी को दो (डबल) अर्थ करना चाहिए ।
- 33 केवी और 11 केवी के एलए (लाइटिनिंग अरेस्टर) को प्रति सेट के हिसाब से दो (डबल) अर्थ करना चाहिए ।
- जितनी भी वीसीबी स्थापित है उनकी अर्थिंग भी दो (डबल) अर्थ करना चाहिए ।
- 33 केवी एवं 11 केवी एबी स्विचों को भी प्रति सेट के हिसाब से दो (डबल) अर्थ करना चाहिए ।
- बैटरी चार्जर, कन्ट्रोल पैनल, कन्ट्रोल बोर्ड इत्यादि के हिसाब से भी दो – दो अर्थ करना चाहिए ।
- नोट – हर हालत में कन्ट्रोल रूम के अर्थ गड्डे (पिट) सब स्टेशन के अन्य अर्थों से हमेशा अलग रखें । अन्यथा की स्थिति में कॉमन अर्थिंग के कारण होने वाले फाल्ट करेंट से रिले, बैटरी चार्जर अथवा कन्ट्रोल पैनल के अन्य उपकरण जल/खराब हो जाते हैं
- अर्थिंग करने के लिए 4 एसडब्ल्यूजी का कॉपर वायर या 7/10 का स्टे वायर अथवा जीआई फ्लैट का उपयोग करना चाहिए ।
- सब - स्टेशन के सभी अर्थिंग का अर्थ रजिसटेन्स 1 ओम से अधिक नहीं होना चाहिए । अच्छा अर्थ रजिसटेन्स रखने के लिए काली मिट्टी, कोयला, बेंटोनाइड पाउडर का प्रयोग करना चाहिए ।
- प्रत्येक पावर ट्रान्सफार्मर के दोनों तरफ (33 केवी एवं 11 केवी साइड) लाइटिनिंग अरेस्टर लगाना अनिवार्य है ।
- प्रत्येक 33 केवी और 11 केवी फीडरों पर भी लाइटिनिंग अरेस्टर सुरक्षात्मक दृष्टि से आवश्यक हैं ।
- 3.15 एमवीए पावर ट्रान्सफार्मर से अधिक क्षमता वाले ट्रान्सफार्मरों के दोनों तरफ वीसीबी लगाना अनिवार्य है ।
- 33 केवी की बस बार का नीचे वाला कंडक्टर कम से कम 17 फीट ऊंचा होना चाहिए ।
- 11 केवी की बस बार का नीचे वाला कंडक्टर कम से कम 15 फीट ऊंचा होना चाहिए ।
- सब स्टेशन यार्ड में 4 इंच मोटी गिट्टी का सतह बिछाना चाहिए । गिट्टी रेंगने वाले कीड़े – मकोड़े, जमीन से घास न उगने, कीचड़ और अर्थिंग फेल होने से जमीन में अर्थ पोटेन्शियल डिफरेंस से होने वाले झटके से बचाती हैं ।
- सभी गेंट्री स्ट्रक्चरों एवं चैनलों को रेड ऑक्साइड से पेन्ट करना चाहिए । सुखाने पर एल्यूमिनियम पेन्ट से पेन्ट करना चाहिए ।
- ट्रान्सफार्मर को चालू करने से पूर्व ट्रान्सफार्मर ऑइल को टेस्ट करना चाहिए । ऑइल की डाई इलेक्ट्रिक स्ट्रैंथ कम से कम 50 केवी 1 मिनट के लिए 2.5 एमएम के गैप में होना चाहिए
- ट्रान्सफार्मर चालू करने के पहले ट्रान्सफार्मर वाईंडिंग का इन्सुलेशन रजिसटेन्स मेगर द्वारा टेस्ट करना चाहिए । इन्सुलेशन रजिसटेन्स तापमान और वोल्टेज पर निर्भर रहता है । उसकी तालिका अलग से प्रदर्शित है ।
- ट्रान्सफार्मर एवं वीसीबी के जम्परों को पीवीसी/इंसुलेटिड क्वालिटी की स्लीव पहनाना चाहिए या कोटेड इन्सुलेशन उपयोग करना चाहिए । ऐसा इसलिए लाभदायक होता है जब कभी जम्पर टूटता है तो इंसुलेटिड होने से रेडिएटर, टैंक और अन्य उपकरण जिस पर गिरता है डेमेज होने से बचाव करता है ।
- ट्रान्सफार्मर और नया सभी जगहों पर निर्धारित क्षमता के ही फ्यूज का इस्तेमाल करना चाहिए । जिसकी फ्यूज तालिका अलग से प्रदर्शित है ।

5

उपकेन्द्र - बैटरी एवं बैटरी चार्जर

उपकेन्द्र - बैटरी एवं बैटरी चार्जर

- सब स्टेशन में ट्रिपिंग सर्किट के लिए 30 वोल्ट डीसी (डायरेक्ट करेंट) सप्लाई की आवश्यकता होती है । इससे उपकेन्द्र को तकनीकी सुरक्षा का पूरा तंत्र जोड़ा रहता है अर्थात सब स्टेशन की प्राण वायु का काम बैटरी करती है । इससे 30 वोल्ट की डीसी प्राप्त होती है । प्रत्येक बैटरी सेल 2.15 वोल्ट का रहता है इस तरह 15 बैटरी सेलों को जोड़ कर 30 वोल्ट की सप्लाई प्राप्त की जाती है । साधारणतः लेड एसिड, केडमियम या अल्कलाइन बैटरियों का ही उपयोग किया जाता है । 30 वोल्ट 100 एएच (एम्पीयर आवर) लेड एसिड बैटरियाँ 33/ 11 केवी उपकेन्द्र में उपयोग की जाती हैं । इसके साथ ही सतत बैटरियाँ चार्ज रहे इस हेतु एक आटोमेटिक बैटरी चार्जर का उपयोग भी किया जाता है । बैटरी की शक्ति उसमें भरे इलेक्ट्रोलाइट (सल्फ्यूरिक एसिड + डिस्टिल वाटर) के घोल के आपेक्षिक घनत्व (स्पेसिफिक ग्रेविटी) 1180 से 1200 ही रहती है । बैटरी को लकड़ी के बने फ्रेम में ही रखा जाता है ।
- **30 वोल्ट की बैटरी को उपयोग में लेने के पूर्व चार्ज करने की विधि –**
- नई बैटरियों के सेल को जोड़कर एसिड एवं डिस्टिल वाटर के घोल को भरा जाता है तथा घोल भरने के 12 घंटे बाद एवं 24 घंटे के अन्दर चार्जर से जोड़कर चार्ज किया जाता है । प्रथम चार्जिंग 80 घंटे में पूरी होती है तथा चार्ज होने पर बैटरी के सोल्युशन का आपेक्षिक घनत्व (स्पेसिफिक ग्रेविटी) 1200 तीन घंटे तक लगातार बना रहने पर बैटरी को चार्ज समझना चाहिए । फिर इसे एक बार डिस्चार्ज करना चाहिए जिसमें कोई प्रतिरोध का उपयोग करना चाहिए । डिस्चार्ज का समय 10 घंटे होना चाहिए । बैटरियों को एक बार डिस्चार्ज करने के बाद पुन: चार्ज करना चाहिए एवं ग्रेविटी 1180 से 1200 रहने पर उपयोग में लेना चाहिए । बैटरी का तापमान 27 डिग्री सेन्टीग्रेड से अधिक नहीं होना चाहिए । लम्बे समय तक बैटरी को बगैर चार्जिंग के नहीं रखना चाहिए ।
- बैटरी के प्रत्येक सेल को छोटे वोल्ट मीटर से सप्ताह में एक बार नापना चाहिए । वोल्ट मीटर 3 - 0 – 3 के स्केल वाला होना चाहिए जिसे सेल टेस्टर भी कहते हैं । इसे बैटरी सेल के धन/ऋण (पोजीटिव/नेगेटिव) टर्मिनलों पर रख कर नापते हैं । प्रत्येक सेल 2 वोल्ट से कम नहीं होना चाहिए ।
- अम्ल (एसिड) का सोल्यूसन जो प्रत्येक सेल में भरा रहता है उसे बैटरी की प्लेटें के ऊपर कम से कम आधा इंच से एक इंच तक होना चाहिए । यदि प्लेटें दिखने लगे तो शीघ्र डिस्टिल वाटर सेलों में भरना चाहिए । इसे प्रतिदिन सुबह चेक करना अनिवार्य है । बैटरी में एसिड नहीं डालना चाहिए । टर्मिनलों की फफूंदी जो हरे रंग या सफ़ेद रंग की बनती है उसे प्रतिदिन हटाना चाहिए या जीरों नम्बर के एमी पेपर से घिसकर अलग करना चाहिए । कनेक्टर साफ करके उन पर पेट्रोलियम जेली लगाना चाहिए जिससे फफूंदी या आक्सीडेसन न होने पाये
- बैटरी चार्जर को बैटरी से कनेक्ट करके रखना चाहिए । बैटरी चार्जर में स्टेप डाउन ट्रान्सफार्मर 230 वोल्ट को 30 वोल्ट एसी में बदलता है फिर रैक्टीफायर द्वारा 30 वोल्ट डीसी में बदला जाता है जो बैटरियों को चार्ज करता है । साधारण तौर पर बैटरी को ट्रिकिल चार्ज पर प्रतिदिन चार्ज करना चाहिए । विशेष परिस्थितियों में जब सेल का वोल्टेज कम हो गया हो या आपेक्षिक घनत्व (स्पेसिफिक ग्रेविटी) में 1180 से कम की गिरावट आ गई हो तो इसे बूस्ट चारजिंग में लगाना चाहिए जब तक कि ग्रेविटी 1180 से 1200 तक न आ जावे । बैटरी चार्जर की अर्थिंग अलग से करना चाहिए । इसे उपकेन्द्र के अर्थिंग सिस्टम से नहीं जोड़ना चाहिए क्योंकि चार्जर की क्षमता न्यून करेंट की होती है यदि यह उपकेंद्र के अर्थिंग सिस्टम से जोड़ी जाती है तो फीडर की फाल्ट करेंट चार्जर की अर्थिंग में आ जाने से हैवी फाल्ट करेंट के कारण चार्जर खराब हो जाते हैं ।

6

33/11 केवी उपकेन्द्रों का संचालन – संधारण (आपरेशन एंड मेंटीनेन्स)

33/11 केवी उपकेन्द्रों का संचालन – संधारण (आपरेशन एंड मेंटीनेन्स)

क्षेत्र विशेष में स्थित विद्युत भार (लोड) के अनुसार ही उपकेंद्र की स्थापना की जाती है । प्रत्येक 33 केवी उपकेन्द्र में विभिन्न उपकरण लगे होते हैं जो निम्न प्रकार हैं –

क – आउट डोर उपकरण –

ये सभी उपकरण यार्ड में फेंसिंग के अन्दर स्थित होते हैं –

1. पोल (खम्बे) – रेल पोल / आर एस ज्वाइस्ट / एच बीम / पीसी सी पोल / गैंट्री
2. बसबार – ए सी एस आर / ए ए ए सी 100 स्क्वायर एम एम / 80 स्क्वायर एम एम कंडक्टर , इन्सुलेटर , ग्रेपर आदि
3. पावर ट्रांसफार्मर – 33 / 11 केवी क्षमता - 1.6 / 3.15 / 5.0 / 8.0 एमवीए
4. वीसीबी / ओसीबी – 33 केवी एवं 11 केवी
5. आइसोलेटर / ए बी स्विच – 33 केवी एवं 11 केवी
6. एल ए (लाइटिनिंग अरेस्टर) तरंग – निरोधक – 33 केवी एवं 11 केवी
7. सब स्टेशन यार्ड ट्रान्सफार्मर – 33/ 0.4 केवी या 11/ 0.4 केवी – 100 केवीए
8. सीटी , पीटी और सीटी पीटी कम्बाइन्ड यूनिट (एमई – मीटरिंग एक्युपमेंट) – 33 केवी एवं 11 केवी
9. अर्थिंग सिस्टम - सम्पूर्ण अर्थिंग व्यवस्था
10. - कन्ट्रोल केबिल एवं ट्रेंच
11. - 11 केवी कैपेसिटर बैंक
12. - यार्ड लाइटिंग (प्रकाश व्यवस्था)

ख – इंडोर उपकरण –

ये सभी उपकरण कन्ट्रोल रूम (नियंत्रण कक्ष) के अन्दर स्थापित होते हैं –

1. कन्ट्रोल पेनल रिले सहित – 33 केवी एवं 11 केवी
2. बैटरी एवं चार्जर – 30 वोल्ट डीसी
3. एसी डिस्ट्रीब्यूशन बोर्ड/डीसी डिस्ट्रीब्यूशन बोर्ड
4. कन्ट्रोल केबिल व्यवस्था
5. मीटर एवं मीटरिंग व्यवस्था

33/11 केवी उप केन्द्र विद्युत वितरण व्यवस्था का एक मुख्य अंग है, जहां से सतत बिना अवरोध के विद्युत आपूर्ति क्षेत्रों को की जाती है । अतएव उपकेन्द्र में स्थापित समस्त उपकरणों का स्वस्थ एवं सुचारु रूप से कार्य करना अत्यन्त अनिवार्य है । साथ ही उपकरणों की भारी कीमत होने से भी इनको नुकसान या फेल होने से बचाने हेतु समय – समय पर निर्धारित नियमों के अनुसार इनका रखरखाव करना

भी अत्यन्त आवश्यक होता है । इस हेतु उपकरण के प्रत्येक अवयवों की जानकारी भी इसके लिए नियुक्त कर्मचारी/आपरेटर/अधिकारी को भली भांति होना जरूरी है । उपकेन्द्र में मुख्य उपकरण पावर ट्रान्सफार्मर होता है जिसके विषय में संक्षिप्त जानकारी निम्नानुसार है –

पावर ट्रान्सफार्मर –

पावर ट्रान्सफार्मर के मुख्य अवयव (मेन पार्ट) –

बाहरी अवयव (आउटर पार्ट) और आन्तरिक अवयव (इंटरनल पार्ट) होते हैं –

बाहरी अवयव (आउटर पार्ट) वे अवयव होते है जो बाहर दिखते हैं – जैसे -

1. मेन टैंक
2. रेडिएटर
3. कंजरवेटर टैंक
4. एक्सप्लोजन वेंट
5. लिफ्टिंग लग्स/हुक्स
6. एयर रिलीज प्लग
7. ऑइल एवं वाईंडिंग टेम्प्रेचर इंडीकेटर (मीटर)
8. टेप चेंजर
9. व्हील्स
10. एचटी/एलटी पोर्सिलेन बुशिंग्स
11. फिल्टर वाल्व्स
12. ऑइल फिलिंग प्लग्स
13. सिलिका जेल ब्रीदर
14. बुकोल्ज़ रिले
15. नेम प्लेट
16. केबिल बॉक्स

भीतरी (अन्दर) अवयव (पार्ट) –

1. - ट्रांसफार्मर ऑइल (तेल)
2. - ट्रांसफार्मर कोइल (बाइंडिंग) एचटी और एलटी
3. - ट्रांसफार्मर कोर (लेमीनेशन)
4. - टेप चेंजर मेकेनिज़्म
5. - एचटी और एलटी बुशिंग्स कनेक्शन

7

ट्रांसफार्मर अवयव (पार्ट)

ट्रांसफार्मर अवयव (पार्ट)

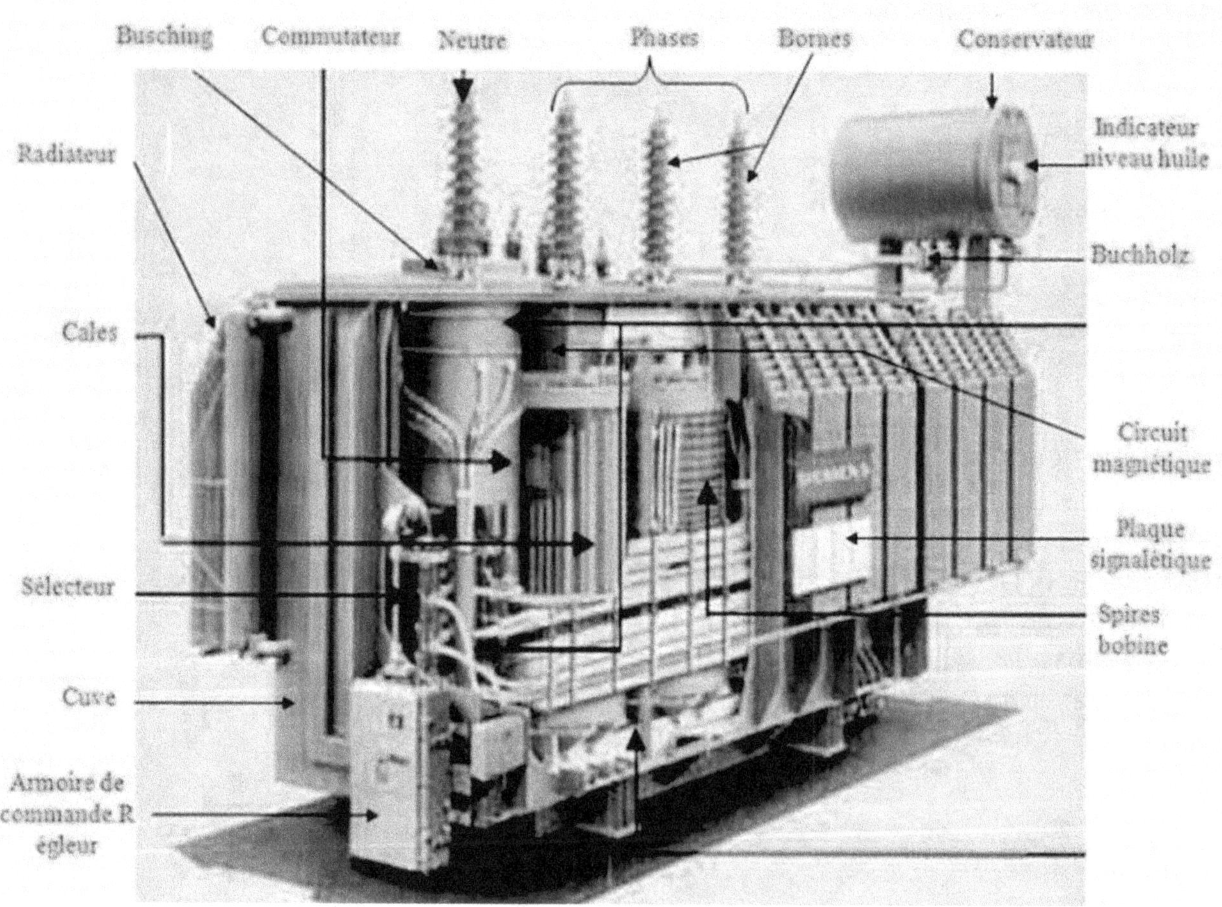

ट्रांसफार्मर अवयव (पार्ट)

ट्रान्सफार्मर के मुख्य अवयव (मेंन पार्ट) –
एक ट्रांसफार्मर में अन्दर मूलत: ये समाविष्ट/शामिल हैं –

(1) - चुम्बकीय सर्किट बनाने वाला एक चुम्बकीय कोर -
(2) - विद्युत सर्किट बनाने वाली वाईंडिंग

(3) - विद्युत रोधक/रजिसटेन्स जिसमे ट्रांसफार्मर तेल तथा ठोस विद्युत रोधी सामग्री जैसे कि कागज, प्रेस बोर्ड, लकड़ी आदि शामिल हैं

1. ट्रांसफार्मर टैंक – इसे इस्पात की मोटी चादरों को आपस में बेल्डिंग करके बनाया जाता है । मुख्य टैंक में कोर, वाईंडिंग तथा ट्रान्सफार्मर तेल को रखा जाता है । इस्तेमाल करने से पहले इसका लीकेज और प्रेशर टेस्ट किया जाता है ।

2.- रेडिएटर्स – ट्रान्सफार्मर में भरे हुए तेल के तापमान को कम करने के लिए रेडिएटर्स लगाए जाते हैं ।

- रेडिएटर का उपयोग ट्रांसफार्मरों का तापमान एक सुरक्षित सीमा तक सीमित करने के लिए किया जाता है । फिन अथवा रेडिएटर ट्यूब का प्रावधान रेडिएटर में तेल की गर्मी को अधिक प्रभावी ढंग से वायुमंडल में छोड़ने के लिए किया जाता है । गरम तेल रेडिएटर के माध्यम से परिचालित होता है और ऊष्मा को कंडकशनतथा रेडिएशन के सिद्धांतों के अनुसार वायुमंडल में छोड़ा जाता है । रेडिएटर में तेल नीचे की ओर परिचालित होता है क्योंकि मुख्य टैंक में गरम तेल मुख्य टैंक के ऊपरी भाग पर चला जाता है और फिर रेडिएटर में जाता है । ऊष्मा के रेडिएटर के माध्यम से वायुमंडल में जाने के पश्चात यह ठंडा हो जाता है और फिर से रेडिएटर के निचले वाल्वों के माध्यम से मुख्य टैंक में जाने के लिए नीचे की ओर जाता है ।

- नोट – रेडिएटर लगाते समय इस बात का ध्यान रखा जाता है कि रेडिएटर के मुंह पर लगे पैकिंग (कार्क) शीट जो उसके मुंह बंद करने लगी होती है उसे निकाल कर लगाते हैं ।

- रेडिएटर लगाने के बाद यह भी सुनिश्चित करना आवश्यक होता है कि सभी रेडिएटर वाल्व खुली हालत में रहें अन्यथा की स्थित में ऑइल सर्क्युलेशन रेडिएटर द्वारा नहीं होगा ।

3. – कंजरवेटर/संरक्षक टैंक -

- इसे ट्रांसफार्मर के ऊपर लगाया जाता है ताकि लोड/भार में घट - बढ़ के अनुसार यह तेल का संकुचन और फैलाव बर्दाश्त कर सके । इसे इक्वीलाइजर पाइप नामक एक पाइप के जरिए ट्रांसफार्मर मुख्य टैंक से जोड़ा जाता है । जब ट्रांसफार्मर पर लोड/भार बढ़ता है तब तापमान में वृद्धि होती है, मुख्य टैंक में तेल फेलता है तथा तेल स्तर बढ़ता है । जब इस बढ़े हुए तेल के लिए पर्याप्त स्थान नहीं होता, ट्रांसफार्मर निरोधक या विस्फोट छेद फटकरखुल जाएगा । कंजरवेटर लगे होने से में तेल विस्तारण को जगह मिल जाती है । इस कारण से, मुख्य टैंक में तेल स्तर एक समान स्तर पर रहेगा । कंजरवेटर को तेल स्तर पैमाने के साथ भी फिट किया जाता है । कंजरवेटर को पूरी तरह तेल से भरा नहीं होना चाहिए । कंजरवेटर सामान्यत: आधा भरा होता है और आधा खाली होता है ।

कंजरवेटर/संरक्षक टैंक

- 4. - ट्रांसफार्मर एक्सप्लोजन - वेंट (ट्रांसफार्मर धौकनी) –

ट्रांसफार्मर टैंक के टॉप पर काफी परिधि वाला एक संकरा पाइप लगाया जाता है । इसके दोनों तरफ डाइफ्रेम फिट कर दिए जाते हैं । एक डाइफ्रेम आयल टैंक के बीच और दूसरा डाइफ्रेम पाइप के आखिर में कॉपर का लगा होता है ।

जब भी ट्रांसफार्मर के अंदर कोई बड़ा फाल्ट आता है अथवा बड़ी मात्रा में ट्रांसफार्मर टैंक के अंदर गैसें बन जाती हैं तो इन गैसों के प्रेशर के कारण नीचे वाला डाइफ्रेम फट जाता है और ऊपर वाले डाइफ्रेम से गैस व तेल का दबाव पड़ने पर वह टूट जाता है जिससे ट्रांसफार्मर के अंदर फाल्ट होने की हालत का पता चलता है । इस बचाव के कारण ट्रांसफार्मर टैंक से तेल बाहर निकल जाता है और ट्रांसफार्मर फटने से बच जाता है । कभी - कभी नीचे वाला डाइफ्रेम बिना किसी फाल्ट के भी तेल का दबाव पड़ने से फट जाता है और ऐसे मामले में तेल ग्लास विंडो से दिखाई देने लगता है ऐसी हालत में फटे हुए डाइफ्रेम को बदल देने की कार्यवाही तुरंत की जाती है ।

5.- लिफ्टिंग लग्स/हुक्स- ये हुक्स प्राय: ट्रान्सफार्मर को उठाने/रखने के लिए होते हैं ये टैंक के बाहरी साइड में टैंक में लगे होते हैं जो एक दूसरे के विपरीत दिशा में लगे होते हैं ।

6. - एयर रिलीज वाल्व – जब कभी एयर रिलीज करनी होती है इसका उपयोग किया जाता है । अक्सर बुकोल्ज़ रिले के आपरेट होने की बाद ऐसा करते हैं ।

7. - ऑइल एवं वाईंडिंग टेम्प्रेचर इंडीकेटर (मीटर) - यह ऑइल और वाईंडिंग के टेम्प्रेचर के मापन की व्यवस्था है । ट्रान्सफार्मर के मेन टैंक में दो मार्शलिंग किओस्क होते हैं जिसमें दो पाकेट बने रहते हैं । पहले में ऑइल टेम्प्रेचर इंडीकेटर (ओटीआई) तथा दूसरे में वाईंडिंग टेम्प्रेचर इंडीकेटर (डब्ल्यूटीआई) होता है । इन पाकेट्स में तेल भरा होना चाहिए जिसमें तापमान मापने का मीटर लगाया जाता है जिससे टैंक के तेल एवं वाईंडिंग क्वाइल के तापमान का पता चलता है । तथा इन दोनों तापक्रमों को नियंत्रित करने हेतु अलार्म एवं ट्रिप सर्किट से केबिल कनेक्शन कर जोड़ा जाता है । निर्धारित तापमानों से अधिक तापमान होने पर ट्रिप सर्किट अपना कार्य कर सप्लाई बन्द कर देता है । यह ट्रान्सफार्मर की सुरक्षा के लिए आवश्यक है ।

8 - टेप चेंजर्स -

पावर ट्रांसफार्मर में टेप चेंजर दो कारणों से वोल्टेज कंट्रोल करने के लिए जरूरी होता है –

क - जेनरेटिंग स्टेशनों को जोड़ने वाली लाइनों में केडब्ल्यू (KW) और केवीए (KVA) ओवर फ्लोपर नियंत्रण के लिए ।

ख – भारतीय विद्युत नियमों के अनुसार उपभोक्ता के लिए एलटी वोल्टेज स्तर (+ 6% या – 6 %) बनाये रखने के लिए ।

टैंक के बाहर लगे टेप चेंजर स्विच और टेपिंग्स की मदद से एच वी वाईंडिंग पर मोड़ों (टर्न्स) की संख्या बदलकर वोल्टेज नियन्त्रण किया जाता है । किसी तीन फेज वाले ट्रांसफार्मर में स्विच इस तरह से लगाए जाते हैं कि तीनों बाइन्डिनग्स का संपर्क एक साथ ही बदला जा सके इस टेप चेंजिंग एसेम्बली को टेप चेंजर कहा जाता है ।

- ये एक ट्रांसफार्मर की वोल्टेज को बदलने के लिए साधन है । संगत स्तरों पर द्वितीयक पक्ष में बस वोल्टता को बनाए रखने के लिए ये जरूरी है । वोल्टेज परिवर्तन प्राथमिक तथा द्वितीयक वाईंडिंग में चक्रों/टर्नो की संख्या परिवर्तित करके प्राप्त की जा सकती है । टेप चेंजरों की दो किस्में उपलब्ध हैं –
- ऑफ लोड/सर्किट टेप चेंजर, ऑन लोड/सर्किट टेप चेंजर
- ऑफ लोड/सर्किट टेप चेंजर – यह सस्ता है । टेप परिवर्तन प्राय: तब किया जाता है जब ट्रांसफार्मर बंद होता है । इसमें प्राय: ये समाविष्ट हैं –
- ट्रांसफार्मर ऑपरेटिंग क्रैक, संरूपी वोल्टता के साथ टेप पोजीशन इंडीकेटर, चल संपर्क के साथ विद्युत रोधी साफ्ट, स्थायी संपर्क टर्मिनल पर उपलब्ध करवाए जाते हैं, अप्राधिकृत ऑपरेशन से बचाने के लिए यांत्रिक ताले, असावधानी से प्रचालन से बचाने के लिए एक इलेक्ट्रोमेग्नेटिक लैचस्विचिज
- ऑन लोड टेप चेंजर – (ओएलटीसी) - इस प्रकार के टेप चेंजर में ट्रांसफार्मर टेप को ट्रांसफार्मर 'ऑन' और लोडिड स्थितियों में होने के अधीन बदला जा सकता है इस प्रकार की चेंजर की आपूर्ति को बंद करना आवश्यक नहीं है । यह बड़े पावर ट्रांसफार्मरों में उपयोग होता है ।
- नोट – प्राय यह चर्चा में बात आती है कि ट्रांसफार्मर स्वयं ही वोल्टेज परिवर्तन करता है तब टेप चेंजर की आवश्यकता क्यों होती है । विद्युत विनियमन के अनुसार उपभोक्ता को एक निश्चित - स्थिर (सीमित) वोल्टेज देने का प्रावधान किया जाता है, परंतु विद्युत व्यवस्था में लोड कम होने पर वोल्टेज अधिक और लोड बढ़ने पर वोल्टेज कम होना स्वाभाविक प्रक्रिया है जिसका समय और मौसम के हिसाब से भी प्रभाव पड़ता है । ऐसी परिस्थितियों के निदान के लिए सेकेन्डरी साइड वितरण ट्रांसफार्मर और उपभोक्ता के लिए निश्चित – स्थिर (सीमित) वोल्टेज प्रदान करने हेतु टैप चेंजर का प्रयोग आवश्यक हो जाता है ।
- टेप चेंजर का उपयोग अधिकारी के कुशल मार्ग दर्शन में ही किया जाता है ।

- प्राय: छोटी क्षमता (16, 25, 63 और 100 केवीए) के ट्रांसफार्मरों पर टैप चेंजर नहीं लगाए जाते हैं ।
- अपवाद स्वरूप 100 केवीए और इससे अधिक क्षमता के सभी ट्रांसफार्मरों पर टैप चेंजर का प्रावधान रहता है ।
- टैप चेंजर सर्किट ट्रांसफार्मर के अन्दर प्राइमरी वाईंडिंग (जो कोर के बाहरी साइड होती है) पर ही होते हैं । सेकेन्डरी साइड वाईंडिंग पर नहीं ।

9. – हवील्स – पावर ट्रान्सफार्मर को आसानी से इधर – उधर खिसकाने के लिए उपयोग किए जाते हैं । ये टैंक के बेस में चार की संख्या में लगे होती हैं । जब ट्रान्सफार्मर को प्लिंथ पर रख दिया जाता है तब इन व्हील्स को निकाल लेते हैं अथवा ऐसी रोक लगा देते हैं जिससे पावर ट्रान्सफार्मर इधर - उधर न खिसक सके ।

10. एचटी/एलटी पोर्सिलेन बुशिंग्स -

    – वाईंडिंग तारों को कनेक्शन के लिए ट्रांसफार्मरों से बाहर लाना होता है ।ट्रांसफार्मर की बॉडी से वाईंडिंग तारों के लिए सुरक्षा हेतु उन्हें एचवी/एचटी तथा एलवी/एलटी साइड दोनों ओर से बुशिंग के जरिए निकाला जाता है । पोर्सिलेन बुशिंग कॉपर या ब्रास स्टड रोड को इंस्यूलेटिड करने के लिए लगाई जाती है ।

    बुशिंग दो प्रकार की होती हैं –
    पोरसिलेन टाइप (33 केवी स्तर तक प्रयुक्त) बुशिंग - तारें बाहर, खोखली बुशिंग बॉडी तथा वाईंडिंग लीड के बीच स्थान के साथ निकाली जाती हैं तथा इसे विद्युत रोधी तेल से भरा जाता है वोल्टेज वृद्धि के साथ बुशिंग का आकार बड़ा हो जाता है ।
    कंडेंसर टाइप (ईएचवी ट्रांसफार्मर पर प्रयुक्त) बुशिंग – इसमें विद्युत रोधन इंसुलेशन वाल, कन्सेंट्रिक कंडक्टिंग सिलिन्डर के अनेक कैपेसिटरों वाली, जो वैद्युत तनाव को झेलने की बेहतर क्षमता प्रदान करती है ।

11. - फिल्टर वाल्व्स - जब ट्रान्सफार्मर के ऑइल को फिल्टर करना होता है तब इन वाल्वों को फिल्टर मशीन से जोड़ते हैं और ट्रान्सफार्मर का ऑइल फिल्टर करते हैं ।

12. - ऑइल फिलिंग प्लग्स – जब ट्रान्सफार्मर में ऑइल किन्हीं कारणों से कम हो जाता है तब ऑइल फिलिंग टोपिंग इनसे करते हैं ।

13. - सिलिका जेल ब्रीदर -

    तेल संरक्षण प्रणाली – सिलिका जेल ब्रीदर
    तेल में सरलता से नमी अवशोषित होती है । नमी की उपस्थिति सेतेल की डाईइलेक्ट्रिक स्ट्रेंथ/शक्ति कम हो जाती है । नमी प्रवेश इनसे हो सकता है – तेल में वायु से संपर्क के जरिए, गैसकेट के बाहर लीकेज से, उच्च तापमान से पैदा विद्युत रोधन/रजिसटेन्स विफलता के कारण ट्रांसफार्मर के भीतर गठन, नमी के साथ तेल के प्रदूषण को कम करने के लिए विभिन्न पद्धतियां उपलब्ध हैं ।
    सिलिका जेल – ब्रीदर – यह अत्यधिक प्रचलित तथा किफायती पद्धति है जिससे वायु में नमी को सीमित किया जाता है ताकि ट्रांसफार्मर में तेल पूर्ण शुष्क वायु के संपर्क में आए । सिलिका जेल ब्रीदर को संरक्षक/कंजरवेटिव टैंक से जोड़ा जाता है । एक सिलिका जेल ब्रीदर की सिलिका जेल शोषित के साथ पैक किया हुआ होता है जिसमें सिलिका जेल तथा तेल वाला एक छोटा कप होता है । कंजरवेटर में वायु का आहरण/प्रवेश तेल कप के जरिए होता है जहां अधिकांश नमी अवशोषित होती है । सिलिका जेल को अवशोषित क्षमता सुधारने के लिए बार – बार सक्रिय करने की जरूरत होती है । अगर ब्रीदर को अच्छी तरह मेंटेन किया जाता तो उसमें 40 डिग्री सेन्टीग्रेड से नीचे ओस बिन्दु तक वायु को सुखाने की क्षमता होगी । वायु प्रवेश को कम करने के लिए कप में तेल स्तर को बनाए रखना होगा । जब सिलिका जेल का रंग नीले से गुलाबी हो जाता है तो इसे पुन: सक्रिय करने या बदलने की आवश्यकता होती है । यदि गुलाबी रंग गरम करने पर नीला नहीं होता तो सिलिका जेल बदलते हैं, और यदि गुलाबी से नीला रंग हो जाता है तो उसे प्रयोग करते है ।

14. - बुकोल्ज़ रिले

    बुकोल्ज़ रिले का उपयोग 500 केवीए से अधिक के ट्रांसफार्मरों हेतु किया जाता है । यह एक गैस प्रचालित रिले है और इसका उपयोग विद्युत ट्रांसफार्मरों में किया जाता है । जब कभी भी तेल के विघटन के कारण ट्रांसफार्मर में कोई दोष उत्पन्न होता है तो बुलबुलों में गैस बनती है । ये बुलबुले ट्रान्सफार्मर टैंक और संरक्षक/कंजरवेटर टैंक को जोड़ने वाली पाइप के माध्यम से गुजरते हैं । इस मार्ग में बुकोल्ज़ रिले अवस्थित होती है । गैस के बुलबुले बुकोल्ज़ रिले में फंस जाते हैं जिससे दबाव बनता है । बुकोल्ज़ रिले कास्ट आयरन से बनी होती है जिसमें दो फ्लोट शामिल होते हैं । ऊपरी खोखले फ्लोट में एक मरकरी स्विच होता है जो बुकोल्ज़ अलार्म सर्किट के साथ जोड़ा जाता है । निचले बैफल

पर अवस्थित मरकरी स्विच को ट्रिप सर्किट के साथ जोड़ा गया होता है ।रिले चैम्बरके शीर्ष पर गैस नमूनाकरण हेतु एक पैट कॉक मुहैया करवाया जाता है । रिले चैम्बर में एक शीशे की खिड़की भी मुहैया करवाई जाती है जिसके माध्यम से गैस की मात्रातथा रंग को देखा जा सकता है । ट्रिप तथा अलार्म तंत्र को हाथ से प्रचालन/ओपरेट किए जाने का प्रावधान है । पैट कॉक के माध्यम से वायु को पम्प करना तथा रिले का प्रचालन करना रिले के कार्यकाल के परीक्षण हेतु सबसे सरल तरीकों में से एक है ।

15.   - **नेम प्लेट** – यह एक नेम प्लेट होती है जिस पर ट्रान्सफार्मर से संबन्धित सामान्य जानकारी लिखी होती हैं । यथा – ट्रान्सफार्मर क्षमता केवीए/एमवीए, वोल्टेज - प्राइमरी और सेकेन्डरी, करेंट रेटिंग दोनों साइड निर्माण वर्ष, सीरियल नंबर, मेक (निर्माण कर्ता), गारंटी अवधि, कनेक्शन डायग्राम, वेक्टर ग्रुप, टेप सर्किट जानकारी, ट्रान्सफार्मर के वजन (कुल वजन, ऑइल की मात्रा, कोर का वजन आदि), ट्रान्सफार्मर पर्सनटेज इम्पीडेंस, कूलिंग टेम्प्रेचर (वाईंडिंग, ऑइल) क्रेता के क्रय आदेश संदर्भ, विक्रेता का संदर्भ आदि की जानकारी ।

16.   - **केबिल बॉक्स** – इस बॉक्स के माध्यम से कन्ट्रोल रूम में स्थापित रिले के कनेक्शनों के लिए सर्किट किया जाता है ।

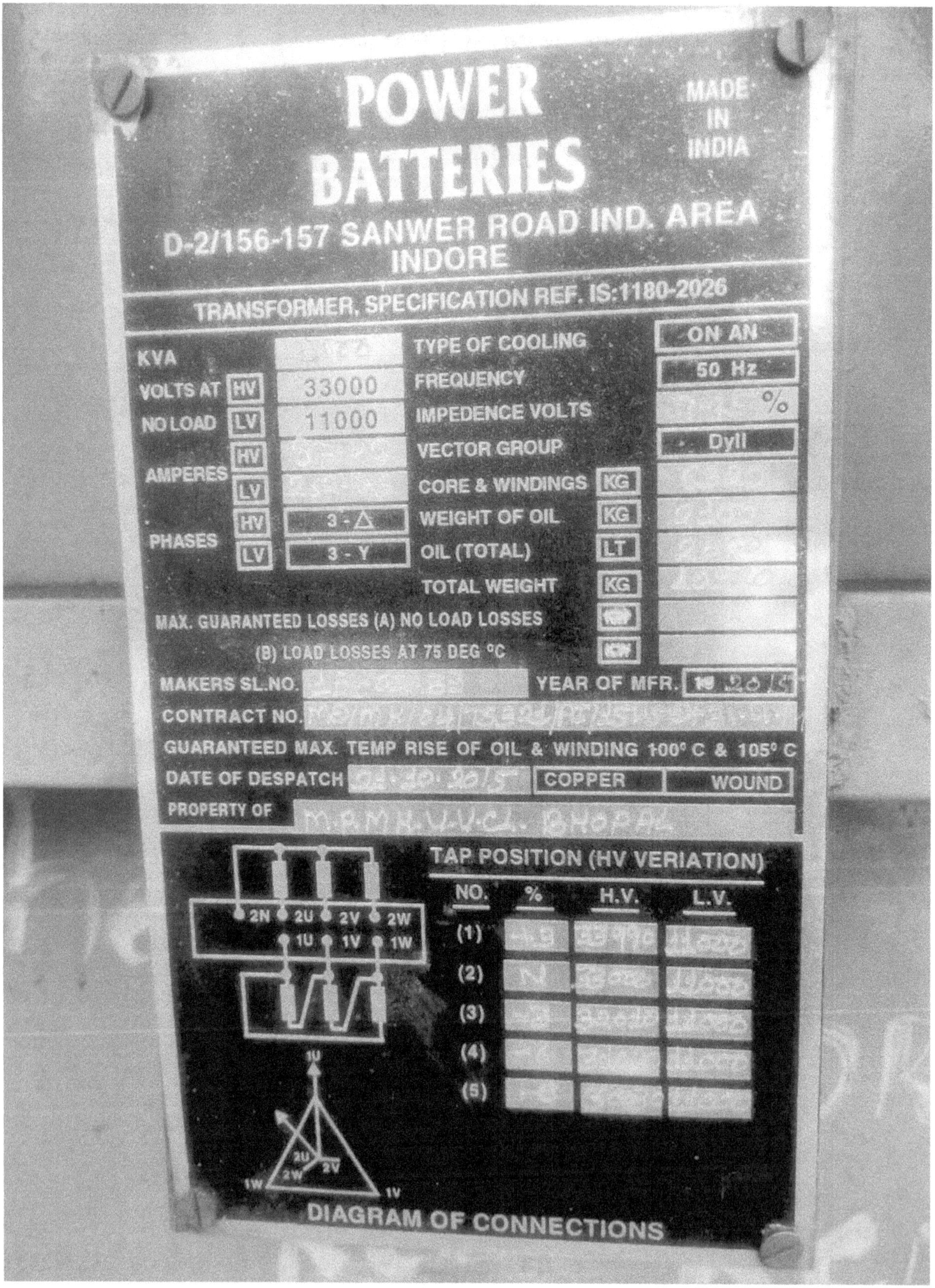

पावर ट्रांसफार्मर नेम प्लेट

पावर ट्रांसफार्मर

8

ट्रान्सफार्मर के टैंक अन्दर के मुख्य अवयव

ट्रान्सफार्मर के टैंक अन्दर के मुख्य अवयव

ट्रान्सफार्मर लेमीनेशन (कोर) -

- ट्रान्सफार्मर कोर – ट्रान्सफार्मर में कोर बीच में होती है । यह लेमीनेटिड स्टील की बनी होती है । जो पतली पट्टी की तरह की होती है । इन सभी पट्टियों के बीच में कम से कम एयर गेप होता है । ये भंवर धाराओं/एडी करेंट को कम करती हैं । कोर के चारों ओर वाईंडिंग लिपटी होती है ।

- चुम्बकीय कोर स्पेशल इलेक्ट्रीकल शीट स्टील(सीआरजीओ) के महीन लेमीनेशन से निर्मित एक बंद चुम्बकीय सर्किट है, मुख्य चुम्बकीय प्रवाह इस कोर से गुजरता है । ट्रांसफार्मर कोर का कार्य चुम्बकीय सर्किट के लिए एक उच्च चुम्बकशील मार्ग उपलब्ध करवाना होता है तथा ट्रांसफार्मर वाईंडिंग को सहारा देना होता है । कोर लेमीनेशन को बहुत महीन (0.27 मिमी) रखा जाता है । लेमीनेशन को तनाव मुक्त करने के लिए भट्टियों में 730 डिग्री सेन्टीग्रेड तक के तापमान पर तापानुशीतित किया जाता है । लेमीनेशन को एयर ब्लास्ट कूलिंग सेकशन जहां पर तापमान लगभग 500 डिग्री से 50 डिग्री सेंटीग्रेड तक घटाकर गुजारा जाता है तथा उनपर विद्युत रोधक/वार्निश (कोरलाइट कोटिंग) से ढक जाता है ताकि एडी करेंट कम हो तथा तत्पश्चात एडी करेंट खत्म हो जाता है । खड़े अंगों को अवयव (लिम्ब) तथा आड़े को योक्स कहा जाता है ।

इलेक्ट्रिकल क्वाइल वाईंडिंग -

- वाईंडिंग प्राय: आकार में बेलनाकार (सिलिंडरिकल) होती हैं क्योंकि गोलाकार कोइल वैद्युत चुम्बकीय बल के रेडियल घटक के लिए अधिक प्रतिरोधकता देती है । रेटिंग पर निर्भर करते हुए विभिन्न किस्म की वाईंडिंग का इस्तेमाल होता है । एचवी/एचटी तथा एलवी/ एलटी कोइलों को बाहरी ओर एचवी/एचटी वाईंडिंग के साथ गहनता के साथ रखा जाता है।

- वाईंडिंग के प्रकार – डिस्ट्रीप्युटेड क्रॉस ओवर वाईंडिंग, स्पाईरल वाईंडिंग, हलीकल वाईंडिंग, कंटिन्युयस डिस्क वाईंडिंग, इंटरलीव्डडिस्क वाईंडिंग

ट्रांसफार्मर तेल/ऑइल -

- ट्रांसफार्मर तेल हाइड्रोकार्बन आधारित खनिज तेल होता है । यह अशुद्धताओं और नमी से मुक्त होता है । इसकी भौतिक, रसायानिक, तथा इलेक्ट्रिकल विशेषताओं और साथ ही उनके मान को आईएस 335 : 1989 के अनुसार निर्धारित किया गया है ।

- ट्रांसफार्मर तेल/ऑइल को देखना – तेल स्तर/ऑइल लेवल की जांच । तेल/ऑइल का तापमान/टेम्परेचर । तेल की बीडीवी (ब्रेक डाउन वोल्टेज) - डाई – इलेक्ट्रिक स्ट्रेंथ/परा वैद्युत - शक्ति न्यूनतम 1 मिनट हेतु 50 केवी होनी चाहिए । एसिडिटी (0.5 से 1 एमजी केओएच के मध्य), तेल की बीडीवी, रंग, गंध संकेतात्मक, कचरे धूल गंदगी, नमी को फिल्टरेशन द्वारा हटाया जाना ।

- ट्रांसफार्मर तेल के संदूषण हेतु कारण – ट्रांसफार्मर की ओवर लोडिंग, नमी को सोखना, गैसें, कचरा और एसिड आदि ।

ट्रांसफार्मर ऑइल/तेल – देखकर निरीक्षण अभिमतों की तुलना -

क्रमांक, - रंग (कलर), - तेल की गुणवत्ता (क्वालिटी)

1, - पीला/पारदर्शी/चमकदार, - बहुत अच्छा

2, - पीला/भद्दा, - अच्छा

3, - भूरा, - अच्छा नहीं

4, - काला/भूरा, - मिलावटी

5, - काला, - अनुपयोगी/फेंकने लायक

ट्रांसफार्मर ऑइल/तेल – देखकर निरीक्षण अभिमतों की तुलना -

क्रमांक, - रंग (कलर), - तेल की गुणवत्ता (क्वालिटी)

1, - पीला/पारदर्शी/चमकदार, बहुत अच्छा

2, - पीला/भद्दा, - अच्छा

3, - भूरा, - अच्छा नहीं

4, - काला/भूरा, - मिलावटी

5, - काला, - अनुपयोगी/फेंकने लायक

9

वीसीबी/ओसीबी

वीसीबी/ओसीबी

इसका पूरा नाम वेक्यूम सर्किट ब्रेकर है इसमें लाइन का सर्किट वैक्यूम (हवा रहित) चेम्बर में काटा जाता है । वीसीबी का उपयोग फीडर सप्लाई को चालू/बंद करने के लिए उपयोग होता है । ओसीबी ऑयल सर्किट ब्रेकर कहलाता है इनका वर्तमान में उपयोग नहीं किया जा रहा है, पुराने जहां लगे हैं वे ही उपयोग में लाये जा रहें हैं क्योंकि वीसीबी में ऑयल की जरूरत नहीं होती है ।

वीसीबी से दोनों ही वोल्टेज (33 केवी एवं 11 केवी) पर विद्युत सप्लाई काटने (ऑफ) एवं जोड़ने (ऑन) का कार्य किया जाता है जिसे संचालित करने के लिये कन्ट्रोल रूम में कन्ट्रोल पैनल स्थापित होती है, जिनमें एम्पीयर तथा वोल्टमीटर लगा होता है, जिससे लगे रिले की सहायता एवं 30 वोल्ट डीसी सप्लाई को कन्ट्रोल केबिल की मदद से ओसीबी/वीसीबी के मैकेनिज्म को स्विच ऑन, स्विच ऑफ किया जाता है । लाइन फाल्ट होने पर सेक्शन की सप्लाई ट्रिपकर विद्युत बन्दकरने का काम भी होता है ।

ऑयल सर्किट ब्रेकर में ऑयल इंस्यूलेटिंग माध्यम के रूप में उपयोग किया जाता है । इसमें फाल्ट होने या सप्लाई बन्द करने के लिए आटोमेटिक तरीके से रिले सिस्टम के द्वारा ब्रेकर के अन्दर कोनटेक्ट (मेल/फीमेल) खुलते/बन्द (ऑन/ऑफ) होते हैं तथा लाइन में लोड से स्पार्क होता है जो ऑयल में ही बुझ जाता है । इसी तरह वैक्यूम सर्किट ब्रेकर में वैक्यूम को इंस्यूलेशन मीडियम बनाकर स्पार्क (चिंगारी) को बुझाया जाता है । वैक्यूम में स्पार्क या आर्क उत्पन्न नहीं हो पाता क्योंकि इसके कोनटेक्ट बट कोनटेक्ट होते हैं जिनका गैप बहुत ही कम होता है । ट्रिपिंग के समय कोनटेक्ट के बीच की जगह का डी आयोजनाइजेशन अधिक तीव्रता से होता है जिससे विद्युत इन्सुलेशन की क्षमता प्राप्त हो जाती है तथा स्पार्क नहीं हो पाता । दोनों प्रकार के ब्रेकर को ट्रिप करने हेतु अर्थ फाल्ट, ओवर करेंट रिले, बुकोल्ज़ रिले, वाईंडिंग टेम्परेचर हाई ट्रिप अथवा कन्ट्रोल पैनल से ब्रेकर की ट्रिप क्वाइल को कमांड के द्वारा आपरेट किया जाता है । दोनों ही सर्किट ब्रेकर का रखरखाव निर्माता कम्पनी के द्वारा सुझाए गए मैन्युअल के अनुसार ही करना चाहिए । चालू हालात में सर्किट ब्रेकर की आईआर वैल्यू 2000 मेगाओहम से ज्यादा ही होना चाहिए । इसी तरह ऑफ पोजीशन में भी आईआर वैल्यू चेक करना चाहिए ।

10

कंट्रोल पैनल

कंट्रोल पैनल

वीसीबी को संचालित करने के लिए कंट्रोल पैनल लगाए जाते हैं जिसमें से दो ओवर करंट की रिले, एवं एक अर्थ फाल्ट की रिले लगी होती है । साथ ही उसमें वोल्टेज एवं करंट नापने हेतु वोल्ट मीटर एवं एम्पीयर मीटर लगे होते हैं । बिजली की खपत नापने के लिए केडब्ल्यूएच (KWH) मीटर लगा होता हैं ।

उपकेन्द्र के कन्ट्रोल रूम में पैनल स्थापित किए जाते हैं जो मुख्य रूप से चार उपकरणों को जोड़कर बनाए जाते हैं –

1. जीआई शीट का बॉक्स
2. रिले
3. एम्पीयर/वोल्टमीटर
4. इंडीकेशन लैम्पस एवं स्विच तथा वायरिंग

कन्ट्रोल पैनल का मुख्य कार्य उपकेन्द्र यार्ड में लगे उपकरण ट्रान्सफार्मर ओसीबी/वीसीबी, सीटी/पीटी को नियंत्रित (चालू/बन्द – ऑन/ऑफ) करने विद्युत लाइनों पर बहने वाले करंट एवं वोल्टेज की जानकारी तथा लाइनों या उपकरणों पर फाल्ट होने की दशा में विद्युत सप्लाई को ओसीबी/वीसीबी के द्वारा सुरक्षित तरीके से बन्द करने के लिए होता है ।

फीडर ओसीबी/वीसीबी पर लगे करंट ट्रान्सफार्मर (सीटी) की सेकेन्डरी वाईंडिंग से कन्ट्रोल केबिल द्वारा पैनल रिले को जोड़ा जाता है । जब लाइन में कोई अर्थ फाल्ट या ओवर करंट फाल्ट आता है तो सीटी सेकेन्डरी सर्किट से रिले को करंट मिलेगा जो सक्रिय होगा और रिले की डिस्क को घुमाकर कोनटेक्ट जोड़ेगा । डीसी बैटरी से आने वाली 30 वोल्ट की सप्लाई जो रिले में उपलब्ध रहती है, जिससे सर्किट पूरा होकर ओसीबी/वीसीबी में लगे ट्रिप क्वाइल को इनरजाइज़ (ऊर्जित) करेगी, जिससे ट्रिप क्वाइल का पुलिंजर ओसीबी/वीसीबी के मैकेनिज़्म को धक्का देकर ओसीबी/वीसीबी को ट्रिप कर देगा, जिससे लाइन की विद्युत सप्लाई बन्द हो जाएगी । रिले में लगे इंडीकेशन प्लग अर्थ फाल्ट या ओवर करंट फाल्ट दर्शायेंगे/प्लग को पुन: रिसेट करके कन्ट्रोल पैनल के रिमोर्ट चार्जिंग स्विच की मदद से ओसीबी/वीसीबी को पुन: चालू कर विद्युत सप्लाई चालू की जाती है । पैनल में लगे एम्पीयर व वोल्ट मीटर में कितना करंट व वोल्टेज आता है, पढ़ा जाता है । पैनल पर लगे इंडीकेटर्स के द्वारा हरा बल्ब सप्लाई चालू तथा लाल बल्ब सप्लाई बन्द होने का संकेत देते हैं । इसी तरह ट्रिप सर्किट हेल्दी (स्वस्थ/टीक) की सूचना हमेशा पैनल पर लगे इंडीकेटर बल्ब के स्विच को दबा कर जानी जाती है । पैनल पर ट्रान्सफार्मर ओसीबी/वीसीबी से कन्ट्रोल केबिल के द्वारा वायरिंग कनेक्ट की जाती है तथा इस पर अलार्म भी फिट किया जाता है जिसके अलग - अलग सर्किट दिये जाते हैं । फाल्ट होने पर अलार्म बजता है जिससे आपरेटर को शीघ्र सूचना मिलती है और सिस्टम की जानकारी हो जाती है ।

रिले –

रिले एक विशेष प्रकार का उपकरण होता है जो कि वीसीबी में लगा होता है । लाइनों में जब निर्धारित मात्रा से ज्यादा करंट बहने लगता है या कंडक्टर टूटता या लाइन के तार आपस में मिलने या टकराने पर सीटी के द्वारा असामान्य करंट रिले को मिलता है, तब रिले के कोनटेक्ट आपस में मिल जाते हैं एवं बैटरी की डीसी सप्लाई ही वीसीबी की ट्रिप क्वाइल को चार्ज कर देती है, तब उसमें लगी घुंडी मेकेनिज़्म बॉक्स में लगे लीवर को धक्का मार देती है, जिसके फलस्वरूप वीसीबी ट्रिप हो जाती है ।

वीसीबी में लगने वाली रिले दो प्रकार की होती हैं – 1- ओवर करंट और 2- अर्थ फाल्ट

ओवर करंट रिले – जब लाइन में निर्धारित मात्रा से अधिक करंट बहता है, अर्थात लोड अधिक हो जाता है या फेज आपस में टकरा जाएं, तब ओवर करंट रिले स्वत: (ओटोमेटिक) उपरोक्त अनुसार कार्य करती है । यह वीसीबी में आर एवं बी फेज पर स्थापित होती है । इसमें

लाइन में बहने वाले करेंट की मात्रा निर्धारित करने की व्यवस्था होती है ।

अर्थ फाल्ट रिले– जब लाइन के फेज किसी तरह से अर्थ हो जाएं जोकि कंडक्टर के टूटने या इंसुलेटर के फूटने इत्यादि से होते हैं, पर अर्थ फाल्ट रिले स्वत: (ओटोमेटिक)

संचालित होकर लाइन की वीसीबी को ट्रिप कर देती है ।

बुकोल्ज़ रिले - यह ट्रान्सफार्मर के ऊपर कंजर्वेटर टैंक के नीचे लगी रहती है । जब ट्रान्सफार्मर में अंदरूनी खराबी के कारण अनचाही गैस बनती है, तब यह रिले कार्य करती है एवं कंट्रोल रूम में लगी बुकोल्ज़ रिले वाली घंटी बजने लगती है एवं ट्रांसफार्मर की सुरक्षा हेतु वीसीबी को ट्रिप कर देती है ।

11

33/11 केवी उपकेन्द्रों को संचालित संचालित (आपरेट) करने के तरीके

33/11 केवी उपकेन्द्रों को संचालित संचालित (आपरेट) करने के तरीके

33/11 केवी उपकेंद्र के निर्माण के बाद अहम भूमिका इसे सिस्टम से जोड़कर प्रतिदिन संचालित (आपरेट) करने की होती है । उपकेंद्र को विद्युत सिस्टम से जोड़कर संबन्धित कार्यपालन अभियन्ता/अधिशासी अभियन्ता (ईई)/डीवीजनल इंजीनियर(डीई)/उपमहाप्रबंधक द्वारा क्षेत्र के लिए बनाए गए विद्युत सप्लाई (आपूर्ति) के निर्देशों का पालन उपकेंद्र के आपरेटर्स (संचालकों) द्वारा किया जाता है । इस हेतु उपकेन्द्र में आवश्यक व्यवस्थाएँ होना अनिवार्य हैं । जिनकी जानकारी निम्नानुसार है –

1. **अधिकृत चार्ट या आथराइजेशन चार्ट** - उपकेंद्र से की जाने वाली विद्युत आपूर्ति के क्षेत्र में कार्यरत वितरण केन्द्रों के अधिकारियों एवं कर्मचारियों के नामों की अधिकृत सूची । जिसे सम्भाग (डिवीजन) के कार्यपालन अभियन्ता (ईई) के हस्ताक्षर से जारी किया जाना चाहिए । उन सभी के नाम व पद एवं कार्यालय का उल्लेख तथा सिस्टम पर कार्य करने हेतु लिए जाने वाले शट डाउन/विद्युत लाइन बंद करने के अधिकार का विवरण तथा कर्मचारी के हस्ताक्षर का भी उल्लेख अधिकृत सूची में होना चाहिए जिसे अधिकृत चार्ट या आथराइजेशन चार्ट कहते हैं । इस चार्ट को समय - समय पर संशोधित होना चाहिए क्योंकि कर्मचारी/अधिकारी का स्थानान्तर होता रहता है तथा नए कर्मचारी/अधिकारी उपकेन्द्र के विद्युत प्रदाय क्षेत्र से जुड़ते जाते हैं । उपकेन्द्र के आपरेटर्स (संचालक) भी बदलते रहते हैं अतएव आपरेटिंग स्टाफ को सिस्टम से जुड़े कर्मचारियों की जानकारी होना चाहिए कि कौन लाइन कर्मचारी किस वोल्टेज के लिए कार्य करने या शट डाउन के लिए अधिकृत है । इसका प्रारूप अलग से प्रस्तुत है ।

2. **सुरक्षा उपकरण** - का नियमानुसार उपलब्ध होना आवश्यक है जिसकी सूची अलग से संलग्न है जिसमें डिस्चार्ज रोड कम से कम , रबर हेंड ग्लोव्ज, रबर मेटिंग, इंसुलेटिड कटिंग प्लायर, स्क्रू ड्राइवर, हेलमेट, सेफ़्टी बेल्ट, टॉर्च, गमबूट, रेनकोट इत्यादि । सूची संलग्न है ।

3. **टी एंड पी** – नियमानुसार टी एंड पी मुख्यत: स्पेनर सेट, रस्सा, हथौड़ा, हेक्साब्लेड, कुल्हाड़ी इत्यादि । सूची संलग्न है ।

4. **फ्यूज** – पर्याप्त मात्रा में पावर ट्रान्सफार्मर (33/11 केवी) एवं सब स्टेशन ट्रान्सफार्मर (33/0.4 केवी या 11/0.4 केवी) के लिए डीओ (ड्रॉप आउट) और टीसी (टिंड कॉपर) फ्यूज स्थापित ट्रान्सफार्मर की क्षमतानुसार तथा डीसी सप्लाई हेतु लगे किटकिट के लिए फ्यूज वायर की उपलब्धता । क्षमतावार फ्यूज सूची संलग्न है ।

5. **बैटरी** – बैटरी हेतु डिस्ट्रिल्ड वाटर एवं पेट्रोलियम जेली ।

6. **उपकरण परीक्षण हेतु** – मेगर 500 वोल्ट, हाइड्रोमीटर, सेल टेस्टर 3 – 0 – 3 रेंज का डीसी वोल्ट नापने हेतु

7. **इंडीकेशन लैम्प** - पैनल के इंडीकेटर लैम्प, ओसीबी, वीसीबी चालू बंद दर्शाने वाले इंडीकेटर लैम्प स्येयर में तथा यार्ड लाइट से संबन्धित बल्ब आदि ।

8. **की (चाबी) बोर्ड** – कन्ट्रोल रूम में एक की (चाबी) बोर्ड जिसमें आइसोलेटर/एबी स्विच, टी एंड पी बॉक्स, ब्रेकर स्विच आदि में लगाए जाने वाले तालों का क्रमश: नाम डालकर चाबी (की) रखी जावे ।

9. **अर्थिंग सिस्टम** का पूर्ण स्वस्थ रहना अत्यन्त आवश्यक है । इसका मुख्य रूप से रजिसटेन्स (प्रतिरोध) 0 से 1 ओहम होना चाहिए तभी फाल्ट करेंट सिस्टम में अर्थ होकर विद्युत प्रवाह बन्द होता है जिससे उपकरण सुरक्षित रहते हैं । विस्तृत जानकारी अलग से प्रस्तुत है ।

10. **अग्निशामक यंत्र** – अग्निशामक (आग बुझाने) के यंत्र जैसे फायर एक्सटिंगुसर, रेत भरी बाल्टियाँ, प्रथम उपचार किट (फर्स्ट एड बॉक्स) जिसमें मुख्य रूप से कॉटन पट्टी बरनाल, टिंचर आयोडीन, कॉटन रोल, कैंची जैसी प्रथम उपचार की सामग्री रखी जानी चाहिए । विस्तृत जानकारी अलग से संलग्न है ।

11. **परमिट बुक (अनुज्ञा – पत्र)** -, सप्लाई चालू/बन्द रहने के संकेतक (पट्टिका) समुचित मात्रा में उपलब्ध होना । पट्टिका जैसे विद्युत सप्लाई बन्द है चालू न करे, "कर्मचारी सुधार कार्य पर हैं लाइन चालू न करें "आदि

12. **निर्देश चार्ट** – एसओपी (स्टैंडर्ड आपरेटिंग प्रेसीजर/प्रक्टिसेस) सम्भाग के कार्यपालन अभियन्ता द्वारा जारी किए गए विद्युत आपूर्ति हेतु सम्पूर्ण निर्देशों का चार्ट हिन्दी में लिखा हुआ उपकेंद्र के कन्ट्रोल रूम में लगाना चाहिए ।

33/11 केवी उपकेंद्र में स्थापित मीटरों के वाचन की प्रक्रिया –

- 33/11 केवी उपकेंद्र में स्थापित मीटरों के वाचन (रीडिंग) की प्रक्रिया –
- 33/11 केवी उपकेंद्र में जहां 33 केवी के वीसीबी लगे हैं, उनके पेनल पर एम्पीयर मीटर से प्रत्येक एक घंटे में एम्पीयर में भार (लोड) लोगशीट में नोट (लिखें) करें।
- इसी प्रकार 11 केवी के मैन एवं प्रत्येक 11 केवी फीडर पर स्थापित वीसीबी की पेनल से भी हर एक घंटे में वोल्टेज नोट करें ।
- कई पेनल में सीटी की क्षमता के अनुसार गणना करके गुणक (मल्टीप्लाइंग फेक्टर या एमएफ) लिखा होता है । अत: मीटर की रीडिंग पढ़कर उसमें एमएफ का गुणा करके ही लोगशीट में लिखें ।
- इन मीटरों में आने वाले एम्पीयर भार पर नजर रखें तथा यदि अधिकतम भार आता है तो उच्च अधिकारी/कार्यालय को सूचित करें ।

33/11 केवी उपकेंद्र में संधारित्र किया जाने वाला रिकार्ड (अभिलेख) रजिस्टर एवं चार्ट

- 33/11 केवी उपकेंद्र में संधारित किया जाने रिकार्ड (अभिलेख)/रजिस्टर एवं चार्ट –
- लोगशीट
- शिफ्ट रजिस्टर
- पावर ट्रांसफार्मर मेंटीनेंस रजिस्टर
- बैटरी मेंटीनेंस रजिस्टर
- ट्रिपिंग/इंटरप्शन रजिस्टर (फीडर वाइज़)
- मैसेज बुक (निर्देश - पुस्तिका)
- वी सी वी मेंटीनेंस रजिस्टर
- परमिट बुक (अनुज्ञा पत्रक)
- आथराइजेशन चार्ट, शॉक ट्रीटमेंट चार्ट, फ़र्स्ट ऐड बॉक्स, उपकरणों के रखरखाव का चार्ट, लाइन डाइग्राम व उपकरणों से संबन्धित निर्देश बुक आदि ।
- उपकेंद्र हिस्ट्री रजिस्टर (जिसमें जमीन के रिकार्ड से संबन्धित सामान्य जानकारी तथा उपकरणों के स्थापना/उन्नयन संबन्धित जानकारी का विवरण भी इस रजिस्टर में होना चाहिए ।
- टेलीफोन डायरेक्टरी/टेलीफोन/मोबाइल नम्बर रजिस्टर ।

12

उपकेन्द्र संचालन के निर्देश (सब स्टेशन आपरेटिंग इन्सट्रक्शन)

उपकेन्द्र संचालन के निर्देश (सब स्टेशन आपरेटिंग इन्सट्रक्शन)

33/11 केवी उपकेन्द्र को प्रतिदिन संचालित करने के नियम स्पष्ट रूप से हिन्दी में लिखकर आपरेटिंग स्टाफ के उपकेन्द्र में उपलब्ध होना चाहिए ।

1. प्रत्येक 11 केवी के अनुसार उसे चालू बन्द करने तथा लोड शेडिंग के दिन एवं समय का पूरा कार्यक्रम का वर्णन हो । विशेष कर ग्रामीण क्षेत्र के कृषि फीडर ।
2. सिंगल फेजिंग करने के समय की जानकारी, विशेषत: ग्रामीण मिक्स फीडर ।
3. विद्युत आपूर्ति के समय परिवर्तित सारणी के लिए उचित निर्देश ।
4. उपकेन्द्र के फीडर से साधारण ट्रिपिंग होने तथा सप्लाई बन्द होने पर बजने वाले अलार्म स्विच बन्द कर कन्ट्रोल पैनल के रिले पर आए इंडीकेशन फ़्लैग को रिसेट करके रजिस्टर में ट्रिपिंग समय लिखना तथा 3 मिनट का अंतराल (गैप) देकर ट्रिप होने वाले फीडर के पैनल की वीसीबी या ओसीबी को प्रथम बार चार्ज करना । यदि फीडर वीसीबी/ओसीबी पुन: चार्ज करते ही ट्रिप हो जाती है तो इसकी सूचना तत्काल संबन्धित जेई या एई को फोन से देना । यदि प्रथम चार्जिंग पर लाइन फीडर की सप्लाई चालू हो जाती है तो इस आशय की जानकारी रजिस्टर में नोट करना ।

प्रथम चार्जिंग पर लाइन के चालू हो जाने पर कुछ अंतराल जैसे 10 मिनट के अन्दर पुन: वही फीडर ट्रिप होता है तो इंडीकेशन देखकर नोट करें । यदि ओवर करेंट के इंडीकेशन पर फीडर ट्रिप हुआ है तो इस आशय की जानकारी संबन्धित जेई/एई को देकर उनसे फोन पर ही निर्देश लेकर उनके अनुसार ही आपरेशन करें । यदि पुन: एक बार और चार्जिंग के आदेश मिलते हैं तो पाँच मिनट रुककर ही फीडर चार्ज करे । चार्ज होने पर फिर सूचित कर । यदि फीडर चार्ज करते ही तुरन्त ट्रिप होता है तो उस समय फीडर पर आए इंडीकेशन को रजिस्टर में नोट करें तथा अधिकारी को सूचित करें । लाइन को फाल्टी घोषित होने पर सब स्टेशन यार्ड में जाकर वीसीबी/ओसीबी के आउट (बाहर) में जाने वाले फीडर के एवी स्विच/आइसोलेटर को हैंड ग्लोव पहनकर काट दें । संबन्धित अधिकारी/कर्मचारी के आने के बाद निर्देशों के अनुसार आपरेशन करें । जेई के उपलब्ध न होने पर एई अथवा ईई को सूचित कर उचित निर्देश लेकर ही आगे के कार्य करे ।

5 – यदि लाइन फाल्टी घोषित हो गई है तो उसे बार बार चार्ज न करें इससे पावर ट्रान्सफार्मर ओसीबी/वीसीबी आदि उपकरणों को नुकसान पहुंचने की संभावनाएं बढ़ जाती हैं । फाल्टी फीडर को पुन: तभी चार्ज करना चाहिए जब उसकी पूरी पेट्रोलिंग कर ली गई हो और बार बार ट्रिपिंग होने के कारण ही पूर्ण जानकारी तथा समीक्षा संबन्धित अधिकारी ने कर ली या फिर फाल्ट को ढूंढकर ठीक कर दिया हो । फाल्ट ढूढ़ने हेतु लगाए गए लाइन कर्मचारियों को उपकेन्द्र से अधिकृत परमिट लेना अत्यन्त आवश्यक है । इस हेतु आपरेटर को उपकेन्द्र से निकलने वाले फीडर पर जिसे फाल्टी घोषित किया जा चुका है, उपकेन्द्र में रखी परमिट, अधिकृत पुस्तिका (आथरेजाइसन चार्ट) में अधिकृत लाइन कर्मचारी को ही परमिट जारी करना चाहिए । सप्लाई को पूर्ण रूप से बन्द कर दी गई है इसका निरीक्षण पैनल पर दिखाए गए ओसीबी/ वीसीबी बन्द के लाल इंडीकेटर की जाँचकर यार्ड में जाकर ओसीबी या वीसीबी के पहले एवं बाद में लगे आइसोलेटर या एबी स्विच को हैंड ग्लोब पहनकर काट लेना चाहिए तथा प्रत्येक पर लाइन बन्द है," के निर्देश वाली पट्टिकाएँ लटकाना चाहिए । इसके बाद फीडर की डीपी जो यार्ड की बाउंड्री के बाहर स्थिति है पर लगे एबी स्विच को काटकर ताला लगाकर उस पर भी पट्टिका लटकाना चाहिए तथा फीडर ओसीबी या वीसीबी जो बन्द भी है के आउट गोइंग तार पर तीन डिस्चार्ज रोड को अर्थ में लगाकर तीनों फेजों पर लटकना चाहिए । फिर अधिकृत लाइन कर्मचारी

को परमिट बुक में फीडर के नाम का उल्लेख करते हुए सप्लाई बन्द करने के स्थान आइसोलेटर या एबी स्विच काटकर पट्टिकाएँ लटकाने की जानकारी तथा तीनों फेजों पर अर्थ रोड लगाए जाने की जानकारी भी लिखी जाना चाहिए । इसके परमिट जारी करने वाले आपरेटर को परमिट पर यह भी लिखना चाहिए कि शट डाउन परमिट लेने वाला कर्मचारी लाइन पर अपनी एवं साथी कर्मचारियों की बन्द लाइन पर कार्य करने के लिए सुरक्षित कार्य निष्पादन के नियमों का पालन करेंगे एवं वे स्वयं जबावदार रहेंगे । लाइन पर जाने वाले कर्मचारियों की संख्या भी परमिट बुक में लिखना चाहिए ।

" बन्द लाइन पर चढ़कर कार्य करने के पूर्व सुरक्षा जोन अवश्य बनाएँ "यह स्लोगन (नारा) भी आपरेटर परमिट बुक में दर्ज करेगा (लिखेगा) तभी परमिट जारी करेगा तथा उपकेन्द्र में रखी परमिट बुक की प्रति में परमिट लेने वाले व्यक्ति के हस्ताक्षर पर एवं परमिट जारी करने का समय तथा दिनांक लिखवाएगा । परमिट एवं शट डाउन देने का समय, दिनांक एवं फीडर के नाम का उल्लेख उपकेन्द्र के रजिस्टर में आपरेटर लिखेगा । फाल्टी लाइन की पेट्रोलिंग या फाल्ट की खोज करने के बाद सुधार कार्य पूर्ण होने के बाद परमिट लेने वाले कर्मचारी की जबाबदारी रहती है कि वे कार्य पूर्ण कर परमिट लौटाएँ ।

कर्मचारी द्वारा परमिट लौटाने पर आपरेटर को पहले कर्मचारी से परमिट पर ही फाल्ट मिलने एवं सुधार करने की संक्षिप्त जानकारी लेना चाहिए तथा इस आशय का प्रमाण पत्र भी उसी परमिट पर लिखवाना चाहिए कि उसके साथ गए सभी लाइन कर्मचारी सुरक्षित रूप से वापिस आ गए, कोई भी लाइन पर कार्यरत नहीं हैं । लाइन चालू करने हेतु पूर्ण सुरक्षित है । सभी जगह के शॉर्ट सर्किट या डिस्चार्ज रोड लाइन से हटा लिये गए हैं । फाल्ट सुधार दिया गया है, परमिट लौटाने का समय एवं दिनांक हस्ताक्षर सहित लेने के बाद आपरेटर को उपकेन्द्र में लगाए गए तीनों डिस्चार्ज रोडों को उतार कर अलग करके फिर यार्ड के बाहर बनी डीपी के एवी स्विच को लगाकर ओसीबी या वीसीबी के दोनों ओर लगे आइसोलेटरों या एबी स्विचों को ऑन करने के पहले परमिट कैंसिल करें । फिर दोनों आइसोलेटरों को हैंड ग्लोब पहनकर लगावें और कन्ट्रोल रूम में आकार पुन: परमिट लौटाने वाले कर्मचारी से एक बार फीडर चालू करने हेतु पूछेंगे तथा फीडर चालू करने के लिए सुरक्षित है और कोई भी कर्मचारी लाइन पर नहीं है कि मौखिक जानकारी लेंगे । संतुष्ट होने पर संबन्धित उपकेन्द्र अधिकारी जेई या एई से फोन पर पूरी जानकारी देंगे । फीडर चालू कर दिया जाए इस बारे में भी स्वीकृति लेकर पैनल के रिमोट से फीडर चालू करेंगे । फीडर स्टैंड होने के पाँच मिनट बाद सप्लाई चालू हो गई कि जनकारी संबन्धित अधिकारी को देंगे ।

6 – यदि पावर ट्रान्सफार्मर की बुकोल्ज़ रिले ट्रिप होती है, अलार्म बजता पैनल में इंडीकेशन आता है और सप्लाई ट्रिप होती है तो आउट गोइंग फीडर ओसीबी/वीसीबी हैंड ट्रिप करके तुरंत संबन्धित जेई/एई तथा अन्य सक्षम अधिकारी को फोन से सूचित करेंगे । पावर ट्रान्सफार्मर को तब तक चार्ज नहीं करेंगे जब तक कि उसकी पूरी टेस्टिंग अधिकारियों द्वारा न कर ली जाए एवं उन्हीं के आदेश एवं निर्देशों का पालन करते हुए कार्य करेंगे ।

7 – उपकेन्द्र यार्ड में लगे अन्य उपकरण, ओसीबी, वीसीबी, सीटी, पीटी, सीटीपीटी (एमई), आइसोलेटर, एबी स्विच, बसबार जम्पर आदि में अचानक खराबी आ जाए, स्पार्क हो जाए तो तुरन्त फीडर के लोड को हैंड ट्रिप कर के बन्द कर दें एवं शीघ्र सूचना संबन्धित अपने अधिकारी को दें । पूर्ण विवरण रजिस्टर में समय लिखकर दर्ज करें ।

8 - हर घंटे में कन्ट्रोल पैनल पर लगे ट्रिप सर्किट हेल्दी "स्विच को दबाकर डीसी सप्लाई सुनिश्चित कर लें । इसमें खराबी आने पर डीसी सप्लाई न दिखने पर पहले पैनल का बल्व चेक करें फिर बल्व सही होने पर डीसी सप्लाई के लगाए गए फ्यूज बोर्ड में पैनल में जाने वाले डीसी सप्लाई के किटकिट के फ्यूज को डीसी वोल्टमीटर से चेक कर सुनिश्चित करें कि उसका कहीं फ्यूज तो नहीं जल गया । यदि फ्यूज जला हो तो पुन: 2.5 एम्पीयर के टीसी फ्यूज वायर जो 39 एसडब्ल्यूजी गेज का हो को लगाके सुधारें एवं पुन: ट्रिप सर्किट हेल्दी चेक कर लें । फिर भी डीसी सप्लाई नहीं मिल रही हो तो बैटरी चार्जर में लगे मीटर को देखें एवं डीसी वोल्ट मीटर से बैटरी टर्मिनल पर चेक कर लें कि 30 वोल्ट डीसी सप्लाई आ रही है या नहीं । फिर बैटरी एवं चार्जर तथा डीसी बोर्ड पर कोई वायर ढीला तो नहीं है या निकल तो नहीं गया चेक कर ठीक करें । यदि फिर भी समझ में न आए तो शीघ्र ही अपने अधिकारी को इसकी जानकारी दें तथा रजिस्टर में लिखें । ध्यान रहे कि पैनल रिले पर और ओसीबी या वीसीबी पर डीसी सप्लाई न जाने से सिस्टम में होने वाले फाल्ट के कारण विद्युत सप्लाई बन्द नहीं होगी एवं उपकेन्द्र में उपकरणों को क्षति पहुँच सकती है । इस हेतु सतर्क रहकर शीघ्र ही डीसी फाल्ट ठीक कराने हेतु अधिकारियों से संपर्क करना आवश्यक है ।

9 – ध्यान रहे 33 केवी तरफ यदि वीसीबी लगी हो तो जब भी ट्रांसफार्मर को मेंटीनेंस या इमरजेन्सी होने पर बन्द करना पड़े तो वीसीबी हैंड ट्रिप करके ही 33 केवी सप्लाई बन्द करें । यदि 33 केवी तरफ डीओ फ्यूज लगे हों तो ट्रांसफार्मर को बन्द करना पड़े तो पहले 11 केवी तरफ सभी फीडर को पैनल से ओसीबी या वीसीबी को हैंड ट्रिप करके लोड काट लें और ट्रांसफार्मर को नो लोड पर करके संबन्धित 132 केवी जहां से 33 केवी लाइन से सप्लाई दी जा रही है, को पाँच मिनट का हैंड ट्रिप लेकर उपकेन्द्र के 33 केवी तरफ का इनकमिंग आइसोलेटर या एबी स्विच हैंड ग्लव्स पहन कर काट लें । तीनों ब्लेड्स अच्छी तरह से कट गए हैं सुनिश्चित कर लें । यह पूरा संचालन अपने अधिकारी की उपस्थिति में ही करें । उनके निर्देशों के अनुसार आगे कार्य करें ।

10 – किसी अनाधिकृत व्यक्ति को जिसका नाम आथराइजेशन चार्ट में नहीं है, सीधे कभी भी विद्युत सप्लाई बन्द करने का परमिट जारी न करें । ऐसे व्यक्ति को संबन्धित अधिकारी से लिखित अनुमति लाने हेतु कहें एवं अनुमति आ जाने पर उसे रजिस्टर में संलग्न कर

ही अग्रिम कार्यवाही करें ।

11 – किसी अपरिचित व्यक्ति या अनाधिकृत व्यक्ति को उपकेन्द्र के यार्ड में घुसने न देवें । उसे विनम्रता से वहाँ जाने से रोकें । कन्ट्रोल रूम में भी अपरिचित व्यक्ति को सीधे प्रवेश न दें । विद्युत वितरण कम्पनी या इससे संबन्धित विभाग के अधिकारियों/कर्मचारियों से कन्ट्रोल रूम में घुसने के पूर्व ही विनम्रता से परिचय पाप्त कर ही प्रवेश देवें । शंका होने पर फोन द्वारा अपने अधिकारियों को उपकेन्द्र में आए व्यक्ति का विवरण देकर जानकारी दें एवं लिए गए आदेशों का पालन करें । उपकेन्द्र के मुख्य गेट को अपनी ड्यूटी पर बन्द कर ताला लगाकर ही कार्य करें । परिचित कर्मचारी या अधिकारी से गेट पर परिचय लेने के बाद ही प्रवेश देवें जिन्हें आप पहचानते हैं ।

12 – उपभोक्ताओं एवं अन्य व्यक्तियों को उपकेन्द्र में प्रवेश करने हेतु मनाही करें । उपकेन्द्र परिसर के अन्दर किसी भी बाहरी व्यक्ति का अनाधिकृत प्रवेश वर्जित होता है । विद्युत प्रतिष्ठान ओफिसिअल सीक्रेट एक्ट 1923 सेक्शन 2 क्लोज (8) शासकीय गजट नोटिफिकेशन 1 नवम्बर 40 (बी)1778x1 दिनांक 9- 3 – 1978 के अंतर्गत आरक्षित क्षेत्र घोषित किया गया है ।

13 – उपकेन्द्र पर तिमाही, छ:माही (अद्रध वार्षिक) या वार्षिक मेंटीनेंस किया जाना हो और विद्युत सप्लाई बन्द की जाना हो तो ऊपर क्रमांक 8 में दिए गए निर्देशों का पालन कर विद्युत सप्लाई बन्द करें । 33 केवी सप्लाई बन्द कर आइसोलेटर काट लेने के बाद ट्रान्सफार्मरएवं आइसोलेटर या वीसीबी के बीच तीन डिस्चार्ज रोड अर्थ में लगाकर टांगे, इसी तरह 11 केवी तरफ आउट गोइंग एबी स्विच काटकर 11 केवी बस पर या वीसीबी या ओसीबी पर तीन डिस्चार्ज रोड टांगे तभी ट्रान्सफार्मर उपकेन्द्र के बसबार आदि पर मेंटीनेंस कार्य करावें । कार्य पूर्ण होने के बाद पूरे उपकेन्द्र यार्ड में बसबार अन्य उपकरणों का अच्छी तरह से निरीक्षण कर लें कि कहीं कोई तार या सामान उपकरणों पर तो नहीं रखा रह गया । चेक कर लेने के बाद सुनिश्चित हो जाने पर ही 11 केवी तरफ एवं 33 केवी तरफ के डिस्चार्ज रोड निकालें । उपकेन्द्र पर जिस कर्मचारी ने मेंटीनेंस के लिए परमिट लिया हो । उसके वापिस होने के बाद ही पहले 33 केवी तरफ यदि वीसीबी लगी हो तो इनकमिंग आइसोलेटर हेंड ग्लव्स पहनकर चालू करें । दो मिनट रुक कर इनकमिंग वीसीबी चालू करें एवं पावर ट्रान्सफार्मर की हमिंग (आवाज) उसकी एकरूपता को पाँच मिनट ध्यान से सुनें, फिर बारी बारी से 11 केवी तरफ के आइसोलेटर/एबी स्विच लगाकर फीडर ओसीबी/वीसीबी पैनल के रिमोर्ट से चार्ज करें । प्रत्येक फीडर चार्ज करने के बाद तीन से पाँच मिनट रुके फिर दूसरा फीडर चार्ज करें । फीडर पैनल पर सभी की रीडिंग रिकार्ड कर लें । सप्लाई चालू करने का समय भी दर्ज करें ।

14 – यदि 33 केवी तरफ वीसीबी न लगी हो तो जिस विधि से शट डाउन लेने के पूर्व 132 या 220 केवी सब – स्टेशन से 5 मिनट की ट्रिपिंग 33 केवी लाइन पर ली गई थी और आइसोलेटर काटा गया था । उसी तरह पुन: 132 या 220 केवी उपकेन्द्र से फोन पर 33 केवी लाइन पर 5 मिनट की ट्रिपिंग लेकर, हेंड ग्लोब पहन कर ट्रान्सफार्मर के इनकमिंग का आइसोलेटर लगाना चाहिए फिर फोन से ही 132 या 220 केवी उपकेन्द्र से 33 केवी फीडर चालू करना चाहिए ।

15 – इसके अतिरिक्त संबन्धित ईई/कार्यपालन अभियन्ता द्वारा दिए गए निर्देशों के अनुसार उपकेन्द्र का आपरेशन एवं कार्य किया जाना चाहिए ।

13

33/11 केवी उपकेंद्र पर केपेसिटर बैंक का संचालन

33/11 केवी उपकेंद्र पर केपेसिटर बैंक का संचालन

33/11 केवी उप - केंद्र पर प्रायः 1800 केवीएआर, 1500 केवीएआर और 1200 केवीएआर क्षमता के केपेसिटर लगे/स्थापित होते हैं, ये 11 केवी साइड में बस या 11 केवी फीडर विशेष पर लगे/स्थापित होते है । 1800 केवीएआर, 1500 केवीएआर क्षमता के केपेसिटर ओटोमेटिक होते हैं और फीडर लोड के अनुसार कार्य करते हैं । 1200 केवीएआर क्षमता के केपेसिटर लोड के अनुसार मेनुअल रूप से उपयोग में लाते हैं ।

केपेसिटर बंद करने के बाद कम से कम 10 मिनट तक चालू न करें, इसी प्रकार ट्रिपिंग आने पर भी 10 मिनट तक आइसोलेटर/एबी स्विच आपरेट न करें –

1200 केवीएआर के कैपेसिटर का आपरेशन -

क्रमांक, - विवरण, - केपेसिटर क्षमता उपयोग

1, - जब 11 केवी फीडर लोड 100 एम्पीयर से अधिक हो, - 1200 केवीएआर केपेसिटर चालू रखें

2, - जब 11 केवी फीडर लोड 75 से 100 एम्पीयर तक हो, - 900 केवीएआर केपेसिटर चालू रखें

3, - जब 11 केवी फीडर लोड 50 से 75 एम्पीयर तक हो, - 600 केवीएआर केपेसिटर चालू रखें

4, - जब 11 केवी फीडर लोड 50 एम्पीयर से कम हो, - केपेसिटर बंद रखा जावे

नोट - बचत का आंकलन एवं कर्मचारी योगदान -- जब 11 केवी फीडर पर लोड 120 से 150 एम्पीयर बिना केपेसिटर के होता है तब केपेसिटर उपयोग करने पर लगभग 20 एम्पीयर करेंट कम हो जाता है ।

- 11 केवी फीडर पर 1 एम्पीयर लोड/करेंट का मान = (वर्गमूल 3) x (11केवी) x (1 एम्पीयर) = 19.052 केवीए जिसे 20 केवीए मानते हैं ।
- यदि पावर फेक्टर 0.746 मानते हैं तब केवीए = अश्व शक्ति (हार्स पावर) होगा ।
- यदि पावर फेक्टर 0.8 मानते हैं तब लोड 16 किलोवाट होगा
- 16 किलोवाट लोड 1 घंटे लगातार उपयोग होने पर 16 किलोवाट आवर होते हैं जो 16 यूनिट बिजली की खपत को दर्शाते हैं ।
- सामान्यतः बिजली की दर रुपये 6 प्रति यूनिट के अनुसार रुपये 96 होंगे । यह राशि रुपये 100 के औसत में मान लेते हैं ।
- कहने/बताने का तात्पर्य यह है कि 11 केवी फीडर पर 1 एम्पीयर लोड 1 घंटा उपयोग करने पर 16 यूनिट और रुपये 100 की ऊर्जा की खपत होती है ।

20 एम्पीयर करेंट एक दिन में 10 घंटे उपयोग पर रुपये 20000 (बीस हजार) की बिजली बचाता है और 1 माह में रुपये 6 लाख की बचत करता है । जो कि कई कर्मचारियों के मासिक वेतन से अधिक है । यह बचत उपकेंद्र पर पदस्थ कर्मचारी/ऑपरेटर का योगदान है । इससे केपेसिटर की उपयोगिता स्वतः सिद्ध होती है । उसी प्रकार उपभोक्ता द्वारा केपेसिटर प्रयोग करने से आर्थिक लाभ के साथ वोल्टेज सुधार भी होता है । केपेसिटर पर कार्य करने से पूर्व यह सुनिश्चित करले कि केपेसिटर डिस्चार्ज अवश्य हो ।

नोट - कैपेसिटर का समुचित उपयोग : -

प्रायः यह देखा गया है कि यदि केपेसिटर की एक यूनिट (100 केवीएआर क्षमता) किसी भी कारण से खराब/बंद हो गई है तब पूरा केपेसिटर बंद कर देते हैं और एक नई यूनिट की मांग कर/भेज देते है । परंतु समझदार कर्मचारी/ऑपरेटर उस केपेसिटर के दो अन्य फेज के

एक - एक यूनिट के फ्यूज निकालकर उसे 900 केवीएआर क्षमता पर प्रयोग कर बिजली की बचत/पावर फेक्टर में सुधार कर लेगा और जब तक खराब यूनिट के बदले नई यूनिट आ जाएगी तब उसे बदलकर 1200 केवीएआर क्षमता पर प्रयोग कर लेगा । इसी प्रकार किसी दूसरे अन्य उपकेंद्र पर भी 1200 केवीएआर क्षमता के केपेसिटर की एक यूनिट (100 केवीएआर) खराव होने पर उसे दो और यूनिट दूसरे एक - एक फेज की बंद करके चलाने के बजाय, आपसी चर्चा, सामंजस्य से पहले वाले उपकेंद्र से एक केपेसिटर (100 केवीएआर) का मांगकर/लाकर अपना उपकेंद्र 1200 केवीएआर पर एक खराब यूनिट को बदल कर चला सकता है । तात्पर्य यह है कि दो उपकेन्द्रों पर एक - एक यूनिट केपेसिटर (100 केवीएआर) की खराव होने पर केपेसिटर बंद रखना उचित नहीं है, उचित है एक उपकेंद्र के केपेसिटर को 900 केवीएआर क्षमता पर तथा दूसरे उपकेंद्र के केपेसिटर को 1200 केवीएआर क्षमता पर चलाना उचित एवं लाभप्रद है । यदि तीसरे उपकेन्द्र पर एक यूनिट खराब होने पर, वह भी पहले उपकेन्द्र पर शेष बची एक यूनिट को मंगाकर/लाकर अपना कैपेसिटर बैंक भी 1200 केवीएआर क्षमता पर चला लेगा ।

निष्कर्ष – आपसी सामंजस्य - उपरोक्त से यह निष्कर्ष निकला की यदि 3 उपकेन्द्रों पर एक – एक यूनिट कैपेसिटर (100 केवीएआर) खराब होने पर भी 2 उपकेन्द्र के कैपेसिटर 1200 केवीएआर और 1 उपकेन्द्र का कैपेसिटर 900 केवीएआर क्षमता पर चलेगा जबकि तीनों उपकेन्द्रों के कैपेसिटर बंद रखने के बजाय या तीनों उपकेन्द्रों के कैपेसिटर 900 केवीएआर क्षमता के उपयोग करने से । केवल आपसी तालमेल और आपसी चर्चा व सामंजस्य की आवश्यकता है ।

पावर केपेसिटर – लाभ/फायदा -

केपेसिटर उप केन्द्रों और वितरण ट्रांसफार्मरों तथा उपभोक्ता परिसर में मीटर के बाद इंडक्सन मोटर पर लगाए जाते हैं । इनका मुख्य कार्य पावर फेक्टर में सुधार करना होता, यद्यपि पावर फेक्टर सुधार के साथ - साथ वोल्टेज सुधार भी होता है, बिजली की खपत कम होती है जिससे बिजली बिल भी कम होता है और एक समान लोड के लिए बिना केपेसिटर व केपेसिटर सहित, करंट केपेसिटर सहित स्थित में कम होगा और केपेसिटर रहित स्थिति में करंट ज्यादा होगा । एक 11 केवी फीडर पर लोड 120 एम्पीयर है बिना केपेसिटर के तो केपेसिटर चालू रखने की स्थित में वह 100 एम्पीयर होगा अर्थात 20 एम्पीयर करंट की बचत होगी ।

विद्युत – व्यवस्था – कम पावर फेक्टर से नुकसान -

- समान लोड के लिए ज्यादा करंट लेता है । अत: मोटा/बड़ा कंडक्टर की जरूरत होगी । कीमत बढ़ेगी ।
- हानि (लॉस) – करंट के वर्ग के अनुपात में होने से ज्यादा हानियाँ ।
- वोल्टेज ड्रॉप – कम वोल्टेज
- वोल्टेज रेगुलेशन में गिरावट
- पावर फेक्टर सुधार से
- कम करंट, पतला कंडक्टर
- हानि (लॉस) – करंट कम होने से हानियाँ कम होंगी
- वोल्टेज ड्रॉप में सुधार
- वोल्टेज रेगुलेशन में सुधार

विद्युत व्यवस्था - 11 केवी फीडर 1 एम्पीयर का मान केवीए में -

- 33/11 केवी विद्युत उपकेंद्र (सब स्टेशन) पर विद्युत आपूर्ति का वितरण 11 केवी फीडरों द्वारा होता है ।
- 11 केवी फीडर पर 1 एम्पीयर लोड/करंट का मान = (वर्गमूल 3) x (11 केवी) x (1 एम्पीयर) = 19.052 केवीए जिसे 20 केवीए मानते हैं । इससे ही फ्यूज रेटिंग निकालते हैं ।
- यह लोड 33 केवी साइड पर 1/3 एम्पीयर तथा एलटी साइड पर 25 गुना होगा ।
- यदि पावर फेक्टर 0.746 मानते हैं तब केवीए = अश्व शक्ति (हार्स पावर) होगा ।
- यदि पावर फेक्टर 0.8 मानते हैं तब लोड 16 किलोवाट होगा
- 16 किलोवाट लोड 1 घंटे लगातार उपयोग होने पर 16 किलोवाट आवर होते हैं जो 16 यूनिट बिजली की खपत को दर्शाते हैं ।
- सामान्यत: बिजली की दर रुपये 6 प्रति यूनिट के अनुसार रुपये 96 होंगे । यह राशि रुपये 100 के औसत में मान लेते हैं ।
- कहने/बताने का तात्पर्य यह है कि 11 केवी फीडर पर 1 एम्पीयर लोड 1 घंटा उपयोग करने पर 16 यूनिट और रुपये 100 की ऊर्जा की खपत होती है ।

अनाधिकृत रूप से फीडर पर दी गई बिजली का मूल्यांकन उपरोक्तानुसार होता है ।

14

33/11 केवी उपकेन्द्र पर पदस्थ आपरेटर्स (संचालक)

33/11 केवी उपकेन्द्र पर पदस्थ आपरेटर्स (संचालक)

33/11 केवी उपकेन्द्र पर पदस्थ आपरेटर्स (संचालक) द्वारा अपनी ड्यूटी (कार्यकाल समय) में प्रतिदिन किए जाने वाली सामान्य जांच एवं रख रखाव के आवश्यक कार्य –

ड्यूटी आपरेटर को अपनी ड्यूटी में उपकेन्द्र पर उपस्थित होने के बाद निम्न प्रकार से कार्य प्रारम्भ करना चाहिए –

1. – उपकेन्द्र में अपनी ड्यूटी पर आने के तुरन्त बाद ही ड्यूटी रजिस्टर में अपनी उपस्थिति (हाजिरी) दर्ज करना चाहिए ।

2. – ड्यूटी छोड़ने वाले आपरेटर से उसकी ड्यूटी में हुई विशेष घटना या या निर्देशों की मौखिक और रजिस्टर में लिखित रिपोर्ट जानकारी एवं निर्देश लेना ।

3. – पूर्व की ड्यूटी में दिए गए किसी फीडर पर शट डाउन परमिट की पूरी जानकारी लेना तथा परमिट लौट आने के संभावित समय की जानकारी लेना तथा परमिट पर दिए गए / लिए गए कोड आदि की जानकारी लेना ।

4. – फाल्टी फीडर या अन्य फीडरों की ट्रिपिंग जानकारी लेना ।

5. – मेसेज रजिस्टर के मेसेज पढ़कर यथानुसार कार्यवाही ।

6. – इसके उपरांत पेनल में लगे मीटरों की रीडिंग पढ़कर समय डालकर रजिस्टर में दर्ज (अंकन) / करना / लिखना । सभी फीडरों पर लोड पढ़कर लिखें ।

7. – पैनल में डीसी ट्रिप लगाकर हेल्दी चेक करना ।

8. – 33 केवी एवं 11 केवी तरफ के वोल्टेज को मीटर में चेक कर रजिस्टर में लिखना एवं रिले के फ़्लैग तो नहीं गिरे यह चेक करना ।

9. – बैटरी चार्जर का निरीक्षण करना । किस चार्जिंग रेट पर चालू है (कितने एम्पीयर पर चार्जिंग हो रही है) । ट्रिकिल या बूस्ट लिखें ।

10. - यार्ड में जाकर वाईंडिंग टेम्प्रेचरएवं ऑइल टेम्प्रेचर की रीडिंग रजिस्टर में लिखना ।

11. - यार्ड में केवी तरफ के भौतिक निरीक्षण करना 33 केवी बस बार से आइसोलेटर , लाइटिनिंग अरेस्टर , वीसीबी, ट्रान्सफार्मरफ्यूज यदि लगें हो तो सभी जम्पर पर निगाह / नजर डालते हुए ट्रान्सफार्मर के न्यूट्रल जम्पर , क्लैम्प , सिलिकाजेल ब्रीडर , ट्रान्सफार्मर ऑइल लेविल , रेडिएटर आदि का ट्रान्सफार्मर के चारों तरफ घूमकर भौतिक निरीक्षण आँखों से देखकर करना ।

12. – इसी तरह चेक करना कि कहीं ट्रान्सफार्मर से कोई तेल का लीकेज तो नहीं चालू हुआ । यदि हुआ हो तो तुरन्त अधिकारी को फोन से सूचित करना ।

13. – इसके बाद 11 केवी तरफ की वीसीबी/ओसीबी, बसबार आइसोलेटर का आँखों से निरीक्षण कर कोई अप्रत्याशित गड़बड़ी की संभावनाएं देखकर पहले स्वयं सन्तुष्ट हो जो भी खराबी नजर आए तो शीघ्र संबन्धित अधिकारी को सूचित करें ।

14. – यार्ड में निरीक्षण के बाद सभी अर्थिंग प्वाइंट का निरीक्षण करें उनमें कोई स्पार्क का निशान तो नहीं आया देखें । अर्थ गड्डे (पिट) में पानी डालें ।

15. – सभी फीडरों पर लगे एनर्जी मीटरों की रीडिंग पढ़ें एवं जांच कर लें ठीक चल रहे हैं या नहीं । यदि नहीं तो फोन पर अधिकारी को सूचित कर रिपोर्ट रजिस्टर में लिखें ।

16. - ऑइल सर्किट ब्रेकर में यार्ड में घूमते समय ऑइल लेबिल इंडीकेटर में ऑइल की स्थिति देखें ।

17. – किसी फीडर पर परमिट टू वर्क जारी होने पर उसका निरीक्षण कर सुनिश्चित करें कि सप्लाई बंद है तथा नियमानुसार पट्टिकाएँ लगाई गई हैं ।

18. – कन्ट्रोल रूम में आकार सभी रिले मीटर पैनल आदि पर कपड़े से धूल आफ करें ।

19. – बोर्ड में लगी चाबियाँ , सुरक्षा उपकरणों की उपलब्धता का निरीक्षण करें ।

20. – फायर फाइटिंग उपकरणों का निरीक्षण करें ।

21. – अपनी ड्यूटी के पावर ट्रान्सफार्मर पर जब भी अधिकतम लोड पहुंचे और जीतने समय तक अधिक लोड रहे तो आपरेटर को यार्ड में बाहर जाकर ट्रान्सफार्मर पर लगे वाईंडिंग एवं ऑइल टेम्प्रेचर मीटर को पढ़ना चाहिए एवं ट्रान्सफार्मर बॉडी को नीचे तरफ चारों ओर छूकर तथा रेडिएटर्स के तापमान में कितना फर्क / अन्तर है देखना चाहिए । यदि वाईंडिंग और ऑइल टेम्प्रेचर में 4 डिग्री से 5 डिग्री सेंटीगेड से ज्यादा हो रहा हो तो इसकी सूचना शीघ्र संबन्धित ई ई / ए ई को दें तथा निर्देश लेकर कार्यवाही करें , हो सकता है कि अधिक लोड के कारण टेम्प्रेचर बढ़ गया हो जो विशेषकर गर्मी के दिनों में होना संभव है तो यदि ई ई के निर्देश हो तो फीडर ट्रिप कर लोड कम करना चाहिए , जिससे तापमान कम किया जा सके ।

22. - रात्रिकालीन ड्यूटी के आपरेटर को कन्ट्रोल रूम से निकलकर सब – स्टेशन यार्ड में खड़े होकर हॉट प्वाइंट अर्थात सब – स्टेशन के बस बार व अन्य जम्पर पर निगाह / नजर दौड़ाकर देखना चाहिए कि कहीं कोई जम्पर या कनेक्टर लाल या गरम तो नहीं हो रहा है । यदि महसूस हो तो इसकी सूचना संबन्धित अधिकारी को देना चाहिए और रजिस्टर में भी लिखना चाहिए ।

23. – हाइड्रो मीटर से बैटरी के प्रत्येक सेल की ग्रेविटी चेक करना चाहिए । यदि किसी सेल की ग्रेविटी 1180 से बहुत कम मिले तो इसकी सूचना संबन्धित अधिकारी को देना चाहिए और रजिस्टर में इसे लिखना चाहिए ।

24. - यदि सभी सेलों में ग्रेविटी 1180 से कम मिले तो बैटरियों को समय नोट करके एक-एक घंटे के लिए बूस्ट चार्ज पर 4 एम्पीयर पर कर देना चाहिए तथा इसी विधि को आधे घंटे के अंतराल बाद तब तक दोहराते रहना चाहिए जब तक कि सेल की ग्रेविटी 1180 न पहुँच जावे । यह विधि दो से तीन बार करना चाहिए । बैटरी चार्जरको बन्द करके तीन मिनट पश्चात प्रत्येक सेल और पूरी बैटरी का अलग – अलग वोल्टेज नाप कर लिखना चाहिए तथा उसी समय ग्रेविटी भी चेक करना चाहिए जिससे यह सुनिश्चित हो सके कि बैटरी के सेल की ग्रेविटी बूस्ट चार्ज से निर्धारित मापदंड के अनुसार 1180 से 1200 के बीच में पहुँच गई है और बैटरी वोल्टेज भी 30 वोल्ट से आधिक है यह हो जाने पर बैटरी चार्जर को 2 एम्पीयर की चार्जिंग करेंट पर रखकर बैटरियाँ चार्ज करते रहना चाहिए ।

यदि उपरोक्त विधि से बैटरी वोल्टेज 30 वोल्ट से आधिक न पहुंचे तो ग्रेविटी भी 1180 से ऊपर न मिले तो इसकी सूचना संबन्धित अधिकारी ई ई को फोन पर अवश्य सूचित करें और यह जानकारी रजिस्टर में भी लिखें ।

33/11 केवी उपकेन्द्र पर कर्मचारी ड्यूटी – सामान्यत: उपकेन्द्र पर लगातार दिनरात कर्मचारी पदस्थ रहते हैं यहां पर पदस्थ कर्मचारियों का कोई किसी प्रकार का शासकीय अवकाश नहीं होता हैं, केवल एक सप्ताह में एक दिन का ऑफ मिलता है अन्य विभागीय नियमानुसार रहता है । एक दिनरात में तीन शिफ्ट (पाली) होती हैं और एक शिफ्ट 8 घंटे की होती है । सातवें दिन एक ऑफ रिलीवर ड्यूटी पर आता है । तीन शिफ्ट के कर्मचारी के तीन ऑफ अलग – अलग दिन के रहते हैं । इस तरह ऑफ रिलीवर एक उपकेन्द्र पर तीन दिन और शेष तीन दिन दूसरे उपकेन्द्र पर इस प्रकार दो उपकेन्द्रों पर 7 कर्मचारी शिफ्ट में चलते हैं । शिफ्ट कर्मचारी उपकेन्द्र आपरेटर (एसएसओ – सब स्टेशन आपरेटर) कहलाता है । उपकेन्द्र और कार्य की स्थिति अनुसार उसके साथ एक सहायक रखते हैं ।

शिफ्ट समय. - प्रथम शिफ्ट. - द्वितीय शिफ्ट. - तृतीय शिफ्ट. - ऑफ रिलीवर .

समय. - (00 से 08 बजे तक). - (08 से 16 बजे तक). - (16 से 24 बजे तक). - (समय बदलता रहता है) .

कर्मचारी (आपरेटर). - अ. - ब. - स . - द .

दिन – (1, 8). - अ. - ब (ऑफ). - स . - द (द्वितीय शिफ्ट).

दिन – (2, 9). - अ . - ब . - स (ऑफ) . - द (तृतीय शिफ्ट).

दिन – (3, 10). - अ (ऑफ). - ब . - स . - द (प्रथम शिफ्ट)

दिन – (4, 11). - अ . - ब . - स . - द (ऑफ)

दिन – (5, 12). - अ . - ब . - स . - द (दूसरा उपकेन्द्र).

दिन – (6, 13). - अ . - ब . - स . - द (दूसरा उपकेन्द्र).

दिन – (7, 14). - अ . - ब . - स . - द (दूसरा उपकेन्द्र).

नोट - ड्यूटी समय जो 8 घंटे का रहता है उसे अधिकारी समयानुसार बदल सकते हैं - जैसे - 4.00 से 12.00 तक, 12.00 से 20.00 तक और 20.00 से 4.00 तक अथवा 2.00 से 10.00 तक, 10.00 से 18.00 तक और 18.00 से 2.00 तक आदि जो सुविधाजनक समय और परिस्थिति अनुसार उचित हो ।

15

पावर ट्रान्सफार्मर का रख रखाव एवं सुरक्षात्मक उपाय -

पावर ट्रान्सफार्मर का रख रखाव एवं सुरक्षात्मक उपाय

33/11 केवी उपकेंद्र पर स्थापित पावर ट्रान्सफार्मर एक स्थिर एवं महत्वपूर्ण उपकरण है, जिसमें मुख्यत: 33 केवी को 11 केवी में बदला जाता है । पावर ट्रान्सफार्मर का कार्य करने के पूर्व सुरक्षा पर विशेष ध्यान देना आवश्यक है तथा सामान्यत: याई में जाने के पूर्व पूरे सुरक्षात्मक उपायों का पालन करना आवश्यक है ।

पावर ट्रान्सफार्मर के रखरखाव का काम सुपरवाइज़र/कनिष्ठ/जूनियर इंजिनियर/यंत्री एवं ऊपर के अधिकारियों के निर्देश पर ही करना चाहिए । सामान्यत: उपकेन्द्र पर जब संधारण/मेंटीनेन्स कार्य किए जाते हैं तो पावर ट्रान्सफार्मर पर दोनों ओर से सप्लाई बंद कर दी जाती है, तदुपरान्त लाइन को डिस्चार्ज रोड के द्वारा जमीन में अर्थ से डिस्चार्ज किया जाता है । इसके बाद यह देखना आवश्यक है कि इसके आसपास आने वाली अथवा सब - स्टेशन ट्रान्सफार्मर की सप्लाई उपलब्ध तो नहीं है । यदि ऐसा है तो उसे भी कटवाना आवश्यक है । तात्पर्य यह है कि पावर ट्रान्सफार्मर का कार्य शुरू करने के पूर्व यह सुनिश्चित कर लिया जाए कि उसमें पावर सप्लाई की कोई सम्भावना न हो ।

इसके पश्चात पावर ट्रान्सफार्मर के रखरखाव में निम्नानुसार विशेष कार्य किए जाते हैं –

क - ट्रान्सफार्मर पर, ख - सब - स्टेशन (उपकेन्द्र) परिसर में, ग – कन्ट्रोल रूम के अन्दर

क – ट्रान्सफार्मर पर –

1 – 33 केवी तथा 11 केवी स्टड पर बाईमैटेलिक क्लैम्प अच्छी तरह टाइट हैं, यह सुनिश्चित करना ।

2 – न्यूट्रल वायर ट्रान्सफार्मर बॉडी टैंक से दूर तथा ऐंगल सपोर्ट के साथ बराबर टाईट है तथा अर्थ है यह सुनिश्चित करना । यदि अर्थिंग तार कटा है तो उसे सुरक्षा के साथ बदलना ।

3 – ट्रान्सफार्मर बॉडी के दोनों अर्थिंग भी टाईट तथा अच्छी अवस्था में हैं, यह भी चेक करना ।

4 – ट्रान्सफार्मर के ब्रीदर के अन्दर रखी सिलिका जेल का रंग नीला है, यह देखना । यदि पिंक (गुलाबी)/व्हाईट (सफ़ेद) हो या खराब हो चुकी हो तो उसे बदलना । इसी के साथ ब्रीदर के नीचे लगे कप में मौजूद ट्रान्सफार्मर ऑइल का निरीक्षण करना । यदि खराब हो या लेवल से कम हो तो उसे अच्छे ऑइल से लेवल तक भरना । ब्रीदर के सांस लेने का छिद्र भी चेक करना यदि कोई टेप या अन्य कुछ ऐसा हो तो उसे हटाकर सांस लेने वाला छिद्र खोलना आवश्यक है ।

5 – कंज़र्वेटर टैंक में ऑइल की मात्रा आधा लेवल तक है यह सुनिश्चित करना, कम हो तो अच्छी गुणवत्ता के ऑइल से लेवल तक ऑइल टोपिंग करना ।

6 – ऑइल टेम्प्रेचर/वाईंडिंग टेम्प्रेचर मीटर तथा बुकोल्ज़ रिले बराबर कार्यरत हैं, यह सुनिश्चित करना ।

7 – टॉप वाल्व या बॉटम वाल्व से ऑइल लीकेज नहीं है यह देखना । आवश्यकतानुसार उन्हें टाईट करना । समस्त रेडिएटर के माध्यम से ऑइल सरक्यूलेशन बराबर हो रहा है यह देखना तथा उनमें लगे वाल्व बन्द अवस्था में तो नहीं हैं, यह सुनिश्चित करना, बन्द हो तो चालू अवस्था में रखना तथा उनमें लगे वाल्व बन्द अवस्था में हो तो यह सुनिश्चित करना, बन्द हो तो चालू अवस्था में रखना ।

8 – समय - समय पर ट्रान्सफार्मर की आईआर वैल्यू मेगर (1 केवी) से चेक करना तथा अर्थ टेस्टर से अर्थ रजिसटेन्स नापना । आईआर वैल्यू 60 डिग्री सेल्सियस टेम्प्रेचर पर न्यूनतम 66 मेगा ओहम तथा अर्थ रजिसटेन्स 2 ओहम से कम होना आवश्यक है, 33 केवी के लिए ।

ख – सब – स्टेशन (उपकेन्द्र) परिसर –

1 – सब - स्टेशन पर स्थापित समस्त एबी स्विच के मेल – फीमेल कोनटेक्ट अच्छी स्थिति में हो तथा एबी स्विच की ब्लेड बराबर खांचे (वी - गेप) में टाईट होती हैं, सुनिश्चित करना तथा हैंडिल अर्थ है यह चेक करना ।

2 – आईसोलेटर के कोनटेक्ट चेक करना उनका उचित ढंग से खुलना तथा लगना, एलाइनमेंट चेक करना ।

3 – डीओ फ्यूज सेट में उचित क्षमता के फ्यूज एलीमेंट बेरल के अन्दर बराबर हैं, यह चेक करना ।

4 – ड्रॉप आउट जम्पर तथा अन्य जम्पर उचित क्षमता कंडक्टर के हैं तथा अच्छी अवस्था में टी क्लैम्प/पीजी क्लैम्प से टाइट हैं यह चेक करना । वीसीबी/ओसीबी के जम्पर बाईमैटेलिक क्लैम्प से टाइट हैं, यह सुनिश्चित करना ।

5 – स्टेशन ट्रान्सफार्मर की उचित देखभाल करना, ब्रीदर, ऑयल लेवल, डीओ फ्यूज, जम्पर, डिस्ट्रीब्यूशन बॉक्स, केबिल आदि के कनेक्शन एवं अन्य मेंटीनेन्स समय – समय पर करना ।

6 – सब स्टेशन पर स्थापित 33 केवी तथा 11 केवी एलए (लाइटिनिंग अरेस्टर) के जम्पर लाइन में कनेक्ट हैं तथा उनके अर्थिंग तार जमीन में उचित तरीके के साथ अर्थ हैं यह सुनिश्चित करना, समय – समय पर अर्थ टेस्टर से उनका अर्थ रजिसटेन्स नापना (1 ओहम से कम होना चाहिए) ।

7 – यार्ड लाइटिंग के सभी कनेक्शन ठीक रखना, खराब बल्व व अन्य स्विच आदि हो उसे बदलना ।

8 – कन्ट्रोल केबिल एवं कन्ट्रोल केबिल ट्रेंच का उचित रखरखाव करना ।

ग – कन्ट्रोल रूम के अन्दर –

1 – बैटरी तथा बैटरी चार्जर दोनों कार्यप्रणाली (वर्किंग कंडीशन) में हैं तथा बराबर डीसी वोल्टेज उनमें समस्त वीसीबी पेनल/कन्ट्रोल बोर्ड को प्राप्त हो रहा है, यह वोल्ट मीटर से सुनिश्चित करना ।

2 – बैटरी में मौजूद डिस्टिल वाटर की बराबर मात्रा है, यह लेवल इंडिकेटर से चेक करना । यदि किसी सेल में लेवल कम हो तो उसका टोपिंग करना । समय - समय पर हाईड्रोमीटर से बैटरी में मौजूद सोल्युशन की स्पेसिफिक ग्रेविटी (विशेष घनत्व) हाईड्रोमीटर द्वारा नापना, यह 1180 न्यूनतम हो ।

3 – समय – समय पर बैटरी कोनटेक्ट स्ट्रिप को साफ करना तथा पेट्रोलियम जैली लगाना ।

4- कन्ट्रोल रूम में पेनल बोर्ड पर प्रत्येक पावर ट्रान्सफार्मर के बुकोल्ज़ रिले, ऑयल टेम्प्रेचर राईज़ मीटर तथा लो ऑयल लेवल के कनेक्शन, अलार्म, घंटी तथा इंडिकेशन लैम्प के साथ बराबर किए हैं तथा वह चालू हालत में हैं, यह समय – समय पर सुनिश्चित करें । बुकोल्ज़ में पम्पसे हवा भरकर तथा टेम्प्रेचर मीटर की कोनटेक्ट रोड को गरम कर डमी टेस्ट करें ।

5 – वीसीबी/ओसीबी के पेनल तथा उस पर लगे एम्पीयर/वोल्ट मीटर चालू (वर्किंग) स्थिति में हैं, यह देखना । समय – समय पर रिले ट्रिप टेस्ट लेना ।

6 – उपकेन्द्र पर आवश्यक सुरक्षा उपकरण, टी एंड पी, प्राथमिक सहायता पेटी (फर्स्ट एड बॉक्स), अग्निशामक यंत्र की समुचित उपलब्दधता होना ।

7 – उपकेन्द्र पर आवश्यक परमिट बुक (अनुज्ञा पत्र), आथराईजेशन चार्ट, एसओपी (स्टेंडर्ड आपरेटिंग प्रोसीजर/प्रक्टिसस) चार्ट, प्राथमिक उपचार चार्ट का होना ।

8 – आपातकालीन संपर्क सूची (विद्युत विभाग, स्वास्थ्य, पुलिस, राजस्व प्रशासन आदि) और सभी अभिलेखों के रजिस्टर एवं रिकाइर्स आदि

पावर - ट्रांसफार्मरों के लिए रख – रखाव समय तालिका (मेंटीनेंस शेड्यूल)

क्रमांक, - समय, - पवार ट्रांसफार्मर विवरण रख - रखाव .

1, - प्रति घंटा, - तापमान – (एमबीएंट, वाईंडिंग, ऑयल टेम्परेचर), लोड (एम्पीयर) .

2, - प्रतिदिन, - ट्रांसफार्मर ऑयल लेवल, बुशिंग ऑयल लेवल, रिलीफ़ डायफ्रेम, ब्रीदर .

3, - मासिक - बुशिंग, टैंक की बाहरी सतह, ब्रीदर के तेल सील में ऑयल लेवल, सिलिकाजेल, एचटी/एलटी फ्यूज, निकास पाइप डायाफ्राम, सभी फेज में न्यूटरल करेंट, कंजरवेटर .

4, - त्रैमासिक, - बुशिंग क्रेक, ऑयल डाई-इलेक्ट्रिक स्ट्रेंथ, ओएलटीसी चेक, मोटर, फेन बीयरिंग.

5, - छ:माही (अर्ध वार्षिक), - ऑयल की बीडीवी, एसिडिटी की जांच, एलए, आईआर वैल्यू, अर्थ रजिसटेन्स.

6, - वार्षिक, - ट्रांसफार्मर ऑयल, एसिडिटी, गैस्केट जोइंट्स, केबिल बॉक्स, अर्थ रजिसटेन्स, रिले, अलार्म रिले, कांटेक्ट और उनके सर्किट, अर्थिंग पिट.

7, - 5 वर्ष में एक बार, - ट्रांसफार्मर ओवर होलिंग .

16

एलए (लाइटिनिंग अरेस्टर - सर्ज/तरंग निरोधक) - का मेंटीनेंस

एलए (लाइटिनिंग अरेस्टर – सर्ज/तरंग निरोधक) – का मेंटीनेंस

लाइटिनिंग अरेस्टर की पोर्सलीन इंसुलेटर को मेंटेनेंस के समय सफाई कर क्रेक चेक करना चाहिए । तथा अर्थ भी टाइट करना चाहिए । अर्थ की आईआर वैल्यू नियमानुसार करना चाहिए । इसका रजिसटेंट (प्रतिरोध) जीरो (शून्य) ओहम रखा जाना चाहिए।

उपकेंद्र पर 33 केवी एवं 11 केवी के लाइटिनिंग अरेस्टर पावर ट्रांसफार्मर की सुरक्षा के लिए लगाए जाते हैं । ये ट्रांसफार्मर के पास 33 केवी एवं 11 केवी दोनों तरफ निकट लगाए जाते हैं । उपकेंद्र में जोड़ने वाली मीलों लंबी 33 केवी एवं 11 केवी मीलों लंबी लाइनों पर बादलों द्वारा आकाशीय विद्युत का चार्ज पैदा होता है जिसकी तीव्रता विद्युत लाइन के वोल्टेज से कई हजार गुना अधिक होती है जिससे ट्रांसफार्मर को नुकसान पहुँच सकता है । 33 केवी एवं 11 केवी के तरफ क्रमश: 30 केवी (आरएमएस) एवं 9 केवी (आरएमएस) क्षमता के लाइटिनिंग अरेस्टर लगाने से आकाशीय विद्युत का चार्ज लाइटिनिंग अरेस्टर के माध्यम से अर्थ हो जाता है, जिससे ट्रांसफार्मर को नुकसान से बचाव होता है । इनकी डबल अर्थिंग अलग से अर्थ पिट बनाकर करना चाहिए ।

प्राय: यह पाया जाता है कि जब लाइटिनिंग सर्ज से या तो केवल एक लाइटिनिंग अरेस्टर अथवा तीनों लाइटिनिंग अरेस्टर बर्स्ट (जलना/खराब होना) हो जाते हैं । तब लाइन फाल्ट के कारण बन्द हो जाती है । उसके बाद पेट्रोलिंग अथवा अथवा निरीक्षण के बाद उन खराब लाइटिनिंग अरेस्टर को लाइन से दूर कर (हटाकर/कनेक्शन काटकर) लाइन को चालू कर देते हैं, यदि उस समय लाइटिनिंग अरेस्टर उपलब्ध नहीं होते है । अन्यथा उपलब्ध होने पर खराव की जगह उन्हें बदल देते हैं ।

आवश्यक कार्य जो करना चाहिए -

जब केवल एक लाइटिनिंग अरेस्टर खराब होता है तब यह अधिकतर बीच का खराब होता हैं, क्योंकि बीच का कंडक्टर सबसे ऊपर रहता है और वह ऊपर से लाइटिनिंग सर्ज से प्रभावित होता और बर्स्ट हो जाता है । ऐसी स्थिति में लाइटिनिंग अरेस्टर उपलब्ध न होने पर खराब लाइटिनिंग अरेस्टर को लाइन से डिस्कनेक्ट कर लाइन को चालू कर देते हैं जो कि एक गलत प्रक्रिया है । क्योंकि ऐसी स्थिति में लाइन तो चालू हो जाएगी परन्तु पुन: दोबारा लाइटिनिंग होने पर बीच का लाइटिनिंग अरेस्टर न होने पर लाइन अथवा कोई उपकरण ट्रान्सफार्मर आदि क्षति ग्रस्त हो जाते/सकते हैं ।

सुझाव – समझदार विद्युत कर्मचारी -

समझदार विद्युत कर्मचारी वह होता है जो पहली बार लाइटिनिंग अरेस्टर खराब होने पर उसके स्थान पर दूसरे बाहरी फेजों पर उपलब्ध लाइटिनिंग अरेस्टर बीच वाले फेज पर लगा देता है तो वह पुन: दुबारा लाइटिनिंग सर्ज के कारण से होने से होने वाली क्षति से बचा जा सकता हैं, यह कार्य विद्युत कर्मचारी की कुशल बुद्दमिता का परिचायक है । समझदार विद्युत कर्मचारी वह होता है जो लाइन/उपकरण के लिए लगे लाइटिंग अरेस्टरों में से यदि एक भी लाइटिनिंग अरेस्टर उपलब्ध है तो वह उसे बीच के फेज पर लगा देगा/देता है जिससे लाइटिनिंग से होने वाले क्षति को रोका जाता/सकता है ।

लाइटिनिंग अरेस्टर की पोर्सलीन इंसुलेटर को मेंटेनेंस के समय सफाई कर क्रेक चेक करना चाहिए । तथा अर्थ भी टाइट करना चाहिए । अर्थ की आईआर वैल्यू नियमानुसार करना चाहिए । इसका रजिसटेंट (प्रतिरोध) जीरो (शून्य) ओहम रखा जाना चाहिए।

17

पावर उपकेन्द्र (33/11 केवी सब स्टेशन) अर्थिंग

पावर उपकेन्द्र (33/11 केवी सब स्टेशन) अर्थिंग

पावर उप केन्द्र पर स्थापित प्रत्येक उपकरण की अर्थिंग करना अनिवार्य होता है । उपकेन्द्र में स्थापित पावर ट्रांसफार्मर के लिए भी वितरण ट्रान्सफार्मर के अनुसार ही तीन अर्थ गड्डे (पिट) बनाए जाते हैं । जिनमें एक अर्थ पिट एलए (लाइटिनिंग अरेस्टर) के लिए, दूसरा अर्थ पिट न्यूट्रल अर्थिंग के लिए और तीसरा अर्थ पिट पावर ट्रान्सफार्मर बॉडी अर्थिंग के लिए उपयोग किया जाता है । यहां यह स्पष्ट करना भी आवश्यक है कि उपरोक्त तीनों को डबल अर्थ करते हैं । अन्य सभी उपकरण (वीसीबी, सीटी, पीटी, सीटीपीटी/एमई यूनिट, मीटर आदि) और संरचना/ढांचा (स्ट्रक्चर – पोल, चेनल, डीपी, टीपी, एबी स्विच, आइसोलेटर, डीओ चेनल, मीटरिंग बॉक्स, कंट्रोल पेनल आदि) सभी को भी अलग अलग अर्थ पिट से अर्थ करते हैं । पावर उपकेन्द्र का क्षेत्र अधिक होने तथा काफी संख्या में अर्थ पिट होने से भी अर्थ पिट के अलग अलग रजिस्टेंस के कारण भी पावर उपकेन्द्र में जमीन पर करेंट होने की संभावनाएं हो सकती हैं । इसके लिए ही उपकेन्द्र पर गिट्टी बिछाई जाती है क्योंकि –

1 – गिट्टी एक इन्सुलेशन का कार्य करती है । जिससे उस क्षेत्र में कार्यरत कर्मचारी सुरक्षित रह सकें ।

2 - गिट्टी बिछे होने से उस क्षेत्र में रेंगने वाले (रेप्टाइल) कीड़े, मकोड़े, जानवर आदि वहां न आ सकें क्योंकि उनको गिट्टी पर रेंगने/ चलने में असुविधा होती है ।

3 - बर्षात के मौसम में पानी भी मिट्टी के अन्दर आसानी से चला जाता है जो अर्थ रजिस्टेंस (प्रतिरोध) को कम करने में मदद करता है ।

4 – अतिरिक्त कार्य अथवा पुन: अर्थिंग अथवा अन्य कार्य करने के लिए गिट्टी को हटाकर वह कार्य आसानी से किया जा सकता है और कार्य उपरान्त गिट्टी पुन: आसाने से बिछा डी जाती है ।

उपकेन्द्र मेश (जाली) अर्थिंग -

सम्पूर्ण पावर उपकेन्द्र परिसर में मेश (जाली) अर्थिंग करते हैं जिससे विभिन्न अर्थ पिट के अर्थ रजिस्टेंस अलग होते हुए भी मेश (जाली) के करण सभी समानांतर क्रम में होने से सब का कुल रजिस्टेंस कम हो जाएगा । उदाहरण के लिए यदि चार पिट के रजिस्टेंस क्रमश: 1, 2, 3, और 4 ओहम है यदि उनको श्रेणी क्रम (सीरीज) में जोड़ते है तब कुल रजिस्टेंस (1+2+3+4= 10) 10 ओहम होगा । लेकिन जब इन रजिस्टेंस को समानांतर क्रम में जोड़ दें तब कुल रजिस्टेंस (1/आर = 1/आर1 + 1/आर2 +1/आर3 + 1/आर4 , 1/आर = 1/1 +1/2 +1/3 + ¼ = 25/12 तब आर = 12/25 = 0.48) 0.48 ओहम होगा जो प्रत्येक रजिस्टेंस से भी कम है जो विद्युत् उपकरण और संरचना के लिए लाभकारी है ।

उपकेन्द्र अर्थिंग सावधानियां –

1 - पावर उपकेन्द्र के एलए अर्थिंग और न्यूट्रल अर्थिंग के पिटों (गड्डों) को अन्य अर्थिंग के गड्डों से अलग ही रखते हैं । इन्हें अन्य गड्डों से नहीं जोड़ते , जिससे एलए का फाल्ट करेंट अथवा न्यूट्रल का फाल्ट करेंट दूसरे उपकरणों को प्रभावित कर सकता है ।

2 – हमेशा कंट्रोल रूम (नियंत्रण कक्ष) की अर्थिंग अलग से ही करते हैं और कंट्रोल रूम की अर्थिंग को पावर उपकेन्द्र अर्थिंग से अलग रखते है । किन्ही करण से यदि दोनों अर्थिंग पिट आपस में जोड़ दिए जाते है अर्थात कॉमन कर दिए जाते हैं, ऐसी स्थिति में लाइन व उपकरण में आए फाल्ट करेंट के कारण कंट्रोल रूम की रिले अथवा पेनल क्षतिग्रस्त हो जाते हैं अथवा जल जाते हैं ।

3 - और यही स्थिति पावर उपकेन्द्र के यार्ड लाइट के उपकरणों के साथ होती हैं क्योंकि लाइन व उपकरण में आए फाल्ट के कारण यार्ड लाइट उपकरण भी क्षतिग्रस्त अथवा फ्यूज हो जाते हैं ।

ट्रांसफार्मर भू-प्रतिरोध (अर्थ रजिसटेन्स)

- विभिन्न अधोसंरचना के लिए मानक न्यूनतम भू – प्रतिरोध (अर्थ – रजिसटेन्स) –
- पावर स्टेशन (उत्पादन) – 0.5 ओहम, अति उच्च दाब (ईएचटी) उपकेंद्र – 1.0 ओहम, 33/11 केवी उपकेंद्र – 2.0 ओहम तथा वितरण ट्रांसफार्मर (11/0.4 केवी उपकेंद्र) – 5.0 ओहम
- बेंटोनाइट कम्पाउन्ड अर्थ रजिसटेन्स को अपने सामान्य स्तर से 25 % पर ला देता है । यह एक विशेष प्रकार की मिट्टी होती है जो पानी मिलाते ही अपने आयतन से कई गुना बढ़ जाती है तथा अपने आसपास की मिट्टी से नमी ले कर बहुत लंबे समय तक अपने अंदर बनाए रखती है । इस कारण अर्थिंग में बार – बार पानी डालने की आवश्यकता नहीं पड़ती । इसे साधारण बोल चाल की भाषा में मुलतानी मिट्टी भी कहते हैं । बेंटोनाइड कम्पाउन्ड के अलावा कोयला, बालू रेती, एवं काली मिट्टी का मिश्रण डालकर काली मिट्टी भरना चाहिए ।
- पानी की व्यवस्था – उपकेंद्र में ट्यूब वेल अथवा कुएं/हेंड पम्प में मोटर लगाकर अथवा टैंकर से पानी देकर अर्थिंग के गड्डों में सदैव नमी बनाए रखना चाहिए ।
- अर्थ रजिसटेन्स
- अर्थ रजिसटेन्स निम्नलिखित बातों पर निर्भर करता है –
- 1 - मिट्टी का प्रकार – कंकरीली, रेतीली, पीली, दोमट, मटियार, काली, पथरीली आदि, खराव मिट्टी की जगह अच्छी मिट्टी का उपयोग,
- 2 - जमीन का तापमान – मौसम अनुसार
- 3 - मिट्टी में नमी – मौसम अनुसार, गर्मी में पानी डालना
- 4 – मिट्टी में खनिज - मिट्टी में कोयला, काली मिट्टी, मुलतानी मिट्टी/बेंटोनाइड पाउडर का उपयोग
- 5 – मिट्टी में इलेक्ट्रोड की लम्बाई/गहराई – गहराई अधिक करना
- 6 – इलेक्ट्रोड की शक्ल/टाइप और आकार – वायर, फ्लेट, पाइप अर्थिंग
- 7 – दो इलेक्ट्रोडों के बीच की दूरी – दूरी कम रखना
- 8 – इलेक्ट्रोडों की संख्या - संख्या बढ़ाना, आपसी इंटरलिंकिंग

अर्थिंग खराब की पहचान/जानकारी

- सामान्यत: जीआई वायर का रंग ग्रे होता हैं, अर्थ फेल होने पर वायर गर्म होता है, रात के समय रेड हॉट दिखेगा, गर्म होने के बाद ठंडा होने पर वायर की कठोरता कम हो जाएगी, वायर मुलायम होगा, वायर का रंग उतर जाएगा, जंग/रस्टिंग लगाना शुरू हो जाएगी । जंग लगा, रंग उतरा/बदला, मुलायम वायर खराब अर्थिंग की पहचान हैं ।
- जाइंट ढीले होने से, पूर्ण संपर्क न होने से अर्थ पूरी तरह से काम नहीं करता ।
- टेस्टर से परीक्षण करने से वायर में करेंट बताएगा ।
- बल्ब होल्डर को एक फेस और अर्थ से चेक करने पर बल्व नहीं जलेगा ।

18

33/11 केवी उपकेंद्रों हेतु सुरक्षा उपकरण

33/11 केवी उपकेंद्रों हेतु सुरक्षा उपकरण

क्रमांक . - उपकरण का नाम, - मात्रा (संख्या)

1. - टॉर्च – तीन सेल, - 01.

2. - इंसुलेटिड कटिंग प्लायर, - 01.

3. - इंसुलेटिड स्क्रू ड्रायवर, - 01.

4. - नियोन टेस्टर, - 01.

5. - रबर दस्ताने (रबड़ हेंड ग्लोव्स), - 02 जोड़ी.

6. - अर्थ डिस्चार्ज रोड, - 08 नग.

7. - शॉक ट्रीटमेंट चार्ट, - 01 नग .

8. - प्राथमिक चिकित्सा बॉक्स (फर्स्ट एड बॉक्स) आवश्यक दवाईयाँ एवं पट्टियों के साथ, - 01 नग.

विद्युत लाइन निर्माण एवं संधारण में प्रयुक्त उपकरण (टी एंड पी) का मानक – विद्युत लाइन/उपकेन्द्र निर्माण में उपयोग होने वाले औज़ार (टी एंड पी) निम्नानुसार है : -

क्रमांक. - औजारों के नाम

1. सब्बल (12 नग), गैंती (6 नग), फाबड़ा(6 नग), तगारी (4 नग)

2. रिंग पानों का कंप्लीट सेट, दो मुंह वाले पाने का कंपलीट सेट

3. हेक्सा फ्रेम एक सेट

4. इंसुलेटिड कटिंग प्लायर 12 इंच (2 नग)

5. डी शेकल स्टील (4 नग)

6. चैन पुली ब्लॉक – दो टन – एक नग

7. सिंगल वे पुली ब्लॉक - एक नग

8. टु वे पुली ब्लॉक - एक नग

9. थ्री वे पुली ब्लॉक - एक नग

10. एल्यूमिनियम रोलर 230 एम एम - 15 नग

11. कम अलोंग क्लेम्प फॉर एसीएसआर कंडक्टर - एक नग

12. कम अलोंग क्लेम्प फॉर जीआई वायर - एक नग

13. क्रीम्पिंग टूल - एक सेट

14. बाल्टी - 4 नग

15. एल्यूमिनियम लेडर 11 मीटर लम्बी - एक नग

16. मेटेलिक टेप 30 मीटर -एक नग

17. स्टील टेप 2 मीटर - एक नग

18. टॉर्च – पाँच सेल - एक नग
19. टेंक - एक नग
20. त्रिपाल - एक नग
21. हथौड़ा (हेमर) 5 किलो (एक नग) एवं 2 किलो (एक नग)
22. मनीला रोप (रस्सा) 25 एमएम (50 किलो), 20 एमएम (50 किलो)
23. लाइनमेन सेफ़्टी बेल्ट (4 नग)
24. हेलमेट (10 नग)
25. कुल्हाड़ी, कटर (एक - एक नग)
26. टायटनर, रेचिट, टर्फर (एक - एक नग)

नोट – एक गेंग में निम्नानुसार कर्मचारी रहते हैं : - -

1. एलटी लाइन के कार्य हेतु – एक गेंग लीडर और 8 कर्मचारी
2. एचटी लाइन एवं सब स्टेशन कार्य हेतु – एक गेंग लीडर और 12 कर्मचारी ।

सामान्य निर्माण कार्यकाल : -

1. एलटी लाइन निर्माण कार्य – 45 दिन प्रथम एक किमी के लिए और उसके बाद 15 दिन हर एक किमी के लिए ।
2. एचटी लाइन निर्माण कार्य – 90 दिन (3 माह) प्रथम एक किमी के लिए और 30 दिन (1 माह) हर एक अतिरिक्त किमी के लिए ।
3. वितरण ट्रांसफार्मर स्थापना कार्य – 60 दिन (2 माह)
4. 33/11 केवी सब – स्टेशन निर्माण कार्य – 270 दिन (9 माह) व अतिरिक्त वे लिए 180 दिन (6 माह)
5. 132/33 केवी सब – स्टेशन निर्माण कार्य – 365 दिन (12 माह/एक वर्ष)

टिप्पणी - निर्माण कार्यकाल की अवधि देश - काल, सामग्री/कर्मचारी उपलब्धता तथा कार्य स्थल की स्थिति (वाद/विवाद) आदि के कारण घट - बढ़ सकती है ।

19

बुकोल्ज़

बुकोल्ज़

बुकोल्ज़

- बुकोल्ज़ रिले
- बुकोल्ज़ रिले का उपयोग 500 केवीए से अधिक के ट्रांसफार्मरों हेतु किया जाता है । यह एक गैस प्रचालित रिले है और इसका उपयोग विद्युत ट्रांसफार्मरों में किया जाता है । जब कभी भी तेल के विघटन के कारण ट्रांसफार्मर में कोई दोष उत्पन्न होता है तो बुलबुलों में गैस बनती है । ये बुलबुले ट्रांसफार्मर टैंक और संरक्षक/कंजरवेटर टैंक को जोड़ने वाली पाइप के माध्यम से गुजरते हैं । इस मार्ग में बुकोल्ज़ रिले अवस्थित होती है । गैस के बुलबुले बुकोल्ज़ रिले में फंस जाते हैं जिससे दबाव बनता है । बुकोल्ज़ रिले कास्ट आयरन से बनी होती है जिसमें दो फ्लोट शामिल होते हैं । ऊपरी खोखले फ्लोट में एक मरकरी स्विच होता है जो बुकोल्ज़ अलार्म सर्किट के साथ जोड़ा जाता है । निचले बैफल पर अवस्थित मरकरी स्विच को ट्रिप सर्किट के साथ जोड़ा गया होता है । रिले चैम्बर के शीर्ष पर गैस नमूनाकरण हेतु एक पैट कॉक मुहैया करवाया जाता है । रिले चैम्बर में एक शीशे की खिड़की भी मुहैया करवाई जाती है जिसके माध्यम से गैस की मात्रातथा रंग को देखा जा सकता है । ट्रिप तथा अलार्म तंत्र को हाथ से प्रचालन/ओपरेट किए जाने का प्रावधान है । पैट कॉक के माध्यम से वायु को पम्प करना तथा रिले का प्रचालन करना रिले के कार्यकाल के परीक्षण हेतु सबसे सरल तरीकों में से एक है ।

पावर ट्रांसफार्मर पर अलार्म आने पर उपकेंद्र में कार्यरत ऑपरेटर हेतु दिशा – निर्देश

क्रमांक, - अलार्म, - आवश्यक कार्यवाही (क्रिया कलाप)

1.- ऑइल टेम्परेचर अलार्म, - अलार्म केन्सिल कर ट्रान्सफार्मर की बॉडी को छूकर गरम होना पता करें । वाईंडिंग एवं ऑइल टेम्परेचर की रीडिंग लें, इनके तापमान के आधार पर आवश्यक कार्यवाही करें एवं तत्काल उपमहाप्रबंधक (डीजीएम)/अधिशासी अभियंता (ई ई) व प्रबन्धक/एसडीओ (एई) को सूचित करें ।

2. - वाईंडिंग टेम्परेचर अलार्म, - अलार्म कैंसिल कर ट्रांसफार्मर की बॉडी को छूकर गरम होना पता करें, वाईंडिंग एवं ऑइल टेम्परेचर की रीडिंग लें, इनके तापमान के आधार पर आवश्यक कार्यवाही करें एवं तत्काल उप महाप्रबन्धक/अधिशासी अभियंता व प्रबन्धक/एसडीओ को सूचित करें ।

3. - बुकोल्ज़ अलार्म, - अलार्म कैंसिल करें एवं एचवी एवं एलवी साइड की सप्लाई अलग करें । तत्काल उप महाप्रबंधक/अधिशासी अभियंता, प्रबन्धक/एसडीओ को सूचित करें ।

4. - बुकोल्ज़ ट्रिप, - अलार्म कैंसिल करें, एवं एचवी एवं एलवी साइड की सप्लाई अलग ।

5. - कैपेसिटर बैंक ट्रिप, - अलार्म कैंसिल करें एवं उपकेंद्र संचालन निर्देशानुसार कार्यवाही करें ।

6. - फीडर ब्रेकर ट्रिप, - अलार्म कैंसिल करें, एवं एचवी एवं एलवी साइड की सप्लाई अलग ।

बुकोल्ज़ रिले – यह पावर ट्रांसफार्मर के आंतरिक फाल्ट की सूचना प्रदान करता है

क्रमांक, - अलार्म आने का संभावित कारण, - ट्रिप होने का संभावित कारण

1. - कोर बोल्ट इंसुलेशन फेलयोर, - फेज का शॉर्ट सर्किट होना

2. - कोर लेमिनेशन का शॉर्ट होना, - वाईंडिंग शॉर्ट होना

3. - आंतरिक इलेक्ट्रीकल कोंटेक्ट ढीला होना, - इंटर – टर्न शॉर्ट होना

4. - आंतरिक लोकल हीटिंग होना, - बुशिंग का पंचर होना

5. - लीकेज के कारण, - ऑइल कम होना, -

6. - हवा को ऑइल के द्वारा अंदर जा के ट्रिप होना

20

पर्संटेज % (प्रतिशत) इम्पीडेंस

पर्संटेज % (प्रतिशत) इम्पीडेंस

- % इम्पीडेंस = % ज़ेड (Z) = इम्पीडेंस वोल्टेज x 100, रेटिड वोल्टेज
- % इम्पीडेंस महत्वपूर्ण है क्योंकि यह –
- पूर्ण भार/फुल लोड परिस्थितियों के तहत हुई वोल्टेज गिरावट को दर्शाती है ।
- दो ट्रांसफार्मर जब समानान्तर रूप से प्रचालित होते हैं उनके बीच भार/लोड शेयरिंग को प्रभावित करते हैं ।
- यह अधिकतम फाल्ट करेंट को निर्धारित करती है जो एक शॉर्ट सर्किट परिस्थिति के तहत प्रवाहित होगा । उच्च % आसन्नता ट्रांसफार्मर के जरिए निम्न शॉर्ट सर्किट करेंट प्रवाह इस तरह कम शॉर्ट सर्किट तनाव होगा ।
- इमीडेंस वोल्टेज ट्रांसफार्मर में क्षतियों, विनियमन, दक्षता का निर्धारन करेगी । अधिक इम्पीडेंस वोल्टेज, अधिक विनियमन, तथा हानियां और दक्षता निम्न होगी –
- सामान्य: % आसन्नता कीमत - वितरण ट्रांसफार्मर = 4 से 5 %
- 132/33 केवी स्तर पर पावर ट्रांसफार्मर = 6.5 से 14 %

अगर आसन्नता लीकेज प्रवाह के कारण गिरावट से मेल खाए तो यह किफ़ायती होगा ।

21

वेक्टर ग्रुप तथा पोलेरिटी/ध्रुवीयता, ट्रांसफार्मर कनेक्शन

वेक्टर ग्रुप तथा पोलेरिटी/ध्रुवीयता

- जब इंडयुस्ड प्राथमिक तथा द्वितीयक वाईंडिंग वोल्टेज एक ही दिशा में हैं, दो वाईंडिंग की ध्रुवीयता एक ही है । इसे ऋणात्मक/नेगेटिव ध्रुवीयता कहा जाता है । जब इंडयुस्ड ईएमएफ विपरीत दिशा में है तो ध्रुवीयता को गुणात्मक कहा जाता है । वाईंडिंग के विभिन्न जोड़ों के द्वारा आंतरिक संयोजन तथा टर्मिनलों के संयोजन से विभिन्न पोलेरिटी/ध्रुवीयता प्राप्त की जा सकती है ।
- इसे संक्षेप में 'डीवाई 11' (Dy11) भी कहा जाता है ।
- डी (D) बड़ा है जो प्राथमिक संयोजन की पद्धति को दर्शाता है तथा द्वितीय अक्षर वाई (y) छोटा है जो द्वितीयक के संबंध में दर्शाता है संख्या घड़ी की स्थिति (क्लॉक पोजीशन) के संदर्भ में प्राथमिक के संबंध में द्वितीयक के फेज कोण अंतर को दर्शाती है ।

' डीवाई 11' इसमें 'डी' ट्रांसफार्मर प्राथमिक डेल्टा संयोजन दर्शाता है तथा 'वाई' दर्शाता है कि वितीयक स्टार संयोजित है । संख्या '11' दर्शाती है कि प्राथमिक के संदर्भ में द्वितीयक घड़ी स्थिति के अनुसार 11 बजे की स्थिति में है

वेक्टर ग्रुप तथा पोलेरिटी –

- प्राथमिक तथा द्वितीयक के बीच एक ही तरह के फेज कोण वाले ट्रांसफार्मरों को नीचे दिए गए अनुसार समाहीकृत किया गया है
- समूह - 1. - समूह - 2. - समूह - 3. - समूह - 4.
- वाईवाईओ. - वाईवाई6. (180). - वाईवाई आई (-30). - वाईवाईआईआई (+30).
- डीडीओ. - डीडीओ (180). - डीडीआई (-30). - डीडीआईआई (+30).
- डीज़ेडओ. - डीज़ेडओ(180). - डीज़ेडआई (-30). - डीज़ेडआईआई (+30).

- वेक्टर ग्रुप समानान्तर रूप में ट्रांसफार्मरों के प्रचालन के लिए विचारार्थ कारकों में से एक कारक है ।
- तीन फेज के ट्रांसफार्मरों की पोलेरिटी टेस्ट करने के लिए वाईंडिंग को 3 फेज सप्लाई दे कर और वोल्टेज बढ़ा कर किया जाता है ।

ट्रांसफार्मर – कनेक्शन – स्टार - स्टार - लाभ

- लाभ – स्टार – स्टार बैंक के साथ जुड़ी प्रत्येक सिंगल फेज यूनिट की वोल्टेज लाइन वोल्टेज का केवल 57.7 % है जो प्रत्येक फेज पर वोल्टेज तनाव को कम करती है । इसलिए इनको संगत रूप से निम्न वोल्टता के लिए लपेटा जा सकता है जो फेजों के बीच 1.732 गुना वोल्टेज देती हैं ।
- यह कनेक्शन असंतुलित करंट को ले जाने के लिए न्यूट्रल के भू सम्पर्कन/अर्थिंग की अनुज्ञा देता है । जब ठोस रूप में भू – अर्थिंग होता है इसके अनेक लाभ होते हैं । एक फेज से भूमि दोष के दौरान अन्य दो कार्यरत फेजों (फेज टू फेज) वोल्टेज की मात्रा 80 % होती है ।
- सिंगल फेज लोड तथा तीन फेज लोड के फीडिंग की सुविधा होती है ।

- मुख्यत: इसका प्रयोग संचारण असमान वोल्टेज की उच्च वोल्टेज प्रणालियों में होता है जहां यह आवश्यक होता है कि प्रयुक्त कनेक्शन प्राथमिक से द्वितीयक फेज में शिफ्ट नहीं होगा ।

ट्रांसफार्मर – कनेक्शन स्टार – स्टार – हानि

- तीसरे हारमोनिक करेंट के लिए एक मार्ग देता है जिससे हानियां बढ़ती हैं, इंसुलेशन गर्म होता है तथा वे कम्यूनिकेशन में बाधक हो जाते हैं । अगर टर्सरी वाईंडिंग का प्रयोग किया जाता है तो तीसरे हारमोनिक करेंट को दबाया जा सकता है ।
- इन तीनों वाईंडिंग में प्रत्येक का मेग्नेटाइजिंग करेंट पूरी तरह एक समान नहीं होगा जिससे सभी तीन फेजों में पूर्ण संतुलित वोल्टेज रखना असंभव होगा ।
- स्टेशन पावर को 33 केवी पर सप्लाई किया जा सकता है तथा वोलेट्ज़ नियंत्रण के लिए रिएक्टिव कंपनसेशन का प्रावधान किया जा सकता है टर्सरी घट - बढ़ से भी स्थिरता दिलाती है ।

ट्रांसफार्मर – कनेक्शन - डेल्टा – डेल्टा

- निम्न वोल्टेज में बहुत कम प्रयोग किया जाता है ।
- लाभ – ट्राई प्लेन हारमोनिक को दबाया जा सकता है, बृहद भार/लोड असंतुलन को सहन किया जा सकता है ।
- हानि – अधिक मोड अपेक्षित होते हैं क्योंकि पूर्ण फेज टू फेज वोल्टेज वाईंडिंग से गुजरती है, इसलिए यह तांबा वजन से बढ़ोतरी के कारण मंहगा है । तांबा (कॉपर) हानियां भी बढ़ जाती हैं ।
- भू – सम्पर्कन (अर्थिंग) के लिए कोई न्यूट्रल पॉइंट नहीं होता । इसलिए एक फेज में एक फेज से भू – दोष (अर्थ फाल्ट) के दौरान अन्य दो कार्यरत फेजों में फेज से न्यूट्रल तक सामान्य वोल्टेज को वोल्टेज से 1.7 से 2 गुना होगी, बशर्ते कि क्रमश: एक प्रतिरोधक तथा प्रतिकारक के जरिए भू - सम्पर्कन किया जाएगा ।

ट्रांसफार्मर – कनेक्शन – डेल्टा - स्टार

- मुख्यत: वितरण ट्रांसफार्मरों में प्रयुक्त
- सिंगल फेज लोड के साथ – साथ 3 फेज लोड फीडिंग में सुविधाजनक है ।
- डेल्टा वाईंडिंग से गुजरने के कारण तीसरा हारमोनिक करेंट दब जाता है ।
- संतुत वाईंडिंग कनेक्शन तथा वेक्टर ग्रुप (सीबीआईपी मैनुअल) –

33/11 केवी ट्रांसफार्मर -
एचवी/एचटी - डेल्टा
एलवी/एलटी - स्टार
वेक्टर - डीवाई 11
66/11 या 22 केवी ट्रांसफार्मर -
एचवी - स्टार
एलवी - स्टार
वेक्टर - वाईवाईओ

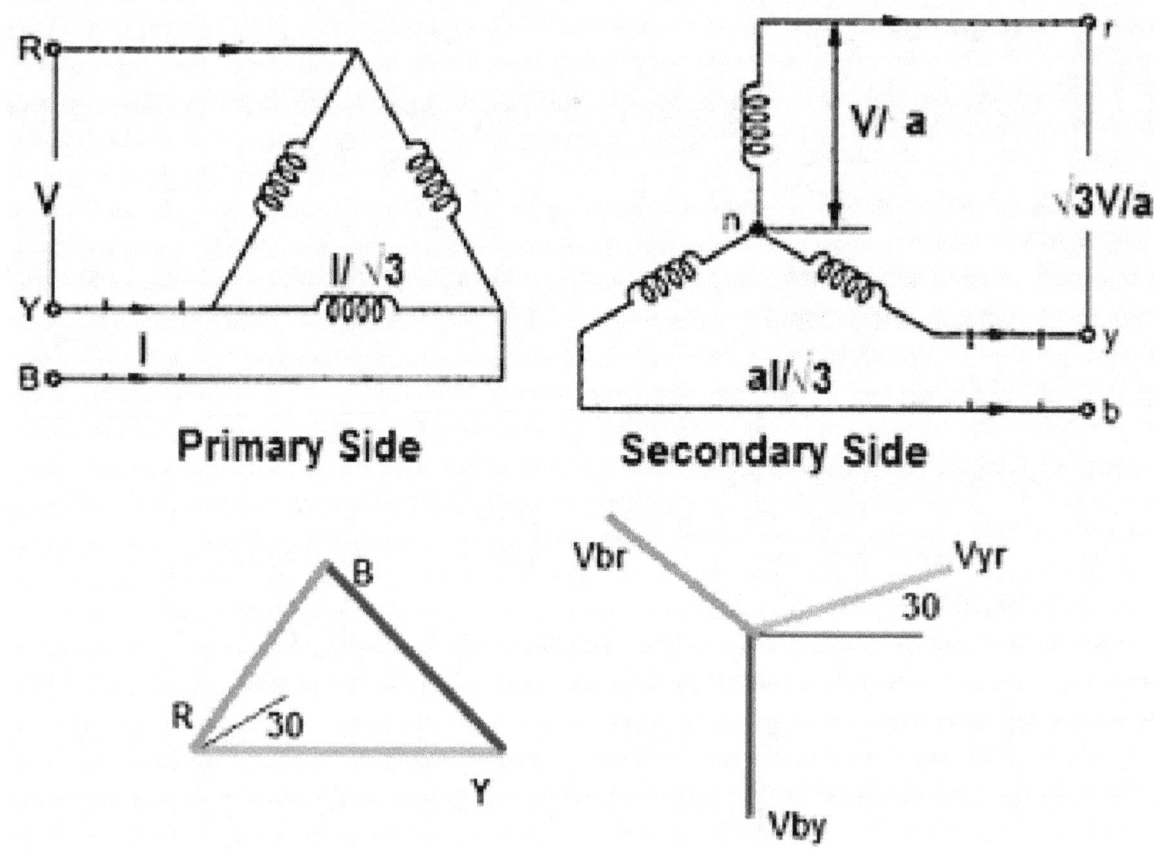

डेल्टा स्टार कनेक्शन

22

ट्रांसफार्मर टेप चेंजर

ट्रांसफार्मर टेप चेंजर

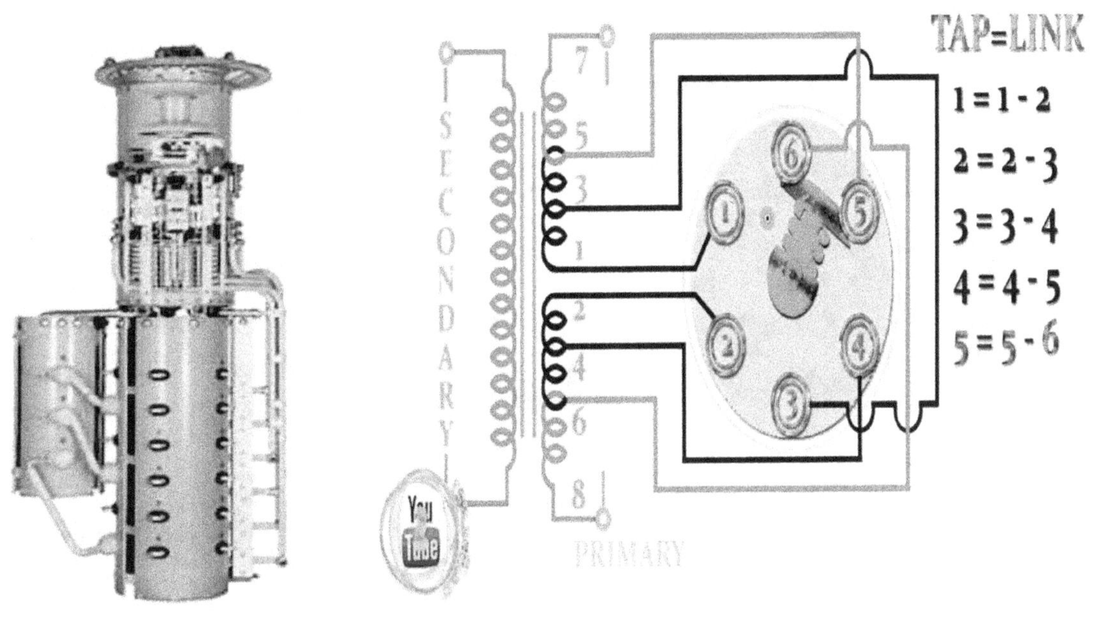

ट्रांसफार्मर टेप चेंजर

विद्युत उपकेन्द्र

ट्रांसफार्मर टेप चेंजर

टेप चेंजर्स

पावर ट्रांसफार्मर में टेप चेंजर दो कारणों से वोल्टेज कंट्रोल करने के लिए जरूरी होता है –

क - जेनरेटिंग स्टेशनों को जोड़ने वाली लाइनों में केडब्ल्यू और केवीए ओवर फ्लो पर नियंत्रण के लिए ।

ख – भारतीय विद्युत नियमों के अनुसार उपभोक्ता के लिए एलटी वोल्टेज स्तर (+ 6% या – 6 %) बनाये रखने के लिए ।

टैंक के बाहर लगे टेप चेंजर स्विच और टेपिंग्स की मदद से एचवी वाईंडिंग पर मोड़ों (टर्न्स) की संख्या बदलकर वोल्टेज नियन्त्रण किया जाता है । किसी तीन फेज वाले ट्रांसफार्मर में स्विच इस तरह से लगाए जाते हैं कि तीनों बाइण्डिनग्स का संपर्क एक साथ ही बदला जा सके इस टेप चेंजिंग एसेम्बली को टेप चेंजर कहा जाता है ।

- ये एक ट्रांसफार्मर की वोल्टेज को बदलने के लिए साधन है । संगत स्तरों पर द्वितीयक पक्ष में बस वोल्तता को बनाए रखने के लिए ये जरूरी है । वोल्टेज परिवर्तन प्राथमिक तथा द्वितीयक वाईंडिंग में चक्रों/टर्नों की संख्या परिवर्तित करके प्राप्त की जा सकती है । टेप चेंजरों की दो किस्में उपलब्ध हैं –
- ऑफ लोड/सर्किट टेप चेंजर, ऑन लोड/सर्किट टेप चेंजर
- ऑफ लोड/सर्किट टेप चेंजर – यह सस्ता है । टेप परिवर्तन प्राय: तब किया जाता है जब ट्रांसफार्मर बंद होता है । इसमें (टेप चेंजर्स) प्राय: ये समाविष्ट हैं –
- ट्रांसफार्मर ऑपरेटिंग क्रैंक, संरूपी वोल्तता के साथ टेप पोजीशन इंडीकेटर, चल संपर्क के साथ विद्युत रोधी साफ्ट, स्थायी संपर्क टर्मिनल पर उपलब्ध करवाए जाते हैं, अप्राधिकृत ऑपरेशन से बचाने के लिए यांत्रिक ताले, असावधानी से प्रचालन से बचाने के लिए एक इलेक्ट्रोमेग्नेटिक लैचस्विचिज
- ऑन लोड टेप चेंजर – (ओएलटीसी) - इस प्रकार के टेप चेंजर में ट्रांसफार्मर टेप को ट्रांसफार्मर 'ऑन' और लोडिड स्थितियों में होने के अधीन बदला जा सकता है इस प्रकार की चेंजर की आपूर्ति को बंद करना आवश्यक नहीं है । यह बड़े पावर ट्रांसफार्मरों में उपयोग होता है ।
- नोट – प्राय: यह चर्चा में बात आती है कि ट्रांसफार्मर स्वयं ही वोल्टेज परिवर्तन करता है तब टेप चेंजर की आवश्यकता क्यों होती है । विद्युत विनियमन के अनुसार को उपभोक्ता को एक निश्चित - स्थिर (सीमित) वोल्टेज देने का प्रावधान किया जाता है, परंतु विद्युत व्यवस्था में लोड कम होने पर वोल्टेज अधिक और लोड बढ़ने पर वोल्टेज कम होना स्वाभाविक प्रक्रिया है जिसका समय और मौसम के हिसाब से भी प्रभाव पड़ता है । ऐसी परिस्थितियों के निदान के लिए सेकेन्डरी साइड वितरण ट्रांसफार्मर और उपभोक्ता के लिए निश्चित – स्थिर (सीमित) वोल्टेज प्रदान करने हेतु टैप चेंजर का प्रयोग आवश्यक हो जाता है ।
- टैप चेंजर का उपयोग अधिकारी के कुशल मार्ग दर्शन में ही किया जाता है ।
- प्राय: छोटी क्षमता (16, 25, 63 और 100 केवीए) के ट्रांसफार्मरों पर टैप चेंजर नहीं लगाए जाते हैं ।
- अपवाद स्वरूप 100 केवीए और इससे अधिक क्षमता के सभी ट्रांसफार्मरों पर टैप चेंजर का प्रावधान रहता है ।
- टैप चेंजर सर्किट ट्रांसफार्मर के अन्दर प्राइमरी वाईंडिंग (जो कोर के बाहरी साइड होती है) पर ही होते हैं । सेकेन्डरी साइड वाईडिंग पर नहीं
- ।

ट्रांसफार्मर टेप चेंजर

23

कूलिंग व्यवस्थाएँ

कूलिंग व्यवस्थाएँ

- तेल दो प्रयोजनों के लिए होता है – एक – विद्युत रोधन/इंसुलेशन, दो – वाईंडिंग कूलिंग के लिए ।
- ट्रांसफार्मर के भीतर तापमान का नियंत्रण जरूरी है ताकि कम तापीय निम्नीकरण के कारण और लंबा सेवाकाल सुनिश्चित किया जा सके । ट्रांसफार्मर में जो गर्मी पैदा होती है वह तेल के जरिए वातावरण में मिल जाती है । कूलिंग की विभिन्न किस्में उपलब्ध हैं –
- ओएनएएन (ONAN) टाइप – ऑइल नेचुरल एंड एयर नेचुरल
- ओएनएएफ (ONAF) टाइप – ऑइल नेचुरल एयर फोर्सड
- ओएफएएफ (OFAF) टाइप – ऑइल फोर्सड, एयर फोर्सड
- ओएफडब्ल्यूएफ (OFWF) टाइप - ऑइल फोर्सड वाटर फोर्सड
- ओडीएएफ (ODAF)/ओएक्सडब्ल्यूएफ (OXWF) टाइप - ऑइल डायरेक्टिड एयर/वाटर फोर्सड

कूलिंग टाइप

- ओएनएएन (ONAN) टाइप – ऑइल नेचुरल एंड एयर नेचुरल । इसमें वाईंडिंग तथा कोर से ऊष्मा/गर्मी तेल को अंतरित होती है । तेल गरम होकर प्राकृतिक साधनों द्वारा रेडिएटरों में परिचालित होता है तथा ऊष्मा को वातावरण में छोड़ देता है ।
- ओएनएएफ (ONAF) टाइप – ऑइल नेचुरल एयर फोर्सड । उसमें जब तेल एक निश्चित तापमान पर पहुँच जाता है तो पखों के जरिए कूलिंग धरातल पर आ जाती है । प्रणोदित हवा तेज गति से ऊष्मा को ले जाती है । प्राकृतिक हवा की तुलना में बेहतर कूलिंग दर प्राप्त होती है । पंखे चलाकर - 60 डिग्री सेन्टीग्रेड, अलार्म हाई टेम्परेचर – 85 डिग्री सेन्टीग्रेड, ट्रांसफार्मर वाईंडिंग तापमान हाई अलार्म – 90 डिग्री सेन्टीग्रेड
- ओएफएएफ (OFAF) टाइप – ऑइल फोर्सड एयर फोर्सड । अगर ट्रांसफार्मर के भीतर तेल को परिचालन के लिए बाह्य किया जाए (एक पंप के जरिए रेडिएटर आपरेटिंग फेन फोरसिंग एयर के अलावा), तो ओएनएएफ की तुलना में गर्मी कम होने की बेहतर दर प्राप्त की जा सकती है । पंखे तथा ऑइल पंप तब अलग – अलग स्टार्ट होते हैं, जब तेल तापमान के भिन्न स्तर प्राप्त कर लेता है ।
- ओएफडब्ल्यूएफ (OFWF) कूलिंग – ऑइल फोर्सड वाटर फोर्सड । इस टाइप की कूलिंग में तेल से जल ऊष्मा परिवर्तकों का प्रयोग किया जाता है । यहां पर वाईंडिंग का प्रशीतन तेल द्वारा तथा बदले में तेल के प्रशीतन के लिए वायु के स्थान पर जल का प्रयोग किया जाता है । कूलर में अंदर जाने वाले जल का तापमान प्राय: वातावरण की वायु के तापमान से कम होता है इस तरह कूलिंग की बेहतर दर प्राप्त की जाती है । इस टाइप की कूलिंग का प्रयोग वहां होता है जहां पर जल की मात्रा पर्याप्त होती है उदाहरणार्थ जल विद्युत केंद्र । तेल का दबाव, जल दबाव से अधिक होना चाहिए जिससे जल को तेल में प्रवेश न कर सके ।
- ओडीएएफ(ODAF)/ओएफडब्ल्यूएफ (OFWF) कूलिंग – ऑइल डायरेक्टिड एयर फोर्सड/ऑइल फोर्सड वाटर फोर्सड । अगर तेल को वाईंडिंग से गुजरने के लिए निर्देशित किया जाए तो काफी ज्यादा गर्मी तेल में आ जाएगी । कूलिंग की इस टाइप में तेल को पूर्व निर्धारित रास्ते से वाईंडिंग से होकर निर्देशित किया जाता है । तेल प्रणोदित/फोर्सड तेल प्रणाली से होकर तेल पंप से होकर गुजरता जाता है जिससे गर्मी तेजी से कम हो जाती है । संस्तुत कूलिंग व्यवस्था (सीबीआईपी मैन्युअल) – 33/11 केवी ट्रांसफार्मर (ओएनएएन), 66/11 या 22 केवी (ओएनएएन/ओएनएएफ) ओएनएएन रेटिंग का 60 % हैं ।

24

तेल संरक्षण प्रणाली - सिलिका जेल ब्रीदर

तेल संरक्षण प्रणाली – सिलिका जेल ब्रीदर

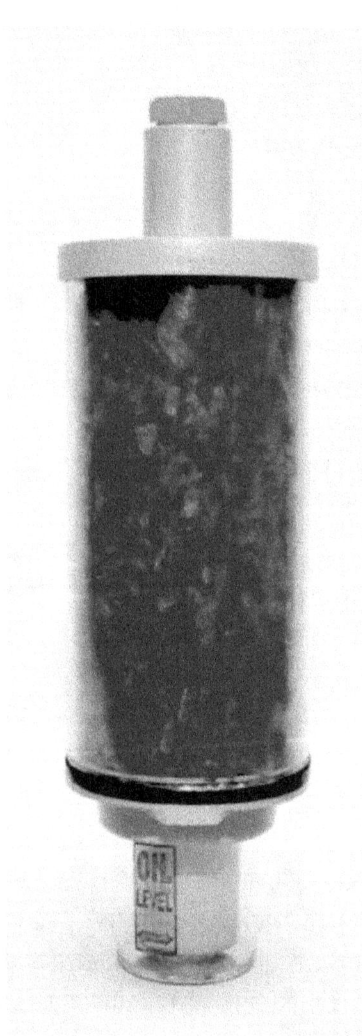 

सिलिका जेल ब्रीदर

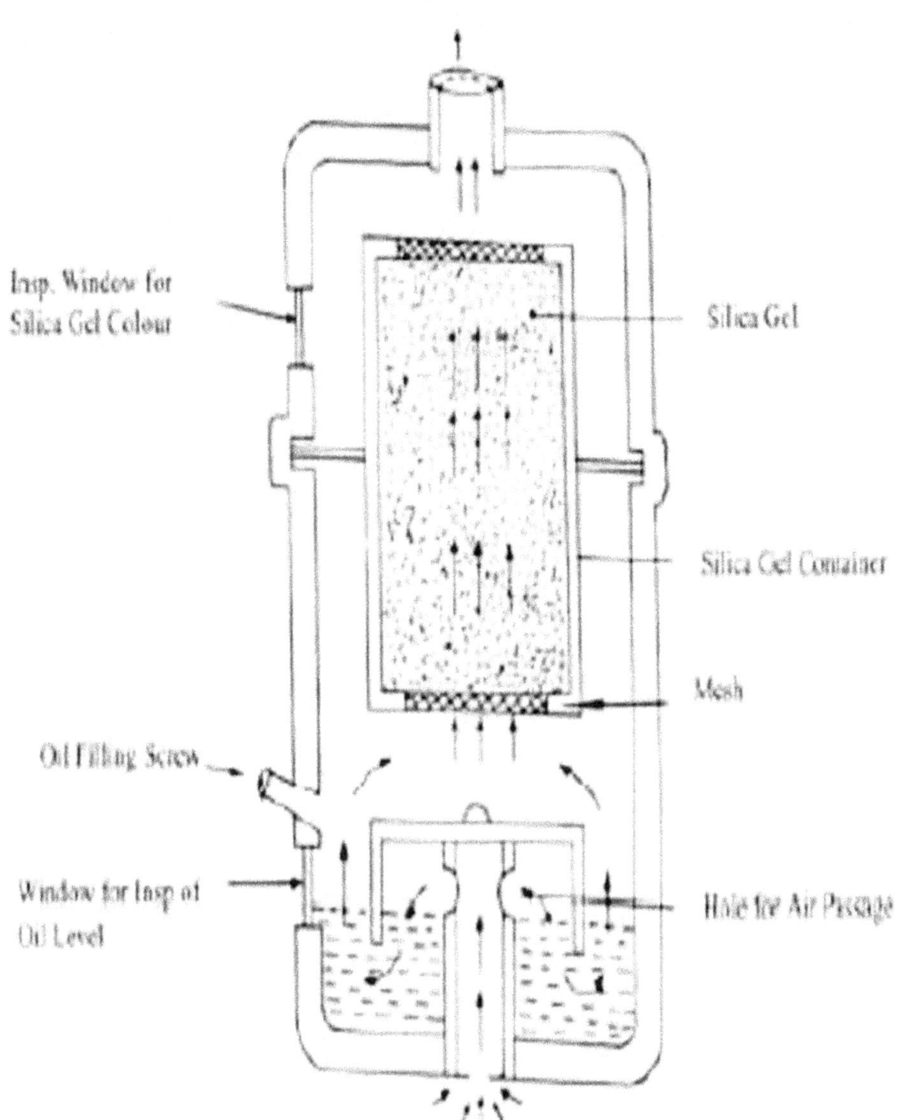

ब्रीदर

- तेल में सरलता से नमी अवशोषित होती है । नमी की उपस्थिति सेतेल की डाईइलेक्ट्रिक स्ट्रेंथ/शक्ति कम हो जाती है । नमी प्रवेश इनसे हो सकता है – तेल में वायु से संपर्क के जरिए, गैसकेट के बाहर लीकेज से, उच्च तापमान से पैदा विद्युत रोधन/रजिसटेन्स विफलता के कारण ट्रांसफार्मर के भीतर गठन, नमी के साथ तेल के प्रदूषण को कम करने के लिए विभिन्न पद्धतियां उपलब्ध हैं ।
- सिलिका जेल – ब्रीदर – यह अत्यधिक प्रचलित तथा किफ़ायती पद्धति है जिससे वायु में नमी को सीमित किया जाता है ताकि ट्रांसफार्मर में तेल पूर्ण शुष्क वायु के संपर्क में आए । सिलिका जेल ब्रीदर को संरक्षक/कंजरवेटिव टैंक से जोड़ा जाता है । एक सिलिका जेल ब्रीदर की सिलिका जेल शोषित के साथ पैक किया हुआ होता है जिसमें सिलिका जेल तथा तेल वाला एक छोटा कप होता है । कंजरवेटर में वायु का आहरण/प्रवेश तेल कप के जरिए होता है जहां अधिकांश नमी अवशोषित होती है । सिलिका जेल को अवशोषित क्षमता सुधारने के लिए बार – बार सक्रिय करने की जरूरत होती है । अगर ब्रीदर को अच्छी तरह मेंटेन किया जाता तो उसमें 40 डिग्री सेन्टीग्रेड से नीचे ओस बिन्दु (ड्यू पॉइंट) तक वायु को सुखाने की क्षमता होगी । वायु प्रवेश को कम करने के लिए कप में तेल स्तर को बनाए रखना होगा । जब सिलिका जेल का रंग नीले से गुलाबी हो जाता है तो इसे पुनः सक्रिय करने या बदलने की आवश्यकता होती है । यदि गुलाबी रंग गरम करने पर नीला नहीं होता तो सिलिका जेल बदलते हैं, और यदि गुलाबी से नीला रंग हो जाता है तो उसे प्रयोग करते है ।

25

ब्रेकर, स्विच

ब्रेकर, स्विच

विद्युत (बिजली) आपूर्ति निरंतर बनाए रखना आपूर्ति कर्ता के साथ - साथ उपभोक्ता की भी मूलभूत आवश्यकता है । फिर भी विद्युत आपूर्ति निरंतर न होने के कतिपय कारण हैं । जिनमें से कुछ प्रमुख कारण इस प्रकार हैं - नियमानुसार निर्धारित समय के लिए विद्युत आपूर्ति करना शेष समय आपूर्ति न करना, विद्युत की आपूर्ति किसी व्यवधान (फाल्ट)/बाधा के कारण बाधित/बंद होना, किसी कार्य विशेष करने के लिए विद्युत आपूर्ति बंद करके उसे करना । इन सब कारणों से विद्युत आपूर्ति को बंद करना और चालू करना पड़ता है । जिस उपकरण से विद्युत आपूर्ति बंद अथवा चालू करते हैं उन्हें स्विच कहते हैं । स्विच भी मुख्यतः दो श्रेणी के होते हैं एक – ऑटोमेटिक (स्वचालित), दूसरे - मेन्युअल (हस्त चालित) और तीसरे दोनों प्रकार के (ऑटोमेटिक तथा मेन्युअल दोनों) तथा प्रत्येक फेज को अलग – अलग चालू, बंद करने के लिए सिंगल फेज स्विच और तीनों फेजों को एक साथ चालू/बंद करने किए थ्री फेज स्विच । किसी परिसर की सम्पूर्ण विद्युत आपूर्ति चालू बंद करने के लिए मुख्य (मेन) स्विच, सर्किट (परिपथ) चालू/बंद करने के लिए सर्किट स्विच तथा उपकरण विशेष को चालू/बंद करने लिए उपकरण स्विच का उपयोग किया जाता है ।

ऑटोमेटिक स्विच – ये स्विच एक निर्धारित समय पर चालू हो जाते हैं और निर्धारित समय पर बंद हो जाते अथवा किए जाते हैं । इन्हें ऑटोमेटिक (स्व चालित स्विच) कहते हैं, टाइमर की सहायता टाइम सेट किया जाता है और उसी के अनुरूप चालू बंद हो जाती हैं । मुख्यतः सड़क प्रकाश विद्युत (स्ट्रीट लाइट) व्यवस्था से सम्बन्धित स्विच । इन्हें टाइमर स्विच भी कहते हैं ।

मेन्युअल स्विच – प्रत्येक विद्युत उपकरण के लिए सर्किट (परिपथ) में उस उपकरण के चालू बंद करने के लिए एक स्विच का उपयोग होता है ।

सर्किट ब्रेकर क्या होता है ?

यह नाम से ही ज्ञात होता है कि यह एक प्रकार का इलेक्ट्रिकल मशीन या डिवाइस होता है जो सर्किट को ब्रेक अर्थात मुख्य सर्किट से अलग कर देता है। सर्किट ब्रेकर स्वयं संचालित होने वाला इलेक्ट्रिकल स्विच होता है जिसका उपयोग शोर्ट सर्किट (short circuit) यह ओवर करंट (over current) से विधुतीय उपकरण के रक्षा के लिए किया जाता है । इसका मुख्य कार्य विधुत परिपथ (Electric Circuit) में उत्पन्न फाल्ट को डिटेक्ट कर, फाल्ट वाले परिपथ को मुख्य सर्किट से अलग करना। सर्किट ब्रेकर परिपथ में एक स्विच की तरह ही कार्य करता है। लेकिन यह स्विच से बिलकुल अलग होता होता है। स्विच एक बार जल जाने के बाद दुबारा से नया इंस्टाल करना पड़ता है लेकिन सर्किट ब्रेकर में ऐसा नहीं होता है।

एमसीबी (MCB)और एमसीसीबी (MCCB)के बीच क्या अंतर हैं?

एमसीबी और एमसीसीबी सभी प्रकार के सर्किट ब्रेकर हैं। एक सर्किट ब्रेकर एक स्वचालित रूप से संचालित विद्युत स्विच होता है जिसे विद्युत सर्किट को एक अधिभार या शॉर्ट सर्किट से अतिरिक्त धारा के कारण होने वाले नुकसान से बचाने के लिए डिज़ाइन किया गया है। इसका मूल कार्य खराबी का पता चलने के बाद करंट प्रवाह को बाधित करना है।

अलग-अलग आकार में बनाए गए विभिन्न प्रकार के सर्किट ब्रेकर हैं, छोटे उपकरणों से जो कम-करंट सर्किट या व्यक्तिगत घरेलू उपकरण की रक्षा करते हैं, बड़े स्विचगियर पूरे शहर के उच्च वोल्टेज सर्किट की रक्षा के लिए डिज़ाइन किए गए हैं।

एमसीबी (MCB)क्या होता है?

मिनीएचर सर्किट ब्रेकर (Miniature circuits breaker) जिसे आमतौर पर एमसीबी (MCB) के रूप में जाना जाता है, एक स्वचालित स्विच है जो विद्युत सर्किट को ओवर करेंट्स (over-currents) से बचाता है। यह मुख्य रूप से घरेलू सेटिंग में कम ब्रेकिंग क्षमता की

• 57 •

आवश्यकता के लिए उपयोग किया जाता है। एमसीबी (MCB) को आमतौर पर 125A के करंट तक रेट किया जाता है, इसमें एडजस्टेबल ट्रिप विशेषता नहीं होती है और ऑपरेशन में थर्मल या इलेक्ट्रोमैग्नेटिक हो सकते हैं।

एमसीसीबी (MCCB)क्या होता है?

मोल्डिड केस सर्किट ब्रेकर (Molded Case Circuit Breaker), जिसे एमसीसीबी(MCCB) के रूप में संक्षिप्त किया गया है, एक सर्किट ब्रेकर है जिसका उपयोग बिजली के उपकरणों को ओवरलोड, शॉर्ट सर्किट, दोषों से बचाने के लिए किया जाता है। इसके करंट ले जाने वाले पुर्जे, तंत्र और ट्रिप डिवाइस पूरी तरह से इंसुलेटिंग मैटेरियल के मोल्डेड केस में समाहित हैं।

एमसीसीबी प्रणाली एक तापमान-संवेदनशील डिवाइस का उपयोग करती है जिसे थर्मल तत्व के रूप में भी जाना जाता है, साथ ही वर्तमान संवेदनशील विद्युत चुम्बकीय उपकरण जिसे चुंबकीय तत्व भी कहा जाता है ताकि समग्र यात्रा तंत्र प्रदान किया जा सके जो सुरक्षा और अलगाव उद्देश्यों के लिए निर्भर है।

मापदंड (Parameters), - एमसीबी (MCB), - एमसीसीबी (MCCB)

परिभाषा (Definition) -

एमसीबी (MCB) - यह विद्युत स्विच के प्रकार का होता है जो सर्किट को ओवरलोड या शॉर्ट सर्किट से बचाता है।

एमसीसीबी (MCCB) - यह उपकरण को अधिक तापमान और फॉल्ट करंट से बचाने वाला उपकरण है।

वोल्टेज (Voltage) -

एमसीबी (MCB) - यह एक लो वोल्टेज सर्किट ब्रेकर डिवाइस है।

एमसीसीबी (MCCB) - यह अंतरराष्ट्रीय मानकों को पूरा करने के लिए कम वोल्टेज का भी है।

रिमोट ऑन/ऑफ (Remote on/off) -

एमसीबी (MCB) - यह संभव नहीं है।

एमसीसीबी (MCCB) - यह संभव है।.

करंट सीमा (Current limit) -

एमसीबी (MCB) - करंट लिमिट 100 एम्पीयर तक

एमसीसीबी (MCCB) - करंट लिमिट 2500 एम्पीयर तक

इंट्रप्टिंग रेटिंग (Interrupting rating) -

एमसीबी (MCB) - इंट्रप्टिंग रेटिंग 18000 एम्पीयर तक

एमसीसीबी (MCCB) - इंट्रप्टिंग रेटिंग 10000 से 20000 एम्पीयर तक

ट्रिप एडजस्टमेंट (Trip adjustment) -

एमसीबी (MCB) - ट्रिप एडजस्टमेंट नहीं

एमसीसीबी (MCCB) - ट्रिप एडजस्टमेंट किया जा सकता है

एमसीबी (MCB) - मिनिएचर सर्किट ब्रेकर

- एमसीबी (MCB) की कैपेसिटी 100 एम्पीयर तक की होती है यानी की 100 एम्पीयर से ज्यादा की एमसीबी (MCB) नहीं आती है।
- एमसीबी (MCB) के ट्रिप करने की क्रियाविधि को एडजस्ट नहीं कर सकते।
- एमसीबी (MCB)थर्मल या थर्मल मैग्नेटिक ऑपरेसन पे काम करती है।

एमसीसीबी (MCCB) - मोल्डेड केस सर्किट ब्रेकर

- एमसीसीबी (MCCB) एक हज़ार (1000) एम्पीयर तक की आती है।
- एमसीसीबी (MCCB) के ट्रिप करने की क्रिया को एडजस्ट कर सकते हैं।
- एमसीसीबी (MCCB) भी एमसीबी (MCB) की तरह ही थर्मल ता थर्मल मैग्नेटिक ओप्रेसन पर काम करता है।

RCCB or RCD- रेसिड्‍अल करंट सर्किट ब्रेकर या रेसिड्‍अल करंट डिवाइस -

- आरसीसीबी (RCCB) में फेज और न्यूट्रल दोनों के कनेक्शन किये जाते हैं।
- आरसीसीबी (RCCB) तब ट्रिप होती है जब कही पर अर्थ की फाल्ट होती है।

- आरसीसीबी (RCCB) में आउट पुट से जो फेज लाइन निकलती है उसे वापस उसी के न्यूट्रल में आना चाहिए ।
- आरसीसीबी (RCCB) किसी भी तरह के फाल्ट को तुरंत भाप लेती है और 30 मिली सेकंड के अन्दर ही ट्रिप हो जाती है ।

ई.एल.सी.बी. (अर्थ लीकेज सर्किट ब्रेकर) (E.L.C.B.) –

भू-संपर्कन क्षरण परिपथ विच्छेदक (अर्थ लीकेज सर्किट ब्रेकर Earth-leakage circuit breaker (ELCB)) का उपयोग विद्युत धक्का (Electric Shock) बचाव के लिये किया जाता है। इसका उपयोग उन विद्युत इन्स्टालेशन्स में किया जाता है जहाँ का भू-प्रतिबाधा (अर्थ रजिस्टेंस) बहुत अधिक हो। यह युक्ति धातु के बने इन्क्लोजर्स पर पैदा हुए कम वोल्टेजों को भी भाँप (डिटेक्ट - detect) लेते हैं और परिपथ को तोड़ देते हैं। पहले इसका खूब उपयोग होता था, किन्तु अब नये इन्स्टालेशन में इसके बजाय अवशिष्ट धारा परिपथ विच्छेदक रेसिड्अल करेंट सर्किट ब्रेकर (RCCB) का प्रयोग होने लगा है, जो सीधे लीकेज धारा को ही डिटेक्ट करते हैं।

ACB एयर सर्किट ब्रेकर -

यह एक प्रकार का ऐसा सर्किट ब्रेकर होता है जिसमे दो इलेक्ट्रोड के बीच उत्पन्न होने वाली स्पार्किंग अर्थात आग के लपटों को बुझाने के लिए सामान्य वायुमंडलीय दाब हवा का उपयोग किया जाता है। एयर सर्किट ब्रेकर (Air Circuit Breaker) का प्रयोग 800 एम्पीयर से 10000 एम्पीयर तक प्रवाहित होने वाले ओवरलोड या शार्ट सर्किट करेंट में सर्किट के सुरक्षा हेतु किया जाता है। आज कल मार्केट में विभिन्न प्रकार के सर्किट ब्रेकर उपलब्ध है। आज कल एयर सर्किट ब्रेकर (Air Circuit Breaker) का प्रयोग आयल सर्किट ब्रेकर के स्थान पर किया जा रहा है।

सर्किट ब्रेकर कितने प्रकार के होते हैं? - सर्किटब्रेकरकेप्रकार -

- ऑयल सर्किट ब्रेकर (Oil circuit **breaker**)
- एयर ब्लास्ट सर्किट ब्रेकर (air blast circuit **breaker**)
- एसएफ 6 (Sf6) सर्किट ब्रेकर (Sf6 circuit **breaker**)
- वैक्यूम सर्किट ब्रेकर (Vacuum circuit **breaker**)

आयल सर्किट ब्रेकर (ओसीबी – OCB) क्या होता है?

यह एक ऐसा सर्किट ब्रेकर होता है जिसमे आयल (Oil) का प्रयोग दोनों इलेक्ट्रोड के बीच उत्पन्न हुए आग को बुझाने के लिए एक डाईइल्क्ट्रिक (Dielectric) मटेरियल के तौर पर उपयोग किया जाता है। इस सर्किट ब्रेकर में दोनों इलेक्ट्रोड को आयल के बीच में रखा जाता है।

जब सर्किट ब्रेकर (Circuit breaker) से जुड़े पर सिस्टम में कोई गड़बड़ी होती है तब ये दोनों इलेक्ट्रोड आयल में ही एक दूसरे से अलग हो जाते है। इस प्रक्रिया के दौरान दोनों इलेक्ट्रोड के बीच बहुत ज्यादा मात्रा में उष्मीय ऊर्जा उत्पन्न होती है। यदि इस प्रकार उत्पन्न हुए आग को जल्दी से बुझाया नहीं गया तब यह फट (explode) कर सकता है।

आयल सर्किट ब्रेकर की बनावट

आयल सर्किट ब्रेकर की बनावट बहुत ही सरल होता है। एक टैंक में दो इलेक्ट्रोड लगे हुए रहते है। ये दोनों ही इलेक्ट्रोड विध्त धारा का प्रवाह करते है। इस टैंक के पुरे आयतन का एक तिहाई हिस्से को ट्रांसफार्मर आयल से भर दिया जाता है।

आयल सर्किट ब्रेकर (Oil circuit Breaker)

सर्किट ब्रेकर में ट्रांसफार्मर आयल दो प्रकार से कार्य करता है। पहले यह दोनों इलेक्ट्रोड के बीच उत्पन्न हुए आग को बुझाता है तथा इलेक्ट्रोड तथा टैंक के बीच इंसुलेटिंग मटेरियल की तरह कार्य करता है। इस टैंक के ऊपरी हिस्से को हवा से भरा जाता है। यह एक औशोषक की तरह उत्पन्न हुए गैसीय पदार्थ को औशोषित करता है।

आयल सर्किट ब्रेकर (*Oil Circuit Breaker*) का कार्य सिद्धांत

सामान्य अवस्था में सर्किट ब्रेकर के दोनों इलेक्ट्रोड एक दूसरे से जुड़े रहते है जिससे विधुत धारा का प्रवाह सुगमता से होता रहता है। जब किसी कारणवश सर्किट ब्रेकर (Circuit breaker) से जुड़े पावर सिस्टम में कोई फाल्ट (Fault) उत्पन्न होता है उस दशा में दोनों इलेक्ट्रोड एक दूसरे से अलग हो जाते है।

जिससे इनके बीच एक हाई वोल्ट (High Volt) का विभवांतर (Potential Difference) उत्पन्न हो जाता है और इस हाई वोल्ट (High Volt) के कारण दोनों इलेक्ट्रोड के बीच फ्लेश ओवर (Flash Over) होता है जो एक आग की तरह दिखाई पड़ता है और इसी कारण बहुत ही कम समय में बहुत ज्यादा मात्रा में उष्मीय ऊर्जा उत्पन्न हो जाती है।

आग बुझाने के तौर पर आयल उपयोग करने के हानि

- चूँकि सर्किट ब्रेकर में उपयोग किया जाने वाला आयल एक प्रकार का नॉन पोलर आर्गेनिक कंपाउंड (Compound) होता है जो थोड़ा ज्वलनशील होता है इसलिए आग लगने की संभावना बनी रहती है।
- उतपन्न हुआ हाइड्रोजन गैस हवा के साथ मिलकर विस्फोट (Explode) भी कर सकता है।
- जब फ्लेश ओवर (Flash Over) होता है उस समय आयल दिकम्पोज (decompose) होकर कार्बन मुक्त करता जो आयल के साथ मिश्रित होकर आयल को अशुद्ध कर देता है।

वीसीबी (VCB) (वेक्यूम सर्किट ब्रेकर)

वीसीबी (VCB) का फुल फॉर्म Vacuum Circuit Breaker है। किसी भी असामान्य स्थिति में या मेक एंड ब्रेक के समय में जो इलेक्ट्रिक आर्क जनरेट होता है उसे बुझाने का माध्यम यहां वैक्यूम है। इसीलिए, इसे वीसीबी (VCB) या ने Vacuum Circuit Breaker कहते हैं। इसका उपयोग पावर स्टेशन, सबस्टेशन और इंडस्ट्रीज के वीसीबी पेनल (VCB Panel) में किया जाता है।

- एसएफ 6 (Sf6) सर्किट ब्रेकर (Sf6 circuit **breaker**)

SF_6 का फुल फॉर्म Sulphur Hexafluride होता है। यह एक विशेष प्रकार का सर्किट ब्रेकर होता है जिसमे SF_6 नामक गैस का प्रयोग आग के लपटों को बुझाने के लिए किया जाता है। सल्फर हेक्सा फ्लोराइड एक ऐसा कार्बनिक गैस होता है जिसकी डाईइलेक्ट्रिक स्ट्रेंथ (dielectric strength) अन्य सभी प्रकार के पदार्थ से अधिक होता है। इसके अतिरिक्त इसमें अन्य गैस के तुलना में शमन की क्षमता अत्यधिक होती है। (शमन का मतलब आग को बुझाकर चारो तरफ फैली हुई गैस में मौजूद उष्मीय उर्जा का अवशोषण कर ठंडक पहुचना)

अन्य सर्किट ब्रेकर जिसमे आग बुझाने के लिए कार्बनिक तेल(आयल) या हवा का प्रयोग डाईइलेक्ट्रिक (Dielectric) पदार्थ के तौर पर किया जाता है। वे सर्किट ब्रेकर कम वोल्टेज पर बढ़िया से कार्य करते है। लेकिन जिस स्थान पर सर्किट ब्रेकर में लगे दो कांटेक्ट बीच उत्पन्न आग के लपट को तेजी से बुझाना होता है उस स्थान पर कार्बनिक तेल (आयल) या हवा ,उतनी तेजी से कार्य नहीं कर पाते है। लेकिन ऐसे स्थान पर सल्फर हेक्सा फ्लोराइड बड़ी ही तेजी से आग के लपटों पर कार्य करता है।

SF6 सर्किट ब्रेकर का कार्य सिद्धान्त

सामान्य अवस्था में सर्किट ब्रेकर से जुड़े लोड में किसी भी प्रकार का कोई फाल्ट नहीं होता है तब सर्किट ब्रेकर के दोनों इलेक्ट्रोड आपस में जुड़े हुए होते है तथा कार्य कर रहे होते है। जब सर्किट ब्रेकर से जुड़े हुए लोड में किसी भी प्रकार का फाल्ट उत्पन्न होता है उस समय दोनों इलेक्ट्रोड एक दुसरे से अलग हो जाते है ,चूँकि एक इलेक्ट्रोड जो विधुत श्रोत (जनरेटर ,अल्टरनेटर) आदि से जुड़ा हुआ रहता है, उसका वोल्टेज बहुत ज्यादा (33kv) होता है तथा दोनों इलेक्ट्रोड के बीच बहुत ही कम स्थान (0.2cm) खाली रहता है। इस खाली स्थान में बहुत दोनों इलेक्ट्रोड के बीच बहुत ज्यादा वोल्टेज डिफिरेंस होने के कारण,एक बहुत ही प्रबल विधुत क्षेत्र (**Electric Field**)उत्पन्न हो जाता है। विधुत क्षेत्र = (33kv / 0. 0 0 2 = 16.5 x 10^6v/m)

यह विधुत क्षेत्र इतना प्रबल होता है की यह दोनों इलेक्ट्रोड के बीच मौजूद हवा के कण में मौजूद इलेक्ट्रॉन्स को बाहर निकाल देता है। ये इलेक्ट्रान अपने आस पास मौजूद दुसरे परमाणु से टकराते है और उसे भी आयनकृत कर देते है और यह प्रक्रिया बहुत ही तेजी से घटती है जिसे दोनों इलेक्ट्रोड के बीच इलेक्ट्रॉन्स के बाढ़ सी आ जाती है जो एक आग के लपट जैसी दिखाई देती है। अगर इस तरह अचानक उत्पन्न हुए आग के लपट को नहीं बुझाया गया तो कुछ ही समय में पूरा सर्किट ब्रेकर जल कर राख हो जायेगा।

जैसे ही सर्किट ब्रेकर से जुड़े सर्किट में फाल्ट उत्पन्न होता है वैसे दोनों इलेक्ट्रोड एक दुसरे से अलग हो जाते है तथा इलेक्ट्रोड से जुड़े SF_6 गैस चैम्बर का मुख खुल जाता है और उच्च दब पर गैस दोनों इलेक्ट्रोड के बीच प्रवाहित होने लगती है। यह गैस इलेक्ट्रोड के बीच मौजूद मुक्त इलेक्ट्रान (free Electron) को शोख कर पुरे क्षेत्र को उदासीन बना देती है जिससे आग की लपट तुरंत समाप्त हो जाता है तथा इलेक्ट्रान उत्पन्न होने का श्रृखला टूट जाता है।

SF6 सर्किट ब्रेकर की संरचना

सर्किट ब्रेकर को मुख्य रूप से दो भाग में विभाजित किया जा सकता है :-

- गैस चेम्बर (Gas Chamber)
- इंट्रप्टर यूनिट (Interrupter Unit)

इंट्रप्टर यूनिट (Interrupter Unit)

यह सर्किट ब्रेकर का वह भाग होता है जिससे दोनों इलेक्ट्रोड शामिल होते है। दोनों इलेक्ट्रोड में एक इलेक्ट्रोड घुमने वाला तथा दूसरा फिक्स्ड होता है। यह वही भाग होता है जिससे सर्किट में विधुत धारा का प्रवाह होता है। घुमने वाले इलेक्ट्रोड गैस चमबेर से जुड़ा हुआ रहता है।

गैस चेम्बर (Gas Chamber)

यह सर्किट ब्रेकर का उपरी हिस्सा होता है एक मैकेनिकल विधि द्वारा इंट्रप्टर यूनिट (Interrupter unit) से जुड़ा हुआ रहता है। इसी चैम्बर में गैस भरा रहता है। फाल्ट के कारण जब घुमने वाला इलेक्ट्रोड अपने स्थान से खिसकता है तब वह इस चैम्बर का मुख खोल देता है जिससे उच्च दाब पर गैस बाहर निकलने लगती है।

SF6 सर्किट ब्रेकर के लाभ -

- आग के लपट को बुझाने के अच्छे गुण के होने के कारण इन सर्किट ब्रेकर का समय बहुत कम होता है।
- SF6 गैस की डाईइलेक्ट्रिक स्ट्रेंथ (dielectric strength), हवा की अपेक्षा 2 से 3 गुना अधिक होती है जिसके कारण यह सर्किट ब्रेकर उच्च धाराओं को भी रोक सकता हैं।
- SF6 सर्किट ब्रेकर का उपयोग करना आसान होता है।
- यह एक बंद चमबेर में होता है इसलिए इसमें नमी होने का खतरा बहुत कम होता है।
- इस सर्किट ब्रेकर में आग लगने का कोई खतरा नहीं होता क्योंकि इसमें उपयोग होने वाली SF6 गैस अज्वलनशील होता है।
- अन्य सर्किट ब्रेकर के तुलना में इसका मेंटीनेंस (Maintenance) आसान होता है।
- इसमें उपयोग होने वाला गैस अक्रिय तथा अज्वलनशील होता है।

SF6 सर्किट ब्रेकर से हानि -

- यह सर्किट ब्रेकर अन्य सर्किट ब्रेकर के तुलना में महंगा होता है।
- इसमें उपयोग होनी वाली गैस को प्रत्येक ऑपरेशन के बाद दुबारा भरना पड़ता है।
- SF6 गैस एक महंगी गैस होती है।

26

स्टैंडड्र्स एंड लेबलिंग (एस एंड एल) ऊर्जा संरक्षण अधिनियम (एनर्जी कंजर्वेशन एक्ट) 2001

स्टैंडड्र्स एंड लेबलिंग (एस एंड एल) – ऊर्जा संरक्षण अधिनियम (एनर्जी कंजर्वेशन एक्ट) 2001

एस एंड एल क्या है ? –

एस एंड एल = ऊर्जा कुशलता मानक तथा लेबल

ऊर्जा कुशलता मानक (एनर्जी एफीसिएनसी स्टैंडर्ड) –

विनियम है जो निर्मित उत्पादों की ऊर्जा दक्षता विनिर्धारित करते हैं, अक्सर न्यूनतम मानकों से कम कुशल उत्पादों की बिक्री का निषेध करते हैं ।

ऊर्जा कुशलता लेबल (एनर्जी एफीसिएनसी लेबल) –

निर्मित उत्पादों पर लगाए सूचनात्मक लेबल हैं जो एक उत्पाद की ऊर्जा निष्पत्ति दर्शाते हैं तथा उपभोक्ता को एक जानकारी पूर्वक क्रय निर्णय लेने के लिए आवश्यक सूचना उपलब्ध करवाते हैं ।

ऊर्जा कुशलता लेबल क्या है ? –

निर्मित उत्पादों पर लगे सूचनात्मक लेबल जो एक उत्पाद की ऊर्जा निष्पत्ति (ऊर्जा खपत, ऊर्जा कुशलता, ऊर्जा लागत, या सभी की जानकारी का वर्णन करते हैं जिससे उपभोक्ता को ख़रीदारी के लिए जानकारी मिलती है ।

लेबलों को बढ़ावा क्यों दें ? –

ऊर्जा कुशल उपकरणों की खरीद को बढ़ावा देकर त्वरित ऊर्जा संरक्षण

ऊर्जा लेबल –

ऊर्जा कुशल उपकरणों का चयन करने में उपभोक्ताओं को सहायता ।

निर्माताओं को अपने माडलों की ऊर्जा निष्पत्ति को सुधारने के लिए प्रोत्साहित करें ।

निर्माताओं के बीच प्रतिस्पर्धा सृजित हो ।

एस एल ऊर्जा कुशलता रणनीति की कुंजी (चाबी) है

मांग पक्ष प्रबन्धन में कटौती

उपभोक्ता को प्रत्यक्ष लाभ

ताप हानियों में कमी

सिद्ध ट्रैक रिकार्ड (कीर्तिमान) कि उपयोग को घटाकर अत्यधिक लागत प्रभावी उपायों से यह एक उपाय है ।

भागीदारी सफलता की कुंजी (चाबी) है ।

लेबलों की किस्म (टाइप)

पृष्ठांकन लेबल – " अनुमोदन की मोहर "कि उत्पाद (प्रोडक्ट) कुछ पूर्व विनिर्धारित मानदण्डों को पूरा करता है ।

तुलनात्मक लेबल – एक सूचित चयन करने की दृष्टि से सभी उपलब्ध माडलों के बीच ऊर्जा उपयोग की तुलना करने में उपभोक्ता सक्षम होते हैं ।

ब्यूरो ऑफ एनर्जी एफीसिएनसी ऊर्जा मंत्रालय भारत सरकार का उपक्रम है । जिसका संदेश है – ऊर्जा बचाओ, धन बचाओ, खुश रहो (सेव एनर्जी, सेव मनी, बी हेप्पी)

ट्रांसफार्मर स्टार रेटिंग – अब ट्रांसफार्मर उत्पादकों को भी ऊर्जा दक्ष मानको का पालन करते हुए उत्पादन करना होता है । ट्रांसफार्मर स्टार रेटिंग चार्ट (तालिका) निम्नानुसार है

क्रमांक . - स्टार रेटिंग . - स्टेंडर्ड लॉस . - पीटीआर लॉस .

1 . - 5 स्टार . - 0.03 वाटज . - 0.12 - 2.1 वाट .

2 . - 4 स्टार . - 0.03 - 0.15 वाट . - 0.135 - 2.37 वाट .

3 . - 3 स्टार . - 0.15 - 0.25 वाट . - 0.15 - 2.7 वाट .

4 . - 2 स्टार . - 0.35 - 0.50 वाट . - 0.165 - 3.0 वाट .

5 . - नो स्टार . - 0.50 वाट . - 0.20 - 3.3 वाट

27

ट्रान्सफार्मर ऑइल गुण

ट्रान्सफार्मर ऑइल गुण

नया तेल – आई एस – 335 मानक की अपेक्षाओं का अनुपालन करने वाले अप्रयुक्त तेल को एक – दूसरे के अनुकूल विचारा गया है तथा इसे किसी भी अनुपात में मिश्रित किया जा सकता है । हालाकि, यह प्रावधान निषिद्ध तेलों पर लागू नहीं होता है । प्रयुक्त तेल मिश्रित नहीं है । नये तेल को मेक – अप के रूप में प्रयुक्त किया जाए, जो लगभग 10 % से अधिक न हो ।

आई एस – 335 विनिर्दिष्ट करता है कि एंटी – ऑक्सीडेंट से मुक्त प्रयुक्त अनिषिद्ध तेल की आवश्यकताएँ योगात्मक हैं, जो बहुल मात्रा में वितरित किया जाता है जैसे कि टैंक वैगन और रोड टैंकर या ड्रम, निमज्जन के लिए उपयुक्त अथवा ट्रान्सफार्मरों, स्विचगियरों तथा अन्य कुछ वैद्युत उपकरणों को भरने के लिए जिनमें यह ऊष्मा – रोधक के रूप में या ताप अंतरण के लिए आदि ।

लक्षण –

तेल के लक्षणों के लिए, जब यह सैम्पल किया जाए और तदनुसार परखा जाए, निमन्वत सारणी में निर्दिष्ट अपेक्षाओं का पालन किया जाए –

क्रमांक. - अभिलक्षण . - आई एस 335 .

1 . - दिखावट – तेल के एक प्रदर्शक नमूने को 27 डिग्री सेल्सियस पर 100 – एमएम मोटी परत पर जांचा जाए . - तैरते पदार्थ या तलछटों से मुक्त स्पष्ट पारदर्शी

2 . - 27 डिग्री सेल्सियस जी/सीएम 3 (अधिकतम) पर घनत्व . - 0.89

3 . - 27 डिग्री सेल्सियस (अधिकतम) पर काइनोमेटिक विस्कोसिटी, सीएसटी . - 27

4 . - 27 डिग्री सेल्सियस (न्यूनतम) पर इन्टरफेशियल टेंशन, न्यूटन/एम . - 0.04

5 . - 0 डिग्री सेल्सियस (न्यूनतम) पर फ्लेश प्वाइंट, पेन्सकी – मार्टिन (क्लोज) . - 140

6 . - 0 डिग्री (अधिकतम) पोर प्वाइंट . - 6

7 . - न्यूट्रलाइजेशन वैल्यू - कुल एसिडिटी, एमजी केओएच/जीएम (अधिकतम). - 0.03

8 . - इनोर्गैनिक एसिडिटी/अल्कालिनिटी ,-

न्यू अनफिल्टर्ड ऑइल (न्यूनतम). - 30 .

फिल्ट्रेशन उपरांत (न्यूनतम) - 60 .

9 . - डाइलेक्ट्रिक डिस्सीपेशन कारक (टेन डेल्टा) दर 90 डिग्री सेल्सियस (अधिकतम). - 0.002

10 . - विशिष्ट प्रतिरोध (प्रतिरोधात्कता) ओएचएम – सीएम ,

90 डिग्री सेल्सियस (न्यूनतम). - 35 x 1012 ,

27 डिग्री सेल्सियस (न्यूनतम) . - 1500 x 1012

11 . - ऑक्सीडेशन स्टेबिलिटी आईएस 335 के परिशिष्ट बी के अनुसार ,

164 घंटे के लिए ऑक्सीडेशन उपरांत तटस्थीकरण मूल्य दर 100 डिग्री सेल्सियस एमजी केओएच/जीएम (अधिकतम), - 0.04 . कुल स्लज, 164 घंटे दर 100 डिग्री सेल्सियस वेट % (अधिकतम) . - 0.1

12 . - एक्सीलरेटेड एजिंग उपरांत एजिंग लक्षण , -

27 डिग्री सेल्सियस पर विनिर्दिष्ट प्रतिरोध - 2.5 x 1012 ओएचएमएस – सीएम (न्यूनतम) .

90 डिग्री सेल्सियस पर विनिर्दिष्ट प्रतिरोध - 0.2 x 1012 ओएचएमएस – सीएम (न्यूनतम) .

डाइलेक्ट्रिक डिस्सीपेशन कारक (टेन) दर 90 डिग्री सेल्सियस - 0.2 (अधिकतम) .

कुल एसिडिटी - 0.05 एमजी केओएच जी/जीएम (अधिकतम) .

कुल स्लज - 0.05 % वजन द्वारा (अधिकतम) .

वाटर कंटेन्ट - 50 पीपीएम .

तेल में एंटी – ऑक्सीडेंट एसिडिटी हो

महत्वपूर्ण लक्षणों की सार्थकता –

1. **धूल के कणों, नमी और अशुद्धता से स्वतन्त्रता** ताजे तेल का रंग स्वच्छ पीला होता है । गहरा रंग होना या धुंधला दिखाई देना, उसकी खराबी को दर्शाता है । तेल में तैरते हुए कणों, घुलनशील, एसिडों और बेसेस (अम्ल एवं क्षार) सक्रिय या कालोलाइडल कार्बन से मुक्त होना चाहिए । ये अशुद्धताएँ उसकी डाइलेक्ट्रिक शक्ति घटाती हैं । तेल में नमी आंतरिक फ्लैश ओवर का कारण हैं ।

2. **प्रतिरोध** – एजिंग के विरुद्ध प्रतिरोध तेल की एक योग्यता है ताकि अपने गुणों को ऊष्मा – रोधी के रूप में और कूलिंग माध्यम से दीर्घकालीन अवधि तक बनाए रख सके । एजिंग के कारण, आक्सीडेशन प्रक्रिया में वृद्धि होती है, तेल का रंग गहरा होता है, एसिडिटी बढ़ती है तथा अंततः अविलेय स्लज (कीचड़) तेल को हानि पहुंचाना शुरू कर देता है ।

3. **विद्युत शक्ति या ब्रेक डाउन वोल्टेज** – यह एक वोल्टता है जो विशिष्ट आकार के और एक – दूसरे से निश्चित दूरी पर रखे हुए दो इलेक्ट्रोडस के बीच तेल में फ्लैश ओवर प्राप्त करने के लिए अपेक्षित है । यह कणों से नमी, आर्गेनिक एसिड और अन्य इलेक्ट्रोलाइटस से शुद्धता का एक संकेतक है ।

4. **बहाव प्वाइंट** – इस तापमान पर तेल सिर्फ बहाना शुरू कर देता है और इसका महत्व ठंडे देशों में ही है ।

5. **फ्लैश प्वाइंट** – यह तापमान है जिस पर तेल के द्वारा दहनशील गैसें इस मात्रा में उत्सर्जित होती हैं कि उनके जल उठाने की संभावना रहती है । उच्च फ्लैश प्वाइंट (145 डिग्री सेल्सियस) को वरीयता दी जाती है । 135 डिग्री सेल्सियस से कम फ्लैश प्वाइंट पर तेल पूरे लोड पर तेजी से वाष्पित होगा, लसीलापन बढ़ेगा तथा कुल मात्रा में कमी होगी ।

6. **लसीलापन (विस्कोसिटी)** – लसीलापन अस्थिरता को इंगत करता है । निम्न लसीलेपन के तेल में अधिक तरलता होती है जो कूलिंग में सुधार करता है । निम्न तापमान पर लसीलापन तेजी से बढ़ता है तथा परिचालन की दर कम करता है । अतः लसीलेपन को विभिन्न तापमानों पर मापा जाए ।

पैकिंग – तेल की सुपुर्दगी 200 से 210 लीटर की क्षमता वाले स्टील के ड्रमों में की जाए । ड्रमों को प्रभावी रूप से सीलबंद किया जाए ताकि उसमें नमी न घुसे । तेल को टैंक कारों, वैगनों, जोकि नमी से बचाव के लिए समुचित रूप से सीलबंद हों, में डिलीवर किया जाए ।

तेल का बिगड़ना (खराब होना) -

ऊष्मारोधी तेल में खराबी साधारणतया आक्सीडेशन, विशेषकर उच्च तापमान संचालन की दीर्घकालिक स्थितियों में, के कारण होती है । यदि तापमान को 75 डिग्री सेल्सियस से अधिक बढ़ने दिया जाता है तो एसिड और स्लज संरूपण की दर पर्याप्त रूप से बढ़ जाती है । अनुभव बताता है कि 75 डिग्री सेल्सियस से ऊपर तेल के तापमान में प्रत्येक 8 से 10 डिग्री सेल्सियस बढ़ोतरी में रासायनिक अभिक्रिया की दर दो गुना हो जाती है । इसलिए, खराबी की दर उपकरण निर्माता के डिजाइन तथा परिचालन स्थितियों, विशेषकर भार चक्र, परिवेशी तापमान और अन्य वायुमंडलीय परिस्थितियों के द्वारा प्रभावित होती हैं ।

सेवा में चल रहे ट्रांसफार्मर से सैम्पल लेना –

इन्हें हल्के भार के अन्तर्गत अथवा नो - लोड स्थितियों में लेना उपयुक्त रहता है । ट्रांसफार्मर से तेल का नमूना तेल के गर्म रहने के दौरान लेना चाहिए ।

साइट से सैम्पल लेने से पहले, यह आवश्यक है कि आउट लेट की पूर्णतया साफ सफाई की गई हो । आउट लेट को तेल की पर्याप्त मात्रा डालकर फ्लश कर दिया जाना चाहिए ।

तेल ड्रमों से सैम्पल लेना –

तेल ड्रम से सैम्पल लेने से पूर्व, ड्रम को कम से कम 24 घंटे के लिए ऊपर की ओर ऊर्ध्वाकार खड़ा कर देना चाहिए । काँच अथवा पीतल की साफ लम्बीट्यूब, जो ड्रम के निचले भाग से 15 मिलीमीटर के अन्तर्गत पहुँच जाए, को ड्रम में डाला जाए तथा उसके ऊपरी हिस्से को अंगूठे से दबाकर पकड़े रहें । तत्पश्चात, अंगूठे को हटाकर तेल ट्यूब के निचले तल में प्रविष्ट होने दें । पहले दो नमूनों को फेंक देना चाहिए । उसके बाद, नमूनों को एक उपयुक्त धानी में डाल देना चाहिए ।

सैम्पल का निरीक्षण –

तेल का प्रत्यक्ष निरीक्षण निम्नलिखित जानकारी देता है –

धुंधलापन – यह नमी तलछटों अथवा आक्साइड या स्लज जैसे एलीमेंट्स के कारण होता है । इसे क्रैकल टेस्ट के द्वारा पता किया जा सकता है । कैकल टेस्ट में तेल को एक वर्तन में रख कर उसे गर्म किया जाता है, तेल गर्म होने पर चट – चट की आवाज करता है तो तेल में पानी अथवा अन्य तरल पदार्थ उसमें सम्मिलित हैं यह ऐसा होता है जैसे घरों में सब्जी पकाते समय तेल में पानी से साफ की हुई सब्जी डालते हैं तब वह चट – चट की आवाज करता है । यदि तेल गर्म होते समय कोई आवाज नहीं करता है तो तेल ठीक माना जाता है ।

एसिड की दुर्गंध – यह वोलाटाइल एसिडों के उपस्थिति को इंगित करता है ।

रंग – यह रंग के स्टार को इंगित करता है – उदाहरणार्थ –

फीका पीला रंग – अच्छा तेल

पीला रंग – प्रोपोजीशन 'ए' तेल

चमकदार पीला – मार्जिनल तेल

भूरा रंग – बहुत खराब तेल

गहरा भूरा रंग – अत्यन्त खराब तेल

काला रंग – अनर्थकारी स्थिति (हानिकर) फैंकने योग्य

गहरा भूरा रंग डामर का धौला होना इंगित करता है और हरा रंग कॉपर कम्पाउन्ड की उपस्थिति को दर्शाता है ।

निम्नलिखित संदूषणों का पता जांच करके लगाया जा सकता है –

जल – कार्ल फिश्चर विधि

सेडिमेंट एवं स्लज – आई एस 1866 के अनुसार रासायनिक विश्लेषण

एसिड – तटस्थीकरण मूल्य

पोलर पदार्थ – डाइलेक्ट्रिक डिस्सीपेशन कारक के मूल्यों का गिरना

विशिष्ट प्रतिरोध तथा अंतरजातीय तनाव (इंटरफेसियल टेंशन)

द्रवीभूत गैसें – गैस क्रोमोटोग्राफी

द्रवीभूत हाइड्रोकार्बन – फ्लैश प्वाइंट जांच

नए विद्युत ट्रांसफार्मर में भरे खनिज तेलों के लिए संस्तुत परिसीमाएँ –

विशेषता. - उपकरण की उच्चतम वोल्टेज (केवी) - 72.5 वोल्ट से कम . - उपकरण की उच्चतम वोल्टेज (केवी) - 72.5 से 170 वोल्ट . - उपकरण की उच्चतम वोल्टेज (केवी) - 170 वोल्ट से अधिक .

दिखावट – तलछट और कणों से स्पष्टत : मुक्त

घनत्व दर 29.5 डिग्री सेल्सियस (जी/सीसी) अधिकतम. - 0.89. - 0.89. - 0.89.

लसीलापन दर 27 डिग्री सेल्सियस , अधिकतम फ्लैश प्वाइंट 0 डिग्री सेल्सियस न्यूनतम. - 27 . - 27. - 27.

बहाव प्वाइंट 0 डिग्री सेल्सियस अधिकतम - 140. - 140. - 140 .

तटस्थीकरण मूल्य (एमजी केओएच/जी) अधिकतम. - - 6. - - 6. - - 6 .

इंटरफेशियल टेंशन एमएम/एन न्यूनतम . - 20. - 15. - 10 .

डाइलेक्ट्रिक डिस्सीपेशन कारक, 90 डिग्री दर 40 से 60 एचज़ेड अधिकतम. - 0.015. - 0.015. - 0.015.

90 डिग्री सेल्सियस, सीओएचएम – सीएम न्यूनतम पर प्रतिरोधकता. - 6 x 1012 . - 6 x 1012. - 6 x 1012.

ब्रेक डाउन वोल्टाज़ केवी न्यूनतम. - 40. - 50. - 60 .

अनिरुद्ध तेल की आक्सीडेशन स्थिरता , तटस्थीकरण मूल्य (एमजी केओएच/जी) अधिकतम . - 0.4. - 0.4. - 0.4

मास (वजन) द्वारा स्लज (कीचड़) % अधिकतम. - 0.1. - 0.1. - 0.1 .

अनिरुद्ध तेल की आक्सीडेशन स्थिरता. - भरने से पहले समान मूल्य. - भरने से पहले समान मूल्य . - भरने से पहले समान मूल्य .

28

ट्रांसफार्मरों की टेस्टिंग

ट्रांसफार्मरों की टेस्टिंग

आमतौर पर फ़ैक्टरी में पूरी तरह असेम्बल कर लिए जाने पर लेकिन भेजे जाने और कल पुर्जे फिट करने से पहले ट्रांसफार्मरों के निष्पादन की टेस्टिंग की जाती है । ये टेस्ट रजिल्ट 75 डिग्री सेल्सियस तापमान पर किए जाते हैं ।

अत: आईएस 2026 (पार्ट – 1) के वर्गीकरण के अनुसार टेस्ट के नाम निम्नलिखित प्रकार से हैं ।

ट्रांसफार्मरों की टेस्टिंग/परीक्षण (आईएस 2026 – पार्ट - 1)

क्रमांक. - रूटीन टेस्ट. - टाइप टेस्ट. - स्पेशल टेस्ट .

1. - वाईंडिंग रजिस्टेन्स की माप. - वाईंडिंग रजिस्टेन्स की माप . - डाय –इलेक्ट्रिक टेस्ट .

2 . - वोल्टेज रेशो और वोल्टेज वेक्टर सम्बन्धों की चेकिंग . - वोल्टेज रेशो और वोल्टेज वेक्टर सम्बन्धों की चेकिंग . - थ्री फेज ट्रांसफार्मर के 0 सीक्वेंस इम्पीडेंस की माप

3 . - लोड लॉस और वोल्टेज शॉर्ट सर्किट इम्पीडेंस की माप . - लोड लॉस और वोल्टेज शॉर्ट सर्किट इम्पीडेंस की माप . - शॉर्ट सर्किट टेस्ट .

4 . - नो लोड लॉस और करेंट की माप. - नो लोड लॉस और करेंट की माप. - एक्यूस्टिक नोइज़ लेबल की माप .

5. - इंसुलेशन रजिस्टेन्स की माप . - इंसुलेशन रजिस्टेन्स की माप . - नो लोड करेंट हारमोनिक्स की माप .

6 . - डाय - इलेक्ट्रिक टेस्ट. - इंसुलेशन रजिस्टेन्स की माप . - पंखों और तेल पम्पों द्वारा ली जाने वाली बिजली की माप .

7 . - ओएलटीसी पर टेस्ट. - तापमान वृद्धि . - कोई अन्य टेस्ट, - ओएलटीसी पर टेस्ट

इलेक्ट्रिकल परफ़ोर्मेंस पर टालरेन्स (आई एस 2026) –

क्रमांक. - मद . - टालरेन्स .

1 . - पूरा नुकसान. - + 10 प्रतिशत कुल गारंटी शुदा वैल्यू का .

2 . - घटक हानि . - + 15 प्रतिशत हर नुकसान का शर्त यह है कि कुल नुकसान की टालरेंस सीमा पार न हो .

3 . - प्रिंसिपल टेपिंग (रेटेड वोल्टेज रेशो) पर लोड न होने पर वोल्टेज अनुपात . - निम्नलिखित वैल्यू में जो सबसे कम हो –

(क) - 0.5 प्रतिशत घोषित अनुपात का .

(ख) – रेटेड घोषित अनुपात की प्रतिशतता के बराबर करेंट की इम्पीडेंस वोल्टेज के वास्तविक प्रतिशत का 1/10.

4. - रेटेड करेंट पीआर इम्पीडेन्स वोल्टेज –

(क) - प्रिंसिपल टैपिंग अगर औसत टैपिंग पोजीशन के अनुरूप हो -

(दो वाईंडिंग ट्रान्सफार्मर) - + ,- 10 प्रतिशत उस टेपिंग के घोषित इम्पीडेन्स .

मल्टी वाईंडिंग ट्रान्सफार्मर . - वोल्टेज के लिए – + ,- 10 प्रतिशत एक विनिर्दिष्ट वाईंडिंग जोड़ी के घोषित इम्पीडेन्स वोल्टेज पर, - + ,- 15 प्रतिशत दूसरे विनिर्दिष्ट वाईंडिंग जोड़ी के घोषित इम्पीडेन्स वोल्टेज पर

5. - नो लोड करेंट . - + 30 प्रतिशत घोषित नो लोड करेंट का

ट्रान्सफार्मरों का टेस्टिंग प्रोसीजर (परीक्षण नियम) –

रूटीन टेस्ट –

1. - वाईंडिंग रजिस्टेन्स की माप –

प्रिंसिपल, मैक्सीमम तथा मिनीमन टेप पर हर वाईंडिंग का रजिस्टेन्स हीटस्टोन अथवा कैलबिन ब्रिज द्वारा मापा जाएगा । यह निम्नलिखित वैल्यू ऑफ रजिस्टेन्स पर निर्भर करेगा –

10 ओम और इससे अधिक हीटस्टोन ब्रिज जिसकी सटीकता 0.1 प्रतिशत हो

10 माइक्रो ओम से 10 ओम तक कैलबिन ब्रिज जिसकी सटीकता 0.1 प्रतिशत अथवा 0.1 माइक्रो ओम जो भी ज्यादा हो ।

ब्रिजों में पर्याप्त क्षमता वाली बैटरी का इस्तेमाल किया जाएगा ताकि मापने के दौरान बैटरी वोल्टेज में गिरावट के चलते गलती न हो, अथवा रजिस्टेन्स मापने के लिए किसी उपायुक्त डीसी सप्लाई का इस्तेमाल किया जा सकता है ।

हाई इंडक्टिव इफेक्ट कम न हो, इसके लिए सलाह दी जाती है कि पर्याप्त हाई करंट हो । इससे स्थिर रीडिंग प्राप्त करने में समय कम लगेगा ।

अगर ब्रोट आउट न्यूट्रल के साथ स्टार कनेक्टेड वाईंडिंग लेनी है तो रजिस्टेन्स की माप न्यूट्रल टर्मीनल और लाइन के बीच की जाएगी । इसके बाद तीन बार के मापने का औसत निकाला जायेगा जो टेस्ट वैल्यू होगा ।

डेल्टा कनेक्टेड वाईंडिंग के लिए माप लाइन टर्मीनल की दो जोड़ियों के बीच ली जाएगी और ऊपर दिए गए फार्मूलों के अनुसार प्रति वाईंडिंग के हिसाब से रजिस्टेन्स निकाला जायेगा । फार्मूला निम्नलिखित है –

रजिस्टेन्स प्रति वाईंडिंग = 1.5 एक्स मापा गया रजिस्टेन्स

तीन बार माप लिया जायेगा और उसका औसत रिपोर्टेड टेस्ट वैल्यू होगा ।

कोल्ड रजिस्टेन्स मेजरमेंट के दौरान यह दर्ज किया जाएगा कि करंट मेजरमेंट के लिए कितना स्टेबलाइजिंग टाइम लगता है । इससे यह दिशा निर्देश प्राप्त होंगे जो हॉट रजिस्टेन्स के तब काम आयेंगे जब टेम्परेचर राइज़ टेस्ट लिया जा रहा हो ।

कोल्ड रजिस्टेन्स दर्ज करने से पहले ट्रान्सफार्मर को तेल में रहना चाहिए और उस पर काफी समय तक कोई लोड न हो ताकि वाईंडिंग उसी तापमान पर हों जो आसपास के तेल का है ।

टॉप औए बॉटम ऑयल टेम्परेचर दर्ज किया जायेगा और इस प्रकार से वाईंडिंग का जो टेम्परेचर आयेगा वही दोनों रीडिंग का औसत होगा ।

आईएस 2026 के अनुसार मापा गया रजिस्टेन्स वैल्यू 75 डिग्री सेल्सियस के रेफरेंस टेम्परेचर में बदल दिया जाये ।

2. - अनुपात, पोलरिटी और फेज रिलेशनशिप की माप –

वाईंडिंग की जोड़ियों के बीच हर टाइपिंग का टर्न रेशो निकाला जायेगा और इसके लिए डाइरेक्ट रीडिंग रेशों मीटर का प्रयोग करना होगा । हर प्रकार के ट्रान्सफार्मर के मामले में यह पर्याप्त होगा कि वाईंडिंग टेप्स का टर्न रेशो मापा जाए ।

रेशो मीटर की सटीकता 0.1 प्रतिशत होगी और इस रेशो मीटर में लीकेज फ्लक्स के कारण फेज एंगल एडजस्ट करने की व्यवस्था होगी ।

अधिकांशत: डाइरेक्ट रीडिंग रेशो मीटर से पोरिटी और फेज रिलेशनशिप मापे जा सकते हैं बशर्ते कि पोलरिटी चेंज के लिए रिवर्सिंग स्विच लगा हो ।

अथवा एचवी टर्मीनल 'ए' और एलवी के 'ए' को कनेक्ट कर के पोलरिटी और फेज रिलेशनशिप मापे जा सकते हैं ।

3.   – इम्पीडेन्स वोल्टेज की माप –

प्रिंसिपल, मैक्सीमम और मिनीमम टेपिंग पर इम्पीडेन्स वोल्टेज की माप एक अप्रोक्सीमेटली सिनोसोइडल वोल्टेज का इस्तेमाल कर के रेटेड फ्रीक्वेन्सी पर मापा जा सकता है । यह माप 25 से 100 प्रतिशत के बीच रेटेड करंट के किसी करंट पर की जा सकती है । इस माप वैल्यू में संशोधन टेस्ट करंट के रेटेड करंट के अनुपात से गुणा कर के किया जा सकता है । यह माप किसी भी सुविधाजनक तापमान पर किया जा सकता है लेकिन इसका परिणाम रेफरेंस टेम्परेचर 75 डिग्री सेल्सियस के अनुसार संशोधित किया जाना चाहिए, लेकिन किसी पावर ट्रान्सफार्मर के इम्पीडेन्स वैल्यू पर तापमान पर असर नगण्य होता है ।

टॉप और बॉटम ऑयल टेम्परेचर की माप की जानी चाहिए और इसका जो भी औसत आए, उसे ट्रान्सफार्मर का टेम्परेचर समझा जाना चाहिए ।

सभी लाइनों का करंट मापा जाना चाहिए और इसके औसत को टेस्ट करंट माना जाना चाहिए । इसके लिए जो मीटर इस्तेमाल किए जाएं वह 0.5 सटीकता वाला प्रेसीसन टाइप का हो और आई एस – 1248 के अनुरूप हो ।

लाइनों के बीच का वोल्टेज मापा जायेगा और इसके औसत को टेस्टेड वोल्टेज की रीडिंग माना जायेगा । इसके लिए जो वॉल्ट मीटर इस्तेमाल किया जाय, वह डायनोमीटर टाइप का हो, उसकी सटीकता 0.5 हो और वह आई एस – 1248 के अनुरूप हो ।

तीन या इससे ज्यादा वाईंडिंग वाले ट्रान्सफार्मरों के मामले में इम्पीडेन्स वोल्टेज वाईंडिंग की जोड़ियों के बीच मापा जाये । अन्य लोडेड स्टेबलाइजिंग वाले ट्रान्सफार्मरों को थ्री वाईंडिंग ट्रान्सफार्मर न समझा जाए ।

4.   – लोड लॉस की माप –

लोड लॉस की माप प्रिंसिपल टेप के साथ इम्पीडेन्स वोल्टेज की माप के साथ की जाती है । इसके लिए दो वाट मीटर अथवा थ्री वाट मीटर की माप विधि अपनायी जानी चाहिए । एक ही सटीकता वाली अमीटर और वोल्ट मीटर का प्रयोग वैसे ही किया जाय जैसे कि इम्पीडेन्स वोल्टेज मापने में किया जाता है ।

वाट मीटर सिंगल एलिमेंट डायनेमोमीटरटाइप का होना चाहिए जो लो पार फ़ैक्टर 0.2 के अनुकूल हो और जिसकी सटीकता 0.6 प्रतिशत बताई जाती हो ।

तीन बार के करंट के औसत को टेस्ट करंट माना जाना चाहिए और जो नुकसान (लॉस) आता है, उसे रेटेड करंट से टेस्ट करंट के अनुपात के वर्ग से गुणा करके ठीक किया जाना चाहिए । इस प्रकार से वैल्यू प्राप्त होगा उसे 75 डिग्री सेल्सिययस के रेफरेन्स टेम्परेचर पर ठीक किया जायेगा और यह माना जायेगा कि लॉस रजिस्टेन्स के वैरिएशन के लॉस से अलग अलग होगा और यह बी कि तापमान में अन्तर आने से लॉस में घटबढ़ आयेगा और स्ट्रे लॉस और लोड लॉस रजिस्टेन्स में घटबढ़ से प्रभावित होते हैं ।

यह टेस्ट किसी भी तापमान पर किया जा सकता है और तापमान की माप इम्पीडेन्स वोल्टेज की माप के अनुसार की जानी चाहिए ।

मल्टी वाईंडिंग ट्रान्सफार्मर पर लोड लॉस की माप की जोड़ियों पर की जाती है । इसके लिए दो वाईंडिंग्स में सबसे नीचे वाले रेटेड वाईंडिंग के अनुसार टेस्ट करंट सीमित होगा ।

रेफरेन्स टेम्परेचर पर किसी लोडिंग कोम्बीनेशन के लिए समान सर्किट के आधार पर लोडिंग का हिसाब लगाया जायेगा ।

करंट ट्रान्सफार्मर और पोटेन्शियल ट्रान्सफार्मरों के बीच सटीकता निम्नलिखित होगी –

करंट ट्रान्सफार्मर: 0.1 क्लास जो आई एस: 2705 अथवा ए एल क्लास बी एस 3938 के अनुरूप हो

वोल्टेज ट्रान्सफारर: 0.2 क्लास आई एस 3156 के अनुसार अथवा ए एल क्लास बी एस 3941 के अनुसार हो

तीन वाईंडिंग ट्रान्सफार्मरों के लिए समान सर्किट

_________________ 1 डब्ल्यू वन

_________________ 2 डब्ल्यू टू

_________________ 3 डब्ल्यू थ्री

डब्ल्यू 12 को मापे गये शॉर्ट सर्किटिंग का लॉस मानते हैं जबकि डब्ल्यू 1 और डब्ल्यू 2 और तीसरी वाईंडिंग को सप्लाई कर रहे डब्ल्यू 3 को ओपन सर्किट रखा गया है ।

डब्ल्यू 23 को वाईंडिंग पेयर (जोड़ा) डब्ल्यू 2 और डब्ल्यू 3 के वाईंडिंग पेयर (डब्ल्यू 1 को ओपन सर्किट रखें)

इसी तरह डब्ल्यू 31 को डब्ल्यू 3 और डब्ल्यू 1 की वाईंडिंग को टेस्ट के लिए लागू करें (डब्ल्यू 2 ओपन सर्किट रखें)

डब्ल्यू 12, डब्ल्यू 23 और डब्ल्यू 31 को एमवीए बेस माना जायेगा और रेफरेन्स टेम्परेचर भी ।

डब्ल्यू = डब्ल्यू 12 + डब्ल्यू 23 + डब्ल्यू 31

तब डब्ल्यू 1 = वाईंडिंग नम्बर 1 में लॉस = डब्ल्यू 1 – डब्ल्यू 23

तब डब्ल्यू 2 = वाईंडिंग नम्बर 2 में लॉस = डब्ल्यू 2– डब्ल्यू 31

तब डब्ल्यू 3 = वाईंडिंग नम्बर 3 में लॉस = डब्ल्यू 3– डब्ल्यू 12

टोटल लॉस निकालने के लिए हर वाईंडिंग लॉस को ओपन रेटिंग में बदल दिया जावेगा और निम्नलिखित के अनुसार जोड़ दिया जायेगा –

कुल लॉस = डब्ल्यू 1 (एमवीए ऑन वाईंडिंग 1 / रेफरेन्स एमवीए) 2

+ डब्ल्यू 2 (एमवीए ऑन वाईंडिंग 2 / रेफरेन्स एमवीए) 2

+ डब्ल्यू 3 (एमवीए ऑन वाईंडिंग 3 / रेफरेन्स एमवीए) 2

5 . – नो लोड लॉस और नो लोड करंट की माप -

नो लोड लॉस और नो लोड करंट और रेटेड फ्रीक्वेन्सी पर मापे जाएंगे । एप्लाइड वोल्टेज का वेब फॉर्म लगभग साइन्यूसोइडल होगा । वोल्टेज 1 वाईंडिंग पर अपलाई किया जायेगा और दूसरी वाईंडिंग को ओपन सर्किट रखा जायेगा । लाइनों के बीच अपलाई किए गए वोल्टेज का औसत वाईंडिंग सप्लाई के रेटेड वोल्टेज के बराबर होगा । सभी लाइनों के करंट मापे जाएँगे और रीडिंग को औसत नो लोड करंट माना जायेगा ।

जहां तक संभव हो, माप के थ्री वाट मेथड का इस्तेमाल किया जाये ।

अपलाइड वोल्टेज को 2 वोल्ट मीटरों से मापा जायेगा । एक से वोल्टेज का आरएमएस वैल्यू निकलेगा और दूसरा वोल्टेज के औसत वैल्यू का संकेत देगा । लेकिन, यह आरएमएस के स्केल पर होगा ।

किसी थ्री फेज ट्रान्सफार्मर और बिना डेल्टा वाईंडिंग वाले ट्रान्सफार्मर पर अपलाइड वोल्टेज का समायोजन रेटेड वोल्टेज, रीडिंग ऑन वोल्ट मीटर (जो आरएमएस के लिए रिस्पॉन्सिव हो), और वैल्यू ऑफ वोल्टेज के अनुसार होगा । थ्री फेज ट्रान्सफार्मरों के अलावा बिना डेल्टा

कनेक्टेड वाईंडिंग वाले अन्य सभी ट्रान्सफार्मरों पर अपलाइड वोल्टेज का समायोजन रेटेड वोल्टेज, रीडिंग ऑन वोल्ट मीटर (जो वोल्टेज के औसत वैल्यू के अनुरूप हो लेकिन उसी औसत वैल्यू वाले सिनोसाइडल वोल्टेज के अनुसार आरएमएस की रीडिंग स्केल किया हो)

इस्तेमाल किए गए अमीटरों, वोल्टेज मीटरों और वाट मीटरों की सटीकता (करेक्टनेस) वही होगी जो इम्पीडेन्स वोल्टेज लोड लॉस मापने के मीटरों की होती है ।

415 वोल्ट थ्री फेज 50 हर्ट्ज के लिए भी नो लोड करंट दर्ज किया जायेगा । इसे कमीशनिंग के समय मार्ग दर्शक माना जा सकता है ।

ऐसे समय जब अपलाइड वोल्टेज सीनोसाइडल नहीं है नो लोड लोसेस वोल्टेज यू पर तय करने के लिए नो लोड लोड लोसेस एक वोल्ट मीटर पर मापे जाते हैं जो आर एम एस वोल्टेज स्केल करने के लिए रेस्पोन्सिव होता है । इन्ही लोसेस के दौरान सीनोसाइडल वोल्टेज निम्नलिखित फार्मूला के अनुसार निकाले जाते हैं –

पी = पी एम (पी 1 + के पी 2)

जबकि – पी = करेक्टेड नो लोड लॉस

पी एम = मेजर्ड नो लोड लोसेस

पी 1 = रेशो ऑफ हिस्टेरिसिस लोसेस टू टोटल आयरन लोसेस

पी 2 = रेशो ऑफ एडडी करेंट लॉस टू टोटल आयरन लोसेस

के = (यू एम / यू) 2

फ़्लयु डेंस्टीन के लिए आमतौर पर 50 हर्ट्ज पर निम्नलिखित वैल्यूज इस्तेमाल किए जाते है –

कोल्ड रोल्ड मेन ओरिएटेड स्टील – पी 1 (0.5), पी 2 (0.5)

6. – इंस्यूलेशन रजिस्टेन्स की माप -

सभी अन्य वाईंडिंग के बदले हर वाईंडिंग का इंसुलेशन रजिस्टेन्स, कोर फ्रेम, और टैंक कनेक्टेड टुगेदर तथा अर्थ को स्टैंडर्ड मैथड से मापा जाता है ।

टेस्ट से तुरंत टॉप ऑइल टेम्परेचर मापा और दर्ज किया जायेगा ।

मेगर कम से कम 1000 वोल्ट्स का होगा और न्यूनतम 2000 मेगा ओम पर स्केल किया जायेगा । वोल्टेज अपलाई करने के लगातार एक मिनट बाद रीडिंग रिकार्ड की जाएगी ।

इन्स्ट्रूमेंट को लाइव टर्मिनल टेस्ट की जा रही वाईंडिंग से जोड़ दिया जाएगा ।

7. – इण्डयुस्ड ओवर वोल्टेज विदस्टैंड टेस्ट –

सभी समरूप इंस्यूलेटिड वाईंडिंग्स के लिए दो बार और रेटेड वोल्टेज के लिए या तो सीधे अपलाइड वोल्टेज ली जाएगी । जहां तक सम्भव हो, वोल्टेज सिनोसोइडल वेब में होनी चाहिए और उसकी फ्रीक्वेन्सी ऐसी हो जो बधाई जा सके ताकि करंट टेस्ट के दौरान वह अधिक गरम होने से बच सके । इस टेस्ट की अवधि 60 सेकेंड होगी और यह किसी टेस्ट फ्रीक्वेन्सी पर हो सकता हो सकता है जिसमें दो बार के रेटेड फ्रीक्वेन्सी शामिल है । जब टेस्ट फ्रीक्वेन्सी रेटेड फ्रीक्वेन्सी की दुगुनी हो जाती है तो टेस्ट की अवधि रेटेड फ्रीक्वेन्सी की 120 गुना होगी और रेटेड फ्रीक्वेन्सी को टेस्ट फ्रीक्वेन्सी अथवा 15 सेकेंड से, जो भी ज्यादा हो, विभाजित कर दिया जाएगा ।

वोल्टेज को टेस्ट किए जा रहे ट्रान्सफार्मर के किसी भी टर्मिनल पर मापा जायेगा अथवा जिस ट्रान्सफार्मर की टेस्टिंग हो रही है उससे तुरन्त कम वाले टर्मिनल पर मापा जायेगा । यह टेस्ट वैल्यू के एक तिहाई से ज्यादा वोल्टेज पर नहीं शुरू किया जायेगा और उसे जल्दी ही समुचित वैल्यू तक बढ़ा दिया जाएगा बढ़ाने की प्रक्रिया लगातार और मापन यंत्र द्वारा दिखाए जा रहे परिणाम के अनुसार होगी । टेस्ट के आखिर में और बंद करने से पहले वोल्टेज को तेजी से फुल वैल्यू के एक तिहाई तक कम कर दिया जाएगा । इंस्यूलेटिड वाईंडिंग के सभी ग्रेडों के लिए ये टेस्ट ऐसा होगा कि वह आईएस 2026 के अनुरूप वोल्टेज पैदा करे जो लाइन टर्मिनलों और हर लाइन टर्मिनल तथा कोर, फ्रेम और टैंक अथवा अर्थ के साथ जुड़े हुए केसिंग के अनुसार हो ।

ग्रेडेड इंस्यूलेशन वाले वाईंडिंग के दौरान उस हद तक अर्थ कर देनी चाहिए कि वह जरूरी टेस्ट वोल्टेज सुनिश्चित करे और वह वोल्टेज लाइन टर्मिनलों और अर्थ के बीच हो इस अर्थ टेस्ट को अर्थिंग कंडीशन के अनुसार दोबारा तब किया जाना चाहिए तब यह सम्बद्ध टर्मिनल और विनिर्दिष्ट वोल्टेज के ईच जरूरी हो ।

इस टेस्ट के दौरान न्यूट्रल को किसी उपयुक्त वोल्टेज तक उठाया जा सकता है । ऐसा एक अलग ट्रान्सफार्मर के जरिए अथवा टेस्ट किए जा रहे ट्रान्सफार्मर की उपयुक्त स्थान पर अर्थिंग कर के किया जा सकता है ।

इस एप्लीकेशन ऑफ वोल्टेज के लिए किसी सुविधाजनक और संस्थापित वोल्टेज का इस्तेमाल किया जा सकता है । अर्थ से वोल्टेज या तो स्फीयर गैप का कैलिबरेशन इस्तेमाल करके मापा जाएगा अथवा इसके लिए एक डायरेक्ट रीडिंग पोटेन्शियल डिवाइडर इस्तेमाल किया जायेगा ।

8. – सेपरेट सोर्स वोल्टेज विद स्टैंड टेस्ट

यह टेस्ट साइन वेब फॉर्म के सिंगल फेज आल्टर्नेटिंग वोल्टेज के साथ किया जा सकता है । इसके लिए कोई उपयुक्त फ्रीक्वेन्सी हो सकती है जो 25 हट्र्ज से कम न हो । इसके लिए टेस्ट की जा रही वाईंडिंग के सभी टर्मिनल आपस में जोड़ दिए जाएं और समुचित वोल्टेज अपलाई किया जाए । जिन वाईंडिंग पर टेस्ट नहीं किया जा रहा है वे और कोर तथा टैंक आदि अर्थ से जोड़ दिए जाएं ।

यह टेस्ट ऐसे वोल्टेज पर शुरू किया जाएगा, टेस्ट वेल्यु के एक तिहाई से ज्यादा नहीं होगा और इसे उपयुक्त वैल्यू तक तेजी से बढ़ाया जाएगा इसका वास्तविक मेग्नीट्यूड मापने वाले यंत्र द्वारा दिखाया जाएगा । इस टेस्ट के आखिर में स्विच ऑफ से पहले कुल वैल्यू के एक तिहाई के बराबर वोल्टेज तेजी से घटा दिया जाएगा ।

यह टेस्ट वोल्टेज आई एसः 2026 के अनुरूप होगा । दोहरे वोल्टेज वाईंडिंग्स के लिए टेस्ट वोल्टेज अधिक होगा और यह रेटेड वोल्टेज के अनुरूप टेस्ट वोलेटेज से ज्यादा होगा । यह टेस्ट रेटेड वोल्टेज से जुड़ी हुई वाईंडिंग्स पर किया जायेगा ।

वोल्टेज की माप टेस्टिंग ट्रान्सफार्मर के एलवी साइड पर अर्थ और टर्मिनलों के बीच उपयुक्त हाई वोल्टेज मापन यंत्रों से किया जाएगा ।

कमीशनिंग से पहले टेस्टों के लिए जरूरी उपकरण और रख – रखाव के लिए टेस्ट

क्रमांक. - टेस्ट परीक्षण . - आई एस रेफेरेंस . - जरूरी उपकरण

1. - ट्रांसफार्मर आईआर वैल्यू . - आईएस 2026 . - मेगर

2. - ट्रांसफार्मर वाईंडिंग रजिसटेन्स . - आईएस 2026 . - रेजिसटेन्स

3. - ट्रांसफार्मर वाईंडिंग रेशो . - आईएस 2026 . - रेशो मीटर

4. - ट्रांसफार्मर ऑइल की इलेक्ट्रिक स्ट्रेंथ . - आईएस 6792. - इलेक्ट्रिकपरीक्षण यंत्र .

5. - ट्रांसफार्मर ऑइल की रेसिस्टिविटी . - आईएस 6103 . - (1) - रेसिस्टिविटी सेल, - (2), - मेगा ओम मीटर , - (3) - हॉट चेम्बर .

6. - ट्रांसफार्मर ऑइल – टेन – डेल्टा . - आईएस 6262 . - (1).- शेयरिंग ब्रिज , (2). - रेसिस्टिविटी सेल, (3). - हॉट चेम्बर .

7. - ट्रांसफार्मर ऑइल नमी. - आईएस 2362. - कार्ल फिशर .

8. - ट्रांसफार्मर ऑइल एसिडिटी टेस्ट . - आईएस 335 . - एसिडिटी टेस्ट के लिए सहायक उपकरण .

9. - गैस एनालिसिस . - - - - - . - माइक्रो गैस एनालाइजर .

10 . - बुशिंग आईआर वैल्यू. - - - - - . - मेगर .

11. - बुशिंग - कैपेसिटेन्स और टेन – डेल्टा . - - - - - . - शेयरिंग ब्रिज .

ट्रांसफार्मर कंटीन्युटी/निरंतरता - परीक्षण

- किसी स्वस्थ/ठीक ट्रांसफार्मर के लिए मेगर रिजल्ट निम्नलिखित होने चाहिए –
- एचटी फेज टू फेज यानि आर – वाई, वाई – बी, बी – आर = 0
- एलटी फेज टू फेज यानि आर – वाई, वाई – बी, बी – आर = 0
- एलटी फेज टू न्यूट्रल यानि आर – एन, वाई – एन, बी – एन = 0
- न्यूट्रल टू बॉडी (अगर अर्थ किया गया हो) = 0
- इंसुलेशन टेस्ट – एचटी फेज टू अर्थ, एलटी फेज टू अर्थ, एचटी फेज टू एलटी फेज, न्यूट्रल तो बॉडी (अगर अर्थ नहीं किया गया हो) = आमतौर पर 500 मेगा ओम से ज्यादा होती हैं ।
- नोट – तापमान में हर 10 से 15 डिग्री वृद्धि पर आईआर वैल्यू आधी हो जाती है ।
- नोट – ऑन लोड टेप चेंजर्स के मामले में निर्माताओं की सिफ़ारिशों का पालन किया जाए ।
- सिलिकाजेल को 150 से 200 डिग्री सेन्टीग्रेड तक गरम करके रिएक्टिव किया जा सकता है ।
- जब भी ड्राइंग मीडियम बदला जाय, ऑइल सील बदल देनी चाहिए ।
- जब तक सभी एक्सटर्नल सर्किटों और टैंकों से अलग न कर दिया गया हो और सभी वाईंडिंग्स ठोस रूप से अर्थ न की गई हों, तब तक ट्रांसफार्मर पर कोई काम नहीं किया जाना चाहिए ।
- अगर सर्विस के दौरान कुछ असाधारण घटित होता है, तो निर्माताओं से सलाह की जानी चाहिए, उन्हें पूरी बात बताई जाए और घटना की पूरी जानकारी दी जाए साथ ही पहचान में मदद के लिए नेम प्लेट के विवरण भी दिए जाएँ ।

29

ट्रान्सफार्मरों के लिए ट्रबुल शूटिंग सारिणी (चार्ट)

तालिका – सभी ट्रान्सफार्मरों के लिए ट्रबुल शूटिंग सारिणी (चार्ट)

बाधा. - कारण. - निराकरण.

तापमान में वृद्धि. - वोल्टेज ज्यादा होना. - ज्यादा गर्म होने से बचने के लिए सर्किट वोल्टेज अथवा ट्रान्सफार्मर कनेक्शन बदल दे, अगर संभव हो ओ लोड घटाएँ ।

अधिक तापमान. - करंट ज्यादा होना . - लोड का पावर फ़ैक्टर सुधार कर ऐसा किया जा सकता है । करंट सर्कुलेट करने के लिए पैरेलल (समानान्तर) सर्किट चेक करें । इम्पीडेंस या गलत रेशों के चलते यह हो सकता है । इलेक्ट्रिकल ट्रबुल नीचे देखें -

हाई एम्बीएन्ट टेम्परेचर. - हवा आने जाने के रास्ते सुधारें अथवा ट्रान्सफार्मर को लोवर एम्बीएन्ट टेम्परेचर में रखें

अपर्याप्त कूलिंग. - अगर यूनिट कृत्रिम ढंग से प्रशीतित (ठंडा करना) की जाती है तो पर्याप्त प्रशीतन सुनिश्चित करें ।

ऑइल लोवर लिक्विड लेवल. - ऑइल सही लेवल तक भरे

स्लज्ड ऑइल. - कोर और क्वाइलोंको धोने के लिए फिल्टर प्रेशर का इस्तेमाल करें । गंदगी हटाने के लिए फिल्टर ऑइल भरें ।

शॉर्ट सर्किटेड कोर. - अधिक करंट और नो लोड लॉस के टेस्ट करें । अगर ज्यादा निकले , तो कोर का निरीक्षण करें और सुधारें । नीचे दिए गए इलेक्ट्रिकल ट्रबुल्स भी देखें -

इलेक्ट्रिकल ट्रबुल्स

वाईंडिंग फेल्यौर. - लाइटिनिंग, शॉर्ट सर्किट. - आमतौर पर जब भी किसी ट्रान्सफार्मर की वाईंडिंग फेल होती है तो ट्रान्सफार्मर स्वयं ही पावर सोर्स से डिसकनेक्ट हो जाता है । इसके लिए लगा सप्लाई ब्रेकर या फ्यूज उड़ जाता है ।

कोर फेल्यौर. - फारेन मेटेरियल. - केस में से धुआँ अथवा शोर के साथ आने वाले कूलिंग लिक्विड को निकाल दें । जब भी वाईंडिंग फेल्यौर का सबूत मिले तो ट्रान्सफार्मर को फुल रेटेड वोल्टेज पर चार्ज (ऊर्जित) नहीं किया जाना चाहिए क्योंकि इससे ट्रान्सफार्मर को नुकसान हो सकता है । साथ ही ट्रान्सफार्मरों में आग लगने का डर भी रहता है । सोर्स और लोड से डिसकनेक्ट करने के बाद निम्नलिखित पर नजर रखने की सिफारिश की जाती है ।

(क) - बुशिंग, लीडस और प्वाइंट हेड को बाहरी मैकेनिकल या इलेक्ट्रिकल नुकसान

(ख) - सभी कम्पार्टमेन्टों में इंस्यूलेशन लिक्विड का लेवल

(ग) - इंस्यूलेशन लिक्विड का तापमान, जहां भी यह मापा जा सके

(घ) - इंस्यूलेशन लिक्विड अथवा सीलिंग कम्पाउन्ड में लीकेज का सबूत

अधिक गर्म करंट. - शॉर्ट सर्किट हुआ कोर. - टेस्ट कोर लॉस, अगर ज्यादा है तो यह शॉर्ट सर्किट हुए कोर के कारण हो सकता है अगर टेस्ट कोर इंस्यूलेशन क्षतिग्रस्त हो गया है तो उसकी मरम्मत की जाए अगर लेमिनेशन एक साथ बेल्ड कर दिये गये हैं तो निर्माताओं से सलाह की जाए ।

ओपन कोर ज्वाइंटस. - कोर लॉस टेस्ट से साबित हो जाएगा कि नुकसान ज्यादा नहीं हुआ है । जोड़ों को ठोंक दें और जोड़ने वाले क्लैंपों को कस दें ।

गलत वोल्टेज. - अनुचित रेशों. - करेक्ट वोल्टेज के लिए टर्मिनल बोर्ड कनेक्शन अथवा रेशो एडजस्टर पोजीशन को बदल दें ।

ओडीबिल इंटरनल आर्किइंग. - आईसोलेटेड मैटेलिक पार्ट. - सोर्स का तुरन्त पता लगाया जाए, यह सुनिश्चित करें कि आमतौर पर जो भी पुर्जे कसे जा सकते हैं यानी क्लैम्प और कोर - वे सभी कसे हुए हों ।

लूज कनेक्शन . - ऊपर के अनुसार कार्यवाही करें, सभी कनेक्शन टाइट करें ।

लो लिक्विड लेवल जिससे लाइव पार्ट्स खुले में आ गए हैं. - ऑइल लेवल बनाए रखें ।

बुशिंग फ्लैश ओवर. - लाइटिनिंग. - लाइटिनिंग से पर्याप्त सुरक्षा प्रदान करें ।

- गंदे बुशिंग. - बुशिंग पोरसीलेन पर अगर गंदगी जमा हो गई है तो उसे साफ करें ।

मैकेनिकल ट्रबुल्स

स्क्रू ज्वाइंट से लीकेज. - चूड़ियों में कोई बाहरी पदार्थ , ओवल निपल्स, खराब चूड़ियाँ, इंप्रोपर फिलर, इंप्रोपर एसेम्बली. - सभी स्क्रू कस दें ।

गैस्केट में लीकेज . - पुअर स्काफ़र्ड ज्वाइंट्स, अपर्याप्त कम्प्रेशन गेस्केट और गेस्केट सर्फेसेज की अनुचित तैयारी. - सभी स्क्रू कस दें ।

बेल्डिंग में लीकेज. - ट्रिपिंग स्ट्रैस, इम्परफेक्टबेल्ड. - बेल्डिंग के लीकेज की मरम्मत की जाए ।

प्रेशर रेलीफ डायफ्रेम. - गलत एसेम्बली. - डायफ्रेम बदलें । जंग नमी के लिए पाइप के अन्दर देखें , ट्रान्सफार्मर को यदि सम्भव हो तो सुखा दें ताकि पानी की बूंदें खत्म हो जाएँ । ऑइल टेस्ट सम्भव है कि पानी की मौजूदगी न बता सके ।

प्रेशर रिलीफ़ डायफ्रेम क्षतिग्रस्त. - इंटरनल फाल्ट, कंजर्वेटर ट्रान्सफार्मर में रुका हुआ तेल प्रवाह या ब्रीदिंग. - यह देखने के लिए चेक करें कि कंजर्वेटर और टैंक के बीच वाल्व खुला है और कंजर्वेटर पर लगा वेंटीलेटर बन्द नहीं है ।

गैस सील ट्रान्सफार्मर में फंस गया प्रेशर रिलीव वाल्व. - सुनिश्चित करें कि रिलीफ़ वाल्व काम कर रहा है और डिस्चार्ज लाइन के सभी वाल्व खुले हैं ।

सील्ड ट्रान्सफार्मर में लिक्विड लेवल काफी ऊंचा है . - लिक्विड लेवल को इस तरह समायोजित किया जाए कि यह लिक्विड टेम्परेचर के अनुरूप हो ताकि लिक्विड के प्रेशर के लिए काफी जगह मिल सके ।

मोइसचर कंडेन्सेशन. - अपर्याप्त अथवा अनुचित वेंटिलेटर. - सुनिश्चित करें कि सभी ओपनिंग्स खुले हैं ।

ओपन टाइप ट्रान्सफार्मरों और एयरफिल्ड कम्पार्टमेंट में मोइसचर कंडेन्सेशन. - डायफ्रेम क्रैक है . - क्रैक और क्षतिग्रस्त डायफ्रेम इन्सील्ड ट्रांसफार्मर्स के उपाय ऊपर देखें ।

तेल में नमी. - ऑइल फिल्टर करें ।

ऑडियो नोइज़. - गेस्केट और ज्वाइंटस में लीकेज. - सुनिश्चित करें कि सभी जोड़ टाइट हैं । सभी पुर्जे कसें ।

- ट्रान्सफार्मर के सहायक पुर्जों में आवाज और कम्पन है जिससे शोर हो रहा है. - सभी पुर्जे कसें । कुछ पुर्जों में कम्पन हो सकता है । इन पर प्रेशर कम करने से यह फाल्ट दूर हो जाएगा ।

पेन्ट वाले स्थानों पर जंग लगना और क्षरण. - अब्रेडेड सर्फेसेज और बेदरिंग (मौसम). - मशीन के खुले हिस्सों पर ग्रीज लगाएँ ।

बुशिंग के क्षतिग्रस्त धातु अथवा पोर्सिलेन के पुर्जे. - टर्मिनल कनेशनों पर जोर पड़ रहा है. - असाधारण ट्रान्सफार्मर के टर्मिनलों के केबिल और बस बार को पर्याप्त सपोर्ट मिलना चाहिए । अगर लीडस भारी हुई तो उन्हें बुशिंग पोर्सिलेन और टर्मिनल पर फ्लैक्सिबिल कनेक्शन देना चाहिए ताकि उन पर दबाब कम हो ।

ऑइल ट्रबुल्स (आई एस 1866 - 1978) भी देखें -

लो डाइलेक्ट्रिक स्ट्रेंथ . - इंप्रोपर वेनटिलेशन से ओपन टाइप ट्रान्सफार्मरों में कंडेन्सेशन. - वेनटिलेशन के सभी मुंह खोलें, उनमें कोई रुकावट न हो ।

- क्षतिग्रस्त डायफ्रेम. - डायफ्रेम बदल दें ।

- कवर एसेसरीज़ में लीकेज. - जरूरत हो तो गेस्केट दोबारा लगाएँ ।

- लीकी कूलिंग क्वाइल . - ` कूलिंग क्वाइल टेस्ट करें और उसकी मरम्मत करें ।

बेरंगत तेल. - वार्निश और कार्बनों तथा बार बार स्वीचिंग के चलते प्रदूषित अथवा कोर फैल्यौर. - अगर तेल की डाइलेक्ट्रिक स्ट्रेंथ ठीक है तो उसे रखें ।

आक्सीडेशन (स्लज अथवा एसिडिटी). - खुला हुआ. - कोर और क्वाइलों तथा टैंक को धोयें । तेल फिल्टर करें अथवा बदलें ।

- संचालन के दौरान उंचा तापमान . - ऊपर के अनुसार कम करें । लोड घटा दें अथवा कूलिंग सुधारें ।

अगर सर्विस के दौरान कोई असाधारण घटना घटे, तो निर्माता की सलाह का पालन किया जाना चाहिए, उन्हें पूरी जानकारी देनी चाहिए, घटना का विवरण देना चाहिए और पहचान में सहायता के लिए नेम प्लेट के विवरण दी जाने चाहिए ।

30

फिल्टर मशीन, ऑइल टेस्टिंग किट

फिल्टर मशीन

फिल्टर मशीन ट्रान्सफार्मर के ऑइल (तेल) को फिल्टर करती है । फिल्टर मशीन का उपयोग करते हुये ट्रान्सफार्मर टैंक में तेल 75 डिग्री सेल्सियस तक गरम हो जाता है । जब यह तेल ट्रान्सफार्मर के टैंक में सर्कुलेट करता है, इसके कारण वाईंडिंग और कोर से नमी दूर हो जाती है । फिल्टर मशीन के डिहाइड्रेशन चैम्बर में यह नमी दूर कर दी जाती है जिससे तेल की डाई – इलेक्ट्रिक स्ट्रैंथ बढ़ जाती है । इस प्रकार ट्रान्सफार्मर सूख जाता है और उसके तेल की डाई – इलेक्ट्रिक स्ट्रैंथ में भी सुधार आ जाता है ।

बीडीवी टेस्ट – ब्रेक डाउन वोल्टेज टेस्ट – ऑइल टेस्टिंग किट –

ऑइल टेस्टिंग किट कांच का बना अथवा पीवीसी का एक 80 x 55 x 100 एम एम (मिलीमीटर) का एक चैम्बर (कक्ष) होता है । इसमें मानक आकार के पोलिश किए गए और क्रोम प्लेट के बने दो इलेक्ट्रोड लगे होते हैं । ये आई एस द्वारा निर्धारित दूरी यानि 40 मिलीमीटर नीचे फिट किए होते हैं । इलेक्ट्रोड को पड़ी (होरीजोंटल) अवस्था में एडजस्ट करने का प्रावधान होता है । इलेक्ट्रोडस के फेजेज़ के बीच किसी विशेष स्पार्क की गैप 2.5 एमएम (मिलीमीटर) एडजस्ट करना अच्छा होता है ।

टेस्ट चैम्बर को ऐसा डिजाइन किया जाता है कि वह 60 केवी तक वोल्टेज सहन कर सके । तेल टेस्ट चैम्बर में इस तरह से रखा जाता है कि वह चैम्बरके एक मिलीमीटर नीचे तक टेस्टिंग के लिए एडजस्ट किया जा सके । इस उपकरण में एक सिंगल फेज आटो ट्रान्सफार्मर लगा होता है जिसमें एसी प्राइमरी 230 वोल्ट का और सेकेन्डरी आउट पुट 60 केवी तक का होता है । प्राइमरी साइड पर इसमें वोल्टमीटर लगा होता है जो सेकेन्डरी में वोल्टेज केवी में दिखाता है । प्राइमरी साइड पर एक एमीटर और साइड ब्रेकर लगाया जाता है । जब भी इलेक्ट्रोडस के बीच चिंगारी उठती हैं । ओवरलोड पर सीवी ट्रिप कर जाता है और इस तरह से किट एचटी सप्लाई से अलग हो जाता है ।

ऑइल टेस्टिंग का तरीका –

पहले टेस्ट चैम्बर को ऑइल सैंपल से लगाये गये निशान तक भर दें । उसका स्तर चैम्बर के कवर के टॉप से 10 मिलीमीटर होना चाहिए । अगर मशीन को हाथ से चलाते हैं , तो वोल्टेज बढ़ा दीजिए । इसके पहले एचटी स्विच ऑन करके वैरीयक की मदद से इसे 2 केवी प्रति सेकेंड कर दीजिये । लेकिन अगर मशीन मोटर से चलती है तो स्टेपर मोटर को वोल्टेज बढ़ाने के लिए सेट कर दीजिये । वोल्टेज तब तक बधाई जावे जब तक इलेक्ट्रोडस के बीच तेल का ब्रेक डाउन नहीं हो जाता । अगर उस सैम्पल की रीडिंग और औसत वैल्यू 6 आती तो उसी को रीडिंग समझिए और बीडीवी मानिए ।

ट्रांसफार्मर आयल में नमी जानने हेतु –

ट्रांसफार्मर आयल का बीडीवी (ब्रेक डाउन वोल्टेज) टेस्ट 2.5 एमएम गेप पर एक मिनट 40 केवी एवं अधिक स्टैंड करना चाहिए । इसके अलावा भी निम्न टेस्ट रजिल्ट भी होते हैं –

बीडीवी ऑइल टेस्ट रजिल्ट –

क्रमांक (1). - गैप (2). - समय (3). - टेस्ट रजिल्ट (4).

नया तेल . - 2.5 एमएम . - 1 मिनट . - 50 केवी .

पुराना तेल . - 2.5 एमएम. - 1 मिनट . - 30 केवी

31

बाइमैटेलिक रिएक्शन (द्वि धातु प्रक्रिया) और स्टोपिंग ऑइल लीकेज (तेल लीकेज रोकना)

बाइमैटेलिक रिएक्शन (द्वि धातु प्रक्रिया) और स्टोपिंग ऑइल लीकेज (तेल लीकेज रोकना)

बाइमैटेलिक रिएक्शन – जब दो धातुओं को आपस में जोड़ा जाता है, और उनके जुड़े रहने पर विद्युत प्रवाह का प्रभाव, ऊष्मा का प्रभाव, वातावरण का प्रभाव जो होता है उसे बाइमैटेलिक रिएक्शन (द्वि धातु प्रक्रिया) कहते हैं । यहा यह भी स्पष्ट करना आवश्यक है कि यदि दो धातुओं को आपस में मिलाकर मिश्रित कर नयी धातु बनती है वह उपरोक्त से अलग है । जैसे तांबा (कॉपर) एवं जस्ता (जिंक) से पीतल (ब्रास) का बनाना ।

विद्युत क्षेत्र में बाइमैटेलिक रिएक्शन विशेषत: जहां ज्वाइंट (जोड़) और वह भी विभिन्न धातु के होते हैं, इसके प्रभाव का अध्ययन, विवेचना और सावधानी बरतनी होती है । इसमें सबसे बड़ा प्रभाव ज्वाइंट के आपस में ढीलें (लूज) होना है । इससे विद्युत प्रवाह में अवरोध (कम मात्रा करंट की होना) तथा दोनों धातुओं के बीच ऊर्जा के कारण धातुओं का अत्यधिक गर्म होना होता है । इससे ऐसी स्थिति उत्पन्न हो जाती है कि स्पार्क (चिंगारी) के माध्यम से किसी भी प्रकार की अप्रिय घटना से उपकरण और मानव दोनों प्रभावित होते हैं । मुख्यत: ट्रांसफार्मर के अन्दर लूज कनेक्शन की स्पार्क से ट्रांसफार्मर बॉडी में छेद होना और छेद से गर्म तेल निकलने से उपकरण स्वयं क्षतिग्रस्त होना और उसके क्षेत्र में अन्य उपकरण एवं मानव भी प्रभावित होते हैं ।

बाइमैटेलिक रिएक्शन से प्राय: एबी स्विच के जमफर (लूज कनेक्शन के कारण) गर्म होकर गल जाते हैं और विद्युत आपूर्ति बाधित होने के साथ उस क्षेत्र में स्पार्क की गर्मी से इन्स्युलेटर आदि के चटकने/फटने से लोहे के स्ट्रक्चर में करंट आने से अप्रिय घटना घटती है ।

ट्रांसफार्मर (वितरण व पावर) तथा उपकेंद्र में स्थापित अन्य उपकरण वीसीबी, सीटी, पीटी एवं सीटी पीटी यूनिट (एमई), लाइटिनिंग अरेस्टर, आइसोलेटर, एबी स्विच, कन्ट्रोल रुम (नियंत्रण कक्ष) में बैटरी के कनेक्शन सभी उचित तरीके से होना अनिवार्य हैं, जिससे बाइमैटेलिक रिएक्शन को कम किया जा सके । यह मुख्यत: बाहरी ज्वाइंट कनेक्शन हैं जिन्हें समय – समय पर निरीक्षण के दौरान पाई/देखी गई कमियों को सुधारा जा सकता है ।

उपकरणों के अन्दर मुख्यत: ट्रांसफार्मर, वीसीबी, सीटी, पीटी तथा सीटी पीटी (एमई) यूनिट में भी बाइमैटेलिक ज्वाइंट होते हैं जिन्हें बाहर से नहीं देखा जा सकता । ऐसे सभी बाइमैटेलिक कनेक्शन उचित तरीके से होने आवश्यक हैं । उपकरण के अन्दर के बाइमैटेलिक लूज कनेक्शन की स्पार्क से उपकरण से गड़गड़ाहट की आवाज उत्पन्न होती है, संबन्धित फेज का वोल्टेज, करंट प्रभावित होता है । तत्काल ऐसे उपकरण का बंद कर सुधारात्मक कार्य करके ही उपकरण को पुन: संयोजन कर उपयोग में लाया जाये, अन्यथा की स्थित में लगातार स्पार्क से टैंक, उपकरण के रेडिएटर, जमफर के कारण क्षतिग्रस्त होती हैं और गर्म ऑइल (तेल) बाहर निकालने से उससे संभावित दुर्घटनाओं से नहीं बचा जा सकता है ।

बाइमैटेलिक – क्लैम्प की आवश्यकता क्यों ?–

प्राय: जहां विद्युत सर्किट, उपकरण को परीक्षण, निरीक्षण तथा संधारण/अनुरक्षण (मेंटीनेंस) के लिए लाइन व उपकरण के चालू सर्किट से अलग करना, जैसे एबी स्विच खोलना, एबी स्विच के दोनों तरफ बाइमैटेलिक क्लैम्प लगाते हैं । ट्रांसफार्मर, सीटी, पीटी, वीसीबी, सीटी पीटी यूनिट को सर्किट से अलग करने के उपकरणों की बुशिंग के बाइमैटेलिक जमफर खोलकर या बाइमैटेलिक को यूनिट (उपकरण) से अलग करना आसान, बार – बार प्रयोग के कारण बाइमैटेलिक क्लैम्प सर्किट में अधिक मजबूत तथा अधिक करंट ले जाने की क्षमता इनमें

होती है, केवल मुख्य सावधानी कनेक्शन करने व खोलने की आवश्यक होती है । बुशिंग के बाइमैटेलिक क्लैम्प की बुशिंग रोड में यदि उचित कसावट से अधिक कसावट से बुशिंग टूट सकती है अथवा उपकरण अंदर के कनेक्शन भी प्रभावित हो सकते हैं । यह सावधानी आवश्यक है ।

तेल (ऑइल) लीकेज बंद करना –

ऑइल एक तरल पदार्थ होता है जो हमेशा खुले में ऊंचे से नीचे की ओर बहता है । यहां हम विद्युत उपकरणों (ट्रान्सफार्मर, सीटी, पीटी, ओसीबी, वीसीबी, सीटी पीटी यूनिट) में ऑइल का उपयोग होता है । उसे प्राय: ट्रान्सफार्मर ऑइल के नाम से सम्बोधित करते हैं । इसकी मुख्य विशेषता यह है कि विद्युत का कुचालक होता है, जबकि अन्य ऑइल अधिकतर विद्युत के सुचालक होते हैं । ट्रान्सफार्मर ऑइल विद्युत का कुचालक होने से ही उपकरणों को ठंडा (कूलिंग) करने हेतु उपयोग किया जाता है ।

ट्रान्सफार्मर ऑइल –

1. ट्रान्सफार्मर ऑइल एक हाइड्रोकार्बन आधारित खनिज तेल होता है । यह अशुद्धताओं और नमी से मुक्त होता है । इसके रासायनिक/ भौतिक (फिजीकल) और इलेक्ट्रिकल गुणों का विवरण आईएस 335:1989 में दिये गये हैं, खासतौर पर नए ट्रान्सफार्मर ऑइल की डाइलेक्ट्रिक स्ट्रेंथ एक मिनट के लिए कम से कम 50 केवी होना चाहिए ।

आँख से निरीक्षण करने पर ट्रांसरमर ऑइल की तुलना निम्नलिखित प्रकार से की जा सकती है –
रंग (1). - तेल की गुणवत्ता (क्वालिटी) (2).
पीला/पारदर्शी/चमकदार. - बहुत अच्छा.
पीला/भद्दा. - अच्छा.
भूरा . - अच्छा नहीं.
काला/भूरा. - मिलावटी.
काला. - खराब/फेंकने लायक

1. **ऑइल का तापमान–** ट्रांसफार्मर का टेम्परेचर विभिन्न कारणों से बढ़ता है । ट्रान्सफार्मर वाईंडिंग ऑइल के गरम होने का एक कारण है ओवर लोडिंग । असाधारण रूप से वाईंडिंग और ट्रान्सफार्मर के ऑइल का टेम्परेचर बढ़ते ही उसे निराकसन करके तुरन्त अलग थलग कर देना चाहिए । ट्रान्सफार्मर पर वास्तविक कुशलता वाला कूलिंग सिस्टम लगाना चाहिए । अगर ठंडा करने के लिए फेन लगाए गए हैं तो उन्हें तब तक चलना चाहिए जब तक टेम्परेचर सामान्य न हो जावे ।

2. **ऑइल लेवल –** ट्रान्सफार्मर ऑइल लेवल का नियमित रूप से निरीक्षण करते रहना चाहिए । अगर ऑइल लीकेज या वाष्प/भाप बनकर उड़ जाने के कारण ऑइल लेवल घट गया हो तो उसमें अच्छी क्वालिटी का ताजा ऑइल भर देना चाहिए ।

ऑइल लीकेज तथा उसे रोकना –

1. ऑइल लेवल व गेज, गेस्केट शीट से ऑइल लीक होने लगता है । पेकिंग गेस्केट, वॉल्ट, बेल्डिड ज्वाइंट, रेडिएटर और वाल्व फ्लेग आदि पर ऑइल लीक होने लगता है किसी अन्य प्रकार का लीकेज होने पर उस पर तुरन्त ध्यान देना चाहिए । ऑइल लीकेज अगर गेस्केट पर है तो उसके नट बोल्ट टाइट कर दिये जायें । अगर फिर भी ऑइल लीकेज न रुके तो पुराने गेस्केट की जगह नया गेस्केट लगा दिया जावे । लेकिन लीकेज ज्वाइंट्स से हो रहा है तो उसे बेल्डिंग करने की जरूरत होगी । तत्काल व्यवस्था के लिए एम सील कम्पाउंड उपयोग कर सकते हैं ।

2. **ट्रान्सफार्मर बॉडी/रेडिएटर –** ट्रान्सफार्मर बॉडी, रेडिएटर और दूसरे हिस्से को ध्यान से देखना चाहिए, कि उस पर जंग (रस्टिंग) तो नहीं लग रहा है । अगर किसी हिस्से पर जंग लगा है तो उस पर पेन्ट कर देना चाहिए, ट्रान्सफार्मर को समय - समय पर पेन्ट करते रहना चाहिए विशेषकर ऐसे स्थान/वातावरण जहाँ केमिकल प्रभाव रहता हो । अन्यथा की स्थिति में लगातार जंग से बॉडी व रेडिएटर से ऑइल लेकेज हो सकता है ।

3. **इंस्यूलेटर बुशिंग –** एक साफ और सूखा कपड़ा लेकर इंस्यूलेटर बुशिंग को साफ करते रहना चाहिए, ध्यान से देखें कि बुशिंग में न क्रैक हो और नहीं चिपिंग । अगर हो तो उनपर एम सील एडेसिव लगादें । नहीं तो बुशिंग में क्रैक बढ़ने और बुशिंग टूटने, पंचर होने की स्थिति में ऑइल लीकेज की पूरी संभावनाएं रहती हैं ।

4. **बाहरी जमफर – कनेक्शन –** बाहरी कनेक्शनों की जांच करते रहें, जले हुए या जंग लगे हुए कंडक्टर को तुरन्त बदलें । दोनों तरफ के जमफरों को इंस्यूलेटिड (प्लास्टिक पाइप, केवल जमफर अथवा इंस्यूलेटिंग कम्पाउंड की कोटिंग कंडक्टर पर) करने से जमफर टूटने की

स्थिति में रेडिएटर अथवा बॉडी में छेद नहीं होगा और ऑइल लीकेज होने से बच जाएगा ।

5. **ऑइल टेम्परेचर** - ओवर लोडिंग के कारण टेम्परेचर बहुत बढ़ जाता है ऐसी हालत में ट्रान्सफार्मर को स्विच ऑफ कर देना चाहिए या कूलिंग फेन चला देने चाहिए अन्यथा ऑइल गरम होकर बाहर निकाल सकता है ।

6. **कंजर्वेटर टैंक** – कंजर्वेटर टैंक के हाई लेवल को नियमित रूप से चेक करें । कंजर्वेटर टैंक पूरा नहीं भरना चाहिए अन्यथा ऑइल गरम होने की स्थिति में बाहर निकलेगा ।

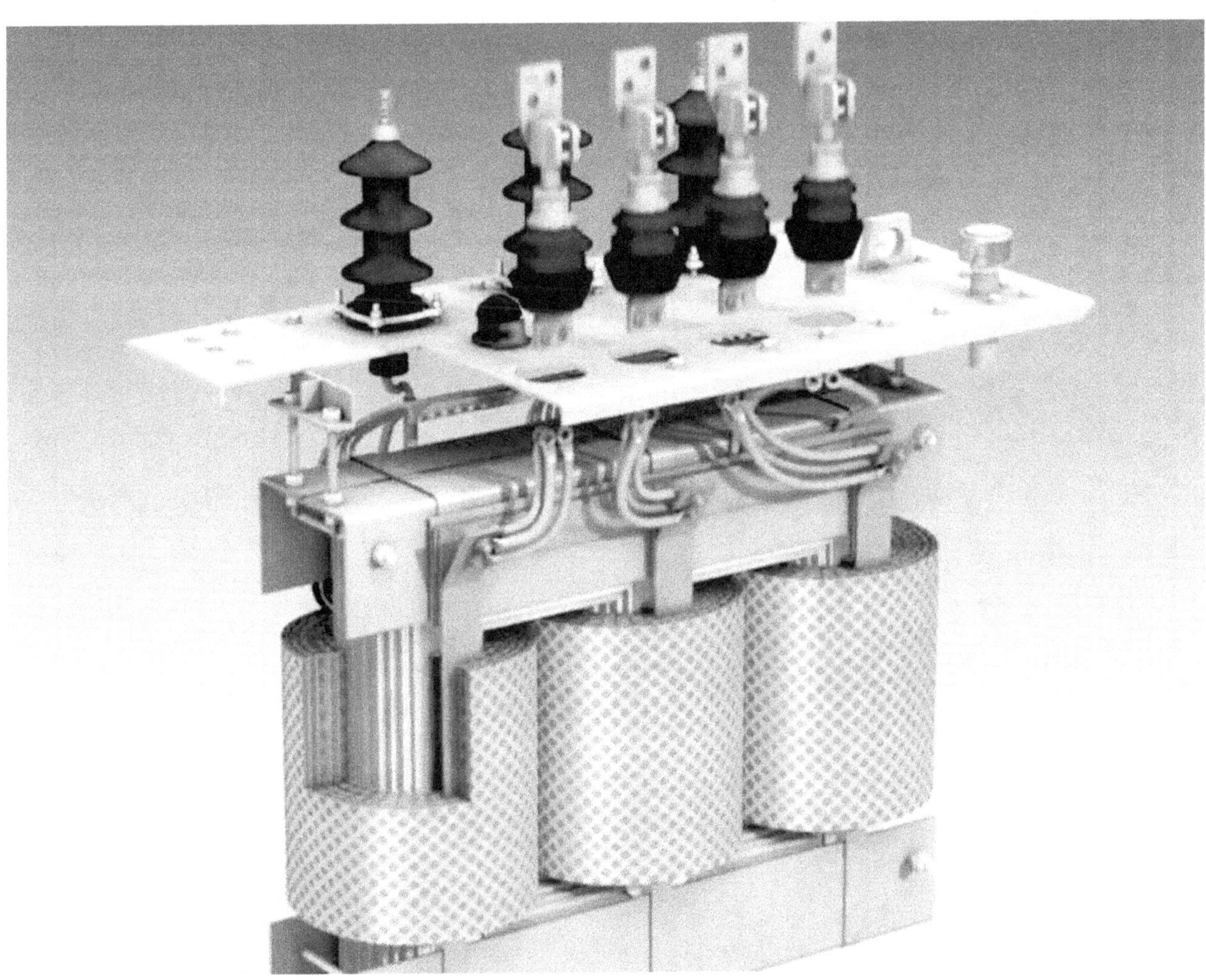

बाइमैटेलिक कनेक्शन

बाइमैटेलिक कनेक्शन

33/11 केवी उपकेन्द्र के प्रपत्र/रजिस्टर

33/11 केवी उपकेन्द्र के प्रपत्र/रजिस्टर

रजिस्टर – 1 डेली लोग शीट -

1. डेली कन्ट्रोल रूम लोग शीट – 33/11 केवी उप केंद्र ----------------------- दिनांक --------------------

- समय (बजे – आवर)
- वोलेट्ज़ 33 केवी
- वोलेट्ज़ 11 केवी
- ट्रांसफार्मर नंबर – 1 - टेम्परेचर
- ट्रांसफार्मर नंबर – 1- 11 केवी साइड लोड एम्पीयर
- ट्रांसफार्मर नंबर – 2 - टेम्परेचर
- ट्रांसफार्मर नंबर – 2 - 11 केवी साइड लोड एम्पीयर
- 11 केवी फीडर -1 लोड एम्पीयर
- 11 केवी फीडर - 2 लोड एम्पीयर
- 11 केवी फीडर -3 लोड एम्पीयर

फाल्टी/हेंड ट्रिपिंग परमिट और लोड शेडिंग

फीडर नाम - , समय कब से कब तक -, इंडीकेशन/रिमार्क -

ग्रुप लोड शेडिंग -

ग्रुप का नाम, - ग्रुप आपरेशन समय – कब से, - ग्रुप आपरेशन समय – कब तक

शिफ्ट रिकार्ड - शिफ्ट, - नाम, - हस्ताक्षर, - बैटरी वोल्ट, - बैटरी करेंट .

रजिस्टर – 2 – शिफ्ट रजिस्टर -

विद्युत 33/11 केवी उप केंद्र पारी पंजी (शिफ्ट रजिस्टर) –

33/11 केवी उपकेंद्र -----------------------

क्रमांक (1), - दिनांक (2), - समय (3), - कार्य का विवरण (4), - आपरेटर का नाम (5),- हस्ताक्षर (6)

नोट – इस रजिस्टर में आपरेटर अपनी ड्यूटी पर चार्ज लेने के समय से लेकर दूसरे आपरेटर को चार्ज देने के समय तक रहना (स्टे), उसके द्वारा किये गये/अथवा किसी अधिकृत अधिकारी/कर्मचारी द्वारा दिये गये कार्य का समस्त विवरण लिखेंगे ।

हस्ताक्षर एवं नाम ------------- हस्ताक्षर एवं नाम -------------

चार्ज देने वाला आपरेटर ----------- चार्ज देने वाला आपरेटर -----------

रजिस्टर – 3 – मेसेज बुक -

संदेश पुस्तिका (मेसेज बुक)

क्रमांक (1), - दिनांक (2), - समय (3), - कार्यालय अथवा नियंत्रण केन्द्र का नाम जहां से संदेश दिया गया (4), - संदेश देने वाले अधिकारी/ कर्मचारी का नाम और पद (5), - संदेश (6), - संदेश प्राप्त करने वाले अधिकारी/कर्मचारी का विवरण – नाम व पद (7), - संदेश प्राप्त करने वाले अधिकारी / कर्मचारी का विवरण – फोन या मोबाइल नम्बर (8), - हस्ताक्षर (9), - अन्य टीप (10).

रजिस्टर 4 – बैटरी मेंटीनेंस रजिस्टर -

बैटरी संधारण (मेंटीनेंस) रजिस्टर -

क्रमांक (1), - दिनांक (2), - क्या कनेक्शन कसे गए (3), - क्या बैटरी टर्मिनलों पर पेट्रोलियम जेली लगाई गई (4), - बैटरी के प्रत्येक सेल की स्पेसिफिक ग्रेविटी की जांच रिपोर्ट (5), - इलेक्ट्रोलाइट स्तर की जांच रिपोर्ट (6), - चार्जर की कार्य कुशलता की जांच, करेंट, वोल्टेज, स्विच आदि की स्थिति (7), - बैटरी को बिना चार्जर 30 मिनट तक रखने पर कितना वोल्टेज ड्राप हुआ (8), - बैटरी को 70 वोल्टेज पर ट्रिप की रिपोर्ट(9), - प्रत्येक सेल का वोल्टेज (10), - क्या डिस्टिल्ड वाटर डाला गया (11), - अन्य टीप (12).

रजिस्टर – 5 – वर्क एट साइट रजिस्टर -

कार्य स्थल (वर्क एट साइट) रजिस्टर

क्रमांक (1), - दिनांक (2), - समय (3), - संधारण कार्य करने वाले अधिकारी / कर्मचारी का विवरण – नाम पद , पद स्थापना स्थल (4), - किए गए कार्य का विवरण (5), - हस्ताक्षर (6), - अन्य - टीप (7).

रजिस्टर – 6 – इंट्रप्सन रजिस्टर -

व्यवधान पंजी (इंट्रप्सन रजिस्टर) -

क्रमांक (1), - दिनांक (2), - फीडर का नाम जिस पर ट्रिपिंग आई (3), - ट्रिपिंग का समय (4), - ट्रिपिंग के साथ गिरने वाले फ्लेग अथवा इंडिकेशन का विवरण (5), - चार्जिंग का समय (6), - चार्जिंग पर लाइन होल्ड हुई अथवा नहीं (7), - क्या फीडर फाल्टी घोषित किया गया (8), - फीडर फाल्ट घोषित होने की जानकारी जिस कर्मचारी/अधिकारी को दी गई उनका नाम , मोबाइल/फोन नम्बर आदि (9), - अन्य जानकारी (10), - ड्यूटी आपरेटर का नाम एवं हस्ताक्षर तथा समय (11).

रजिस्टर – 7 – एमएएस रजिस्टर -

एमएएस (मेटेरियल एट साइट) रजिस्टर – सामग्री क्रमानुसार स्थल रजिस्टर –

पावती (प्राप्ति) जानकारी

क्रमांक (1), - पावती (प्राप्ति) की दिनांक (2), - पावती (प्राप्ति) का स्रोत (3), - पावती (प्राप्ति) का संदर्भ गेट पास नम्बर (4), - पावती (प्राप्ति) का संदर्भ दिनांक (5), - प्राप्त मात्रा (6), - कुल आवर्ती योग (प्रोग्रेसिव जोड़) (7)., - रिमार्क (8).

इश्यू (देना/उपयोग) जानकारी

क्रमांक (9), - किसे दिया गया (10), - दिये जाने का संदर्भ - गेट पास नम्बर (11), - दिये जाने का संदर्भ – दिनांक (12), - दी गई मात्रा (13), - कुल आवर्ती योग (प्रोग्रेसिव जोड़) (14), - शेष/ बकाया मात्रा (15)., - रिमार्क (16).

रजिस्टर 8 – उपकेंद्र ओसीबी, वीसीबी रख रखाव रजिस्टर –

क्रमांक (1), - दिनांक (2), - वीसीबी विवरण 33 केवी / 11 केवी / मेन / फीडर (3), - ब्रेकर ऑन (4), - ब्रेकर ऑफ (5), - ट्रिप टेस्ट सही रहा - हाँ / नहीं (6), - अर्थ रजिसटेन्स (7), - तीनों पोल के साथ ऑन / ऑफ हो रहे हैं - हाँ / नहीं (8), - मेकेनिज़म बॉक्स में ओइलिंग ग्रीसिंग की गई - हाँ / नही (9), - ओसीबी में ऑइल बदला गया - हाँ / नहीं (10), - वीसीबी में मेल / फीमेल कोनटेक्ट साफ किए - हाँ / नहीं (11), पोल पेनीट्रेशन एडजस्ट किया - हाँ / नहीं (12), - टीम इंचार्ज का नाम व पद और हस्ताक्षर (13), - रिमार्क (14).

रजिस्टर 9 – पावर ट्रान्सफार्मर रख रखाव रजिस्टर –

क्रमांक (1), - दिनांक (2), - ट्रान्सफार्मर का विवरण (3), - आईआर वैल्यू (4), - हमिंग (5), - ऑइल लेवल (6), - टैंक की धुलाई (7), - बुशिंग की सफाई (8), - ओटीआई, डब्ल्यूटी आई केलिब्रेशन किया गया - हाँ/ नहीं (9), - ओटीआई - अलार्म तापमान सेटिंग (10), - डब्ल्यूटी आई - ट्रिप तापमान सेटिंग (11), - ओटी आई तथा डब्ल्यू टीआई अलार्म एवं ट्रिप टेस्ट किया - हाँ/नहीं (12), - बुकोल्ज़ एयर पम्प से अलार्म एवं ट्रिप टेस्ट सही हुआ - हाँ/नहीं (13), - डिफरेंशियल ट्रिप टेस्ट सही हुआ - हाँ/नहीं (14), - 70 बैटरी वॉल्ट पर ट्रिप टेस्ट (15), - एयर से रिले कोनटेक्ट्स क्लीनिंग की गई - हाँ/नहीं (16), - रिले कोआर्डिनेशन ई एच वी उपकेंद्र से किया गया हाँ/नहीं (17), -अर्थ रजिसटेन्स की वैल्यू 2 ओम से अधिक मिली, किसी उपकरण की कितने ओहम, 33 केवी या 11 केवी (18), - अर्थ रजिसटेन्स 2 ओहम से अधिक की अर्थ स्ट्रिप खुदवाकर चेक करवाई - हाँ/नहीं (19), - अर्थिंग क्षतिग्रस्त मिलने पर ठीक करवाई गई - हाँ/नहीं (20), - अर्थ पिट्स पर वाटरिंग की जा रही है - हाँ/नहीं (21), - ब्रीडरमें सिलिकाजेल बदली एवं ऑइल पोट में ऑइल डाला - हाँ/नहीं (22), - ऑइल टेस्ट - बीडीवी वैल्यू (23), - ऑइल टेस्ट - क्रेकल टेस्ट में नमी मिली - हाँ/नहीं (24), - ट्रान्सफारमर न्यूट्रल करेंट (25), - दोनों साइन 33 केवी और 11 केवी के एलए (लाइटिनिंग अरेस्टर) स्थिति (26), - रिमार्क (27).

रजिस्टर – 10 – क -

सप्लाई रिलाइबिलिटी इंडेक्स 33 केवी फीडर रजिस्टर

क्रमांक (1), - संभाग नाम - वृत्त नाम (2), -ईएचवी उपकेंद्र से निकले 33 केवी फीडर संख्या (3), - कुल उपभोक्ता संख्या (4), - ट्रिपिंग / ब्रेक डाउन / शट डाउन 33 केवी फीडर संख्या - ट्रांजिएन्ट फल्ट (5), - शट डाउन (6), - ब्रेक डाउन (7), - कुल योग (टोटल) (8) , - व्यवधान समय (मिनट में) – ट्रांजिएन्ट (9), - शट डाउन (10), - ब्रेक डाउन (11), - कुल योग (टोटल) (12), - कुल प्रभावित उपभोक्ता संख्या (13), - रिमार्क – ट्रिपिंग कारण / कार्यवाही (14).

सैफी (8)/ (3) - (15)

सेडी (12)/ (3) - (16)

रिलाइबिलिटी इंडेक्स फीडर

{ 1- (16)} / { (24 x 365 x 60)} x 100 - (17).

रजिस्टर 10 – ख -

सप्लाई रिलाइबिलिटी इंडेक्स 11 फीडर रजिस्टर –

क्रमांक (1), - संभाग नाम - वृत्त नाम (2), - ईएचवी उपकेंद्र से निकले 11 केवी फीडर संख्या (3), - कुल उपभोक्ता संख्या (4), - ट्रिपिंग / ब्रेक डाउन / शट डाउन 11 केवी फीडर संख्या - ट्रांजिएन्ट फल्ट (5), - शट डाउन (6), - ब्रेक डाउन (7), - कुल योग (टोटल) (8) , - व्यवधान समय (मिनट में) – ट्रांजिएन्ट (9), - शट डाउन (10), - ब्रेक डाउन (11), - कुल योग (टोटल) (12), - कुल प्रभावित उपभोक्ता संख्या (13), - रिमार्क – ट्रिपिंग कारण / कार्यवाही (14).

सैफी (8)/ (3) - (15)

सेडी (12)/ (3) - (16)

रिलाइबिल्टी इंडेक्स फीडर

{ 1- (16)} / { (24 x 365 x 60)} x 100 - (17).

प्री और पोस्ट मानसून मेंटीनेंस प्लान – 33/11 केवी उपकेंद्र –

क्रमांक (1), - मेंटीनेंस दिनांक (2), - 33/11 केवी उपकेंद्र का नाम (3), - उपकेंद्र प्रभारी अधिकारी नाम पद (4), - उपकेंद्र क्षमता (5), - पीटीआर क्षमता व संख्या (6), - 33 केवी ब्रेकर संख्या (7), - 11 केवी ब्रेकर संख्या (8), - कैपेसिटर बैंक स्थापित - संख्या/क्षमता (9), - कैपेसिटर बैंक कार्यरत – संख्या / क्षमता (10), - रिमार्क (11).

प्रपत्र – पावर ट्रान्सफार्मर (नवीन/रिपेयर्ड/रिकंडीशंड/क्षमता वृद्धि/अतिरिक्त) संस्थापना सूचना (कमीशनिंग रिपोर्ट) – प्रारूप -

क्रमांक (1). - विवरण – पावर ट्रान्सफार्मर (2). - विवरण – जानकारी (3).

1. - 33/11 केवी उप केन्द्र का नाम. -

2. - वृत्त (सर्किल) का नाम. -

3. - संभाग (डिवीजन) का नाम. -

4. - उप संभाग/वितरण केन्द्र का नाम. -

5. - पवार ट्रान्सफार्मर (नवीन/रिपेयर्ड/रिकंडीशंड/क्षमता वृद्धि/अतिरिक्त). -

6. - ट्रान्सफार्मर निर्माता/रिपेयरर का नाम. -

7. - पावर ट्रान्सफार्मर सीरियल नम्बर. -

8. - रिपेयरर का नाम, सीरियल नम्बर, रिपेयर दिनांक. -

9. - पावर ट्रान्सफार्मर क्षमता (एमवीए). -

10. - पावर ट्रान्सफार्मर वोल्टेज प्राइमरी/सेकेन्डरी साइड. -

11. - पावर ट्रान्सफार्मर % इम्पीडेंस. -

12. - टेप्स नम्बर . -

13. - स्थापना के समय टेप की स्थिति (टेप नम्बर). -

14. - पावर ट्रान्सफार्मर क्रय आदेश (परचेज़ ऑर्डर)/आरसीए (रेट कोनटेक्ट अवार्ड) संदर्भ . -

15. - ट्रान्सफार्मर प्राप्ति – स्टोर/रिपेयरर. -

16. - गेट पास नम्बर एवं दिनांक . -

17. - ट्रान्सफार्मर स्थापना संदर्भ (स्वीकृत प्राकलन एवं कार्यादेश/एस्टीमेट एंड वर्क ऑर्डर). -

18. - पुराने ट्रान्सफार्मर का विवरण यदि हो (मेक, सीरियल नम्बर, केपेसिटी, निर्माण कर्ता/रिपेयरर का नाम आदि). -

19. - पुराने ट्रान्सफार्मर की स्थिति (स्टोर वापस किया/दूसरी जगह स्थापित किया/रिपेयरर को भेजा) संदर्भ (गेट पास नम्बर व दिनांक). -

हस्ताक्षर - --- हस्ताक्षर ---

अधिकारी नाम व पद -- अधिकारी नाम व पद –

पावर ट्रान्सफार्मर स्थापना दिनांक - -

33/11 केवी उपकेन्द्र का नाम - -

पावर ट्रान्सफार्मर निर्माता/रिपेयरर का नाम ---

पावर ट्रान्सफार्मर क्षमता व मेक -

पावर ट्रान्सफार्मर सीरियल नम्बर - -

पावर ट्रान्सफार्मर % इम्पीडेंस - -

1 - पावर ट्रान्सफार्मर आईआर वैल्यू –

वैल्यू 15 सेकेंड वाईंडिंग (1). - वैल्यू 15 सेकेंड (मेगा ओहम) (2).

एचवी टू अर्थ. -

एलवी टू अर्थ. -

एचवी टू एलवी. -

वैल्यू 60 सेकेंड वाईंडिंग (3). - वैल्यू 60 सेकेंड (मेगा ओहम) (4).

एचवी टू अर्थ

एलवी टू अर्थ

एचवी टू एलवी

2– पावर ट्रान्सफार्मर वाईंडिंग रजिसटेन्स दोनों साइड –

एचवी वाईंडिंग रजिसटेन्स - वाईंडिंग (1). - एचवी वाईंडिंग रजिसटेन्स - वैल्यू (2). - एलवी वाईंडिंग रजिसटेन्स – वाईंडिंग (3). - एलवी वाईंडिंग रजिसटेन्स – वैल्यू (4). - एलवी वाईंडिंग टू न्यूट्रल रजिसटेन्स – वाईंडिंग (5). - एलवी वाईंडिंग टू न्यूट्रल रजिसटेन्स – वैल्यू (6).

आरवाई (एचवी). - - - - - . - आरवाई (एलवी). - - - - - . - आरएन . - - - - - .

वाईबी (एचवी). - - - - . - वाईबी (एलवी). - - - - . - वाईएन. - - - - .

बीआर (एचवी). - - - - - . - बीआर (एलवी) . - - - - - . - बीएन. - - - - .

3 – पावर ट्रान्सफार्मर वोल्टेज रेशो टेस्ट –

टेप पोजीशन (नम्बर) (1). - आरवाई वोल्ट (एचटी) (2). - वाईबी वोल्ट (एचटी)(3). - बीआर वोल्ट (एचटी)(4). - आरवाई वोल्ट (एलटी) (5). - वाईबी वोल्ट (एलटी) (6). - बीआर वोल्ट (एलटी) (7). - आरएन वोल्ट (एलटी) (8). - वाईएन वोल्ट (एलटी)(9). - बीएन वोल्ट (एलटी) (10).

1. - -

2. - -

3. - -

4. - -

5. - -

6. - -

4 - पावर ट्रान्सफार्मर मेग्नेटाइजिंग करेंट एचवी ओपिन सर्किट और एलवी ओपिन सर्किट –

फेज (एचवी ओपिन सर्किट) (1). - करेंट (मिली एम्पीयर) टेप नम्बर -2 (2). - फेज (एलवी ओपिन सर्किट) (3). - करेंट (मिली एम्पीयर) टेप नम्बर - 2 (4).

आर – एचवी. - - - - . - आर- एलवी . - - - - .

वाई – एचवी. - - - - . - वाई – एलवी. - - - - .

बी – एचवी. - - - - . - बी – एलवी. - - - - .

5 – पावर ट्रान्सफार्मर मैग्नेटिक बेलेन्स टेस्ट –

टेप पोजीशन (नम्बर) (1). - फेज आउट (2). - आरवाई (फेज टू फेज एचवी साइड) (3). - वाईबी (फेज टू फेज एचवी साइड) (4). - बीआर (फेज टू फेज एचवी साइड) (5). - आरवाई(फेज टू फेज एलवी साइड) (6). - वाईबी (फेज टू फेज एलवी साइड) (7). - बीआर (फेज टू फेज एलवी साइड) (8). - आरएन (एलवी टू न्यूट्रल साइड) (9). - वाईएन (एलवी न्यूट्रल साइड) (10). - बीएन (एलवी टू न्यूट्रल साइड) (11).

2. - बी - एचवी. - -

2. - आर – एचवी. - -

2. - वाई – एचवी. - -

6 – पावर ट्रान्सफार्मर वेक्टर ग्रुप टेस्ट –

वेक्टर ग्रुप टेस्ट के लिए एलटी (0.4 केवी) सप्लाई एचवी साइड देते हैं -

फेज (1). - वोल्ट (2). - फेज (3). - वोल्ट (4). - फेज (5). - वोल्ट (6).

आरवाई (एचवी). - - - -. - आरएन (एचवी). - - - - . - आर (एचवी) - बी (एलवी). - - - - .

वाईबी (एचवी) . - - - -. - वाईएन (एचवी). - - - - . - बी (एचवी) बी (एलवी). - - - - .

बीआर (एचवी). - - - - . - आर (एचवी) वाई (एलवी). - - - - - . - बी (एचवी) वाई (एलवी). - - - - .

एचवी साइड आर फेज और एलवी साइड शॉर्ट सर्किट –

आरवाई (एचवी) = आर (एचवी) एन + वाई (एचवी) एन

आर (एचवी) = आर (एचवी) वाई (एलवी)

बी (एचवी) वाई (एलवी) ज्यादा होगा बी (एचवी) बी (एलवी)

7 – पावर ट्रान्सफार्मर शॉर्ट सर्किट टेस्ट –

एलटी (0.4 केवी) सप्लाई एचवी साइड देते हैं और एलवी साइड ट्रान्सफार्मर शॉर्ट सर्किटिड न्यूट्रल सहित -

फेज (एचवी)(1). - करंट (एम्पीयर) (2). - फेज (एलवी) (3). - करंट (एम्पीयर) (4). - न्यूटरल (5). - करंट (एम्पीयर) (6).

आर. - - - - . - आर. - - - - . - न्यूट्रल. - - - - .

वाई. - - - -. - वाई. - - - - . - न्यूट्रल. - - - - .

बी. - - - - . - बी . - - - - . - न्यूट्रल. - - - - .

8 – पावर ट्रान्सफार्मर के टेस्टिंग रजिल्ट रिमार्क – यदि कोई हो -

हस्ताक्षर – हस्ताक्षर - -

अधिकारी नाम व पद - अधिकारी नाम व पद –

पावर ट्रान्सफार्मर ऊर्जित (चार्ज) करने से पहले सुरक्षा चेक (प्रोटेक्शन चेक) –

क्रमांक (1). - विवरण (2). - रिपोर्ट

1. - सभी रेडिएटर वाल्व बॉटम और टॉप. - -

2. - ऑइल लेवल तक ऑइल भरा है या नहीं. - -

3. - एयर रिलीज वाल्व – बुकोल्ज़, टॉप कवर, बुशिंग एचवी और एलवी साइड. - -

4. - बुकोल्ज़ अलार्म/ट्रिप टेस्ट चेक - एयर इजेक्शन द्वारा या बुकोल्ज़ से ऑइल रिसाब. - -

5. - कंजर्वेटर/एक्सपलोजन वेंट इक्विलाइजर पाइप खुला होना. - -

6. - ब्रीदर में सिलिकाजेल, ऑइल कप में ऑइल निशान तक, सांस लेने वाला छिद्र खुला होना . - -

7. - लीकेज – ट्रान्सफार्मर टैंक, बुशिंग, रेडिएटर, वाल्व आदि से . - -

8. - रिले ट्रिप टेस्ट – ओवर करंट/अर्थ फाल्ट. - -

9. - रिले सेटिंग 33 केवी और 11 केवी साइड. - -

ओवर करंट प्लग सेटिंग. - -

टाइम लीवर सेटिंग. - -

अर्थ फाल्ट प्लग सेटिंग. - -

10. - सीटी रेशो 33 केवी व 11 केवी साइड पावर ट्रान्सफार्मर क्षमता अनुसार. - -

33 केवी साइड. - -

11 केवी साइड. - -

11. - पावर ट्रान्सफार्मर चार्ज करने की दिनांक. - -

12. - पावर ट्रान्सफार्मर चार्ज के समय लिया गया लोड. - -

अन्य कोई रिमार्क

हस्ताक्षर - - - हस्ताक्षर - - -

अधिकारी नाम व पद - - - अधिकारी नाम व पद - - -

प्रपत्र – प्रथम सूचना – पावर ट्रान्सफार्मर में खराबी (डिफ़ेक्ट) –

(1). - दिनांक व समय – खराबी (डिफ़ेक्ट) होने का.

(2). - क्षमता.

(3). - मेक.

(4). - रिपेयरर कम्पनी का नाम, यदि हो तो.

(5). - सीरियल नम्बर.

(6). - पावर ट्रान्सफार्मर गारंटी अवधि (डब्ल्यूजीपी / बीजीपी).

(7). - डिस्पेच दिनांक.

(8). - ट्रिपिंग समय और फ़्लैग इंडिकेशन यदि 33 केवी वीसीबी ट्रिप्ड.

(9). - समय और फ़्लैग इंडिकेशन यदि 11 केवी वीसीबी ट्रिप्ड - मेन वीसीबी.

(10). - समय और फ़्लैग इंडिकेशन यदि 11 केवी वीसीबी ट्रिप्ड - फीडर वीसीबी – फीडर .

(11). - समय और फ़्लैग इंडिकेशन यदि 11 केवी वीसीबी ट्रिप्ड - फीडर वीसीबी – फ़्लैग इंडिकेशन.

(12).- यार्ड और कन्ट्रोल रूम के ओबजर वेशन (खराबी / डिफ़ेक्ट) के समय – जम्पर जलना, अर्थिंग, एबी स्विच कोनटेक्ट, ऑइल लीकेज आदि.

(13). - खराबी आने से पहले का लोड – 33 केवी साइड.

(14). - खराबी आने से पहले का लोड – 11 केवी - मेन वीसीबी.

(15).- खराबी आने से पहले का लोड – 11 केवी - फीडर का नाम यदि फीडर ट्रिप्ड.

(16). - खराबी आने से पहले का लोड – 11 केवी वीसीबी लोड.

(17) . - खराबी (डिफ़ेक्ट) आने के समय का मौसम (वेदर).

(18). - खराबी (डिफ़ेक्ट) आने के बाद चार्जिंग यदि किया हो – वीसीबी का नाम (33 केवी या 11केवी फीडर).

(19). - खराबी (डिफ़ेक्ट) आने के बाद चार्जिंग यदि किया हो – चार्जिंग का समय.

(20). - खराबी (डिफ़ेक्ट) आने के बाद चार्जिंग यदि किया हो - दिनांक व समय ट्रिपिंग इंडिकेशन.

प्रपत्र – पावर ट्रान्सफार्मर खराब (डिफ़ेक्ट) के बाद परीक्षण (टेस्टिंग) प्रारूप –

परीक्षण (टेस्टिंग) जानकारी - - -

दिनांक व समय - - -

क्षमता एमवीए पावर ट्रान्सफार्मर - - -

पावर ट्रान्सफार्मर विवरण (मेक, सीरियल नम्बर, टेप पोजीसन, गारंटी आवधि आदि) - - -

33/11 केवी उपकेंद्र - - -

संभाग का नाम - - -

परीक्षण (टेस्टिंग) - - -

1 – आईआर वैल्यू – 1 केवी मेगर से तापमान के साथ –

- एचवी और अर्थ
- एलवी और अर्थ
- एचवी और एलवी
- कंटिन्युटी एचवी और एलवी साइड

2 – रेशो टेस्ट – टेप पोजीसन नम्बर – 2 –

अ – एचवी साइड – आरवाई, वाईबी, बीआर

आ – एलवी साइड - आरवाई, वाईबी, बीआर

इ – एलवी और न्यूट्रल – आरएन, वाईएन, बीएन

3 – मैग्नेटिक बेलेन्स –

4 – मेग्नेटाइजिंग करेंट –

- आर फेज (मिली एम्पीयर)
- वाई फेज (मिली एम्पीयर)
- बी फेज (मिली एम्पीयर)

5 – वेक्टर ग्रुप टेस्ट –

6 – शॉर्ट सर्किट करेंट टेस्ट –

7 – अर्थ रजिसटेन्स टेस्ट

8 – विवरण – (33 केवी - वीसीबी, सीटी, एवं 11 केवी - वीसीबी, सीटी, कन्ट्रोल पैनल, बुकोल्ज़ रिले आदि)

9- रिले सेटिंग और ट्रिप टेस्ट

उपरोक्त परीक्षण (टेस्टिंग) उपरान्त –

पावर ट्रान्सफार्मर फेल – पावर ट्रान्सफार्मर को कोर इन्सपेक्शन या पावर ट्रान्सफार्मर गारंटी अवधि में फेल है तो निर्माता/रिपेयरर कम्पनी को भेजने की कार्यवाही ।

हस्ताक्षर - - - हस्ताक्षर - - - -

अधिकारी नाम व पद - - - अधिकारी नाम व पद - - -

प्रपत्र – पावर ट्रान्सफार्मर कोर इन्सपेक्शन रिपोर्ट – प्रारुप –

पावर ट्रान्सफार्मर कोर इन्सपेक्शन रिपोर्ट-

1 – कोर इन्सपेक्शन दो या अधिक सक्षम अधिकारियों की उपस्थिति में होना चाहिए । तथा ओजर्वेशन सभी के चर्चा अनुसार हों उन्हें लिखा जावे ।

2 – क्षतिग्रस्त कोइल का मानचित्र (नक्शा) बनाया जाय ।

3 – पावर ट्रान्सफार्मर विफलता (फेल्यौर) के कारण –

4- कोर इन्सपेक्शन रिपोर्ट पर संयुक्त निरीक्षण टीम के हस्ताक्षर होने आवश्यक हैं .

बहुत से हालातों में जबकि आदमी को बिजली का सदमा पहुँच जाता है, देखने में मृत प्रतीत होता है ऐसे हालातों में तुरंत कोशिश करके आदमी का जीवन नीचे लिखे उपायों से बचाया जा सकता है : -

नोट – नीचे लिखे डाक्टर, प्रभारी अधिकारी या निकतम अस्पताल जो भी पास में हो को खतरे के समय तुरंत सूचित करना/बुलाना चाहिए : -

क्रमांक (1), - नाम (2), - पता (3), - मोबाइल/टेलीफोन (4)

1. - डाक्टर - - - - -

2. - एंबुलेंस - प्रभारी अधिकारी, 108 एंबुलेंस सेवा

3. - अस्पताल - प्रभारी अधिकारी निकतम अस्पताल

4. - पुलिस - प्रभारी अधिकारी पुलिस नियंत्रण कक्ष

5. - आग बुझाने वाले – प्रभारी अधिकारी फायर ब्रिगेड

6. - बिजली घर/विद्युत आफिस - प्रभारी अधिकारी नियंत्रण कक्ष

नोट - उपरोक्त जानकारी के चार्ट प्रत्येक विद्युत उपकेन्द्र पर उपलब्ध होना अति आवश्यक हैं ।

33/11 केवी उपकेंद्र में संधारित्र किया जाने वाला रिकार्ड (अभिलेख) रजिस्टर एवं चार्ट -

- 33/11 केवी उपकेंद्र में संधारित किया जाने रिकार्ड (अभिलेख)/रजिस्टर एवं चार्ट –
- लोगशीट
- शिफ्ट रजिस्टर
- पावर ट्रांसफार्मर मेंटीनेंस रजिस्टर
- बैटरी मेंटीनेंस रजिस्टर
- ट्रिपिंग/इंटरप्शन रजिस्टर (फीडर वाइज़)
- मैसेज बुक (निर्देश - पुस्तिका)
- वीसीबी मेंटीनेंस रजिस्टर
- परमिट बुक (अनुज्ञा पत्रक)
- आथराइजेशन चार्ट, शॉक ट्रीटमेंट चार्ट, फ़र्स्ट ऐड बॉक्स, उपकरणों के रखरखाव का चार्ट, लाइन डाइग्राम व उपकरणों से संबन्धित निर्देश बुक आदि ।
- उपकेंद्र हिस्ट्री रजिस्टर (जिसमें जमीन के रिकार्ड से संबन्धित सामान्य जानकारी तथा उपकरणों के स्थापना/उन्नयन संबन्धित जानकारी का विवरण भी इस रजिस्टर में होना चाहिए)।
- टेलीफोन डायरेक्टरी/टेलीफोन/मोबाइल नम्बर रजिस्टर ।

विद्युत व्यवस्था सुधार की दृष्टि से तीन प्रकार के संधारण किए जाते है –

- 1- पीरिओडिक / समय बद्ध संधारण / मेंटेनेंस -
- 2 – करेक्टिव मेंटीनेंस / सुधारात्माक संधारण –

•3 - ब्रैक डाउन मेंटीनेंस – व्यवधान संधारण -

•1- पीरिओडिक / समय बद्ध संधारण / मेंटीनेंस – आमतौर पर एक वर्ष में दो बार (पहला - प्री मानसून / मानसून (वर्षा) से पहले और दूसरा मानसून (वर्षा) के बाद या दिवाली से पहले)

•2 – करेक्टिव मेंटीनेंस / सुधारात्माक संधारण – जब कभी विद्युत व्यवस्था में ऐसी कमियाँ आ जाती हैं और समय रहते उनको सुधारा नहीं गया तो आगे आने वाले समय में व्यवधान होगा अत : ऐसे व्यवध्यानों को पूर्व से ही सुधार लिया जाता है - जैसे पेड़ की डालियाँ , लूज जम्पर, ढीले तार और वे सभी कार्य जो पीरिओडिक मेंटीनेंस में किए जाते हैं ।

•3 - ब्रैक डाउन मेंटीनेंस – जब विद्युत व्यवस्था फाल्ट के कारण बाधित हो गई तब फाल्ट को दूर कर / निकालकर ही व्यवस्था नियमित होती है ।

पहले दोनों सुधार कार्यों में व्यवस्था ब्रैक डाउन नहीं होती अपितु शट्डाउन लेकर सुधार कार्य किया जाता है ।

अनुज्ञा पत्र (परमिट बुक)

अनुज्ञा पत्र (परमिट बुक)

परमिट (अनुज्ञा - पत्र) -

- अधिकृत लाइन कर्मचारी को परमिट बुक में फीडर के नाम का उल्लेख करते हुए सप्लाई बंद करने के स्थान आइसोलेटर, एबी स्विच काटकर पट्टिकाएँ लटकाने की जानकारी तथा तीनों फेजों पर अर्थ रोड लगाए जाने की जानकारी भी लिखी जाना चाहिए । इसके बाद परमिट जारी करने वाले ऑपरेटर को परमिट पर यह भी अंकित (लिखना) करना चाहिए कि शट डाउन परमिट लेने वाला कर्मचारी लाइन पर अपनी एवं साथी कर्मचारियों की बंद लाइन पर कार्य करने के लिए सुरक्षित कार्य निष्पादन के नियमों का पालन करेंगे एवं वे स्वयं जवाबदार रहेंगे । लाइन पर जाने वाले कर्मचारियों की संख्या भी परमिट बुक में दर्ज होना चाहिए ।

- "बंद लाइन पर चढ़कर कार्य करने के पूर्व 'सुरक्षा जोन' अवश्य बनाएं " यह स्लोगन/नारा भी ऑपरेटर परमिट बुक में दर्ज करेगा तभी परमिट जारी करेगा तथा उपकेंद्र में रखी परमिट बुक की प्रति में परमिट लेने वाले व्यक्ति के हस्ताक्षर एवं परमिट जारी करने का समय तथा दिनांक दर्ज कराएगा । परमिट एवं शट डाउन देने का समय, दिनांक, एवं फीडर के नाम का उल्लेख उपकेंद्र के रजिस्टर में ऑपरेटर दर्ज करेगा । फाल्टी लाइन की पेट्रोलिंगया फाल्ट की खोज करने के बाद सुधार कार्य पूर्ण होने के बाद परमिट लेने वाले कर्मचारी की जवाबदारी रहती कि वो कार्य पूर्ण कर परमिट लौटाए ।

सुरक्षा जोन (सेफ़्टी जोन) बनाना –

- 33 केवी एवं 11 केव्ही लाइन जिस पर कार्य करना हो, सब स्टेशन (उप - केंद्र) से ही लिखित परमिट लेवें ।

- 11 केवी लाइन सब स्टेशन से ओसीबी या वीसीबी से बंद की गई हो तो उसको दोनों ओर के एबी स्वीच डायरेक्ट हो तो लाइन बंद कराकर डिस्चार्ज कर एबी स्वीच की डायरेक्ट की गई वाईंडिंग अलग कर एबी स्वीच खोलें ।

- बंद किए गए ओसीबी या वीसीबी और एबी स्वीच पर ऑपरेटर से तख्ती लगवायें जिस पर लिखा हो कि 'लाइन परमिट पर है, चालू न करें' ।

- डिस्चार्ज रोड में लगे तार को अर्थिंग रोड से एक - एक फेज पर टाँगकर लाइन डिस्चार्ज करें । ध्यान रहे कि डिस्चार्ज रोड का तार आपसे 3 से 4 फुट के दूरी पर रहे ।

- लाइन डिस्चार्ज करने के बाद के बाद लाइन के तारों को आपस में कंडक्टर की सहायता से शॉर्ट कर देवें एवं डिस्चार्ज रोड भी उपरोक्त शॉर्ट पर लटकाकर रखें ।

- हमेशा दो डिस्चार्ज रोडों का प्रयोग करें । प्रत्येक रोड प्रत्येक क्षेत्र पर खंभे के दोनों ओर टांगें ।

• 87 •

परमिट बुक (अनुज्ञा पत्र) का नमूना :-

विद्युत उपकरणों अथवा लाइनों पर कार्य करने की अनुज्ञा (परमिट)

मुख्य पृष्ठ	मुख्य पृष्ठ

मध्य प्रदेश मध्य क्षेत्र विद्युत वितरण कंपनी लिमिटिड
अनुज्ञा बुक क्रमांक ---------- ,
अनुज्ञा सरल क्रमांक/दिनांक - - - - -
उपकेंद्र/उपसंभाग/संभाग - - - -
 	
विद्युत उपकरण या लाइन पर काम हेतु अनुज्ञा (परमिट)
नाम (जिसे जारी किया गया) - - - - -
मैं एतद द्वारा घोषणा करता हूँ कि निम्नांकित उपकरण/लाइन निष्क्रिय कर दी गई हैं और उन्हें सभी विद्युतमय विद्युत परिचालकों (कंडक्टर) से अलग थलग कर दिया है ।
 	
   सभी जरूरी और नियंत्रक पर "सावधान" के फलक/पट्टी लगा दिये हैं । जिन उपकरणों/लाइनों पर काम करना सुरक्षित है उनका स्पष्ट उल्लेख करिये - -
    - - - - - - - - - - - - - - -
 	
   यहाँ उन स्थानों को स्पष्ट लिखिये जहां लाइन/उपकरण अर्थ किये गये हैं - - - - - - - - - - -
 	
   अन्य सभी उपकरण/लाइनें विद्युतमय हैं
 	
जारी करने वाले अन्य विशिष्टि निर्देश - -
 	
दिनांकित हस्ताक्षर, समय, पद (जब अनुज्ञा फोन पर दी गई हो तो विपरीत छोर पर अधिकृत व्यक्ति का नाम लिखना ही चाहिए) - - - - - - -
 	
   – - - - - - जारी कर्ता
   – - - - - - (प्रेषक छोर)
   – - - - - - अभिग्राही छोर
   (यदि टेलीफोन पर अनुज्ञा निवेदन हो तो इसका पृष्ठ भाग देखिये)
	मध्य प्रदेश मध्य क्षेत्र विद्युत वितरण कंपनी लिमिटिड
	अनुज्ञा बुक क्रमांक - - - - -
	अनुज्ञा सरल क्रमांक/दिनाक - - - -
	उपकेन्द्र/उपसंभाग/संभाग - - - -
	
	विद्युत उपकरण या लाइन पर काम हेतु अनुज्ञा (परमिट)
	नाम (जिसे जारी किया गया) - - - -
	मैं एतद द्वारा घोषणा करता हूँ कि निम्नांकित उपकरण/लाइन निष्क्रिय कर दी गई हैं और उन्हें सभी विद्युतमय विद्युत परिचालकों (कंडक्टर) से अलग थलग कर दिया है ।
	
	   सभी जरूरी और नियंत्रक पर "सावधान" के फलक/पट्टी लगा दिये हैं । जिन उपकरणों/लाइनों पर काम करना सुरक्षित है उनका स्पष्ट उल्लेख करिये - -
	    - - - - - - - - - - - - - - -
	
	   यहाँ उन स्थानों को स्पष्ट लिखिये जहां लाइन/उपकरण अर्थ किये गये हैं - - - - - - - - - - -
	
	   अन्य सभी उपकरण/लाइनें विद्युतमय हैं
	
	जारी करने वाले अन्य विशिष्टि निर्देश - -
	
	दिनांकित हस्ताक्षर, समय, पद (जब अनुज्ञा फोन पर दी गई हो तो विपरीत छोर पर अधिकृत व्यक्ति का नाम लिखना ही चाहिए) - - - - - - -
	
	   – - - - - - जारी कर्ता
	   – - - - - - (प्रेषक छोर)
	   – - - - - - अभिग्राही छोर
	   (यदि टेलीफोन पर अनुज्ञा निवेदन हो तो इसका पृष्ठ भाग देखिये)

अनुज्ञा पत्र (परमिट बुक) - पृष्ठ - एक - मुख्य पृष्ठ

<table>
<tr><td>

पृष्ठ - 2

टिप्पणी – 1 - कार्यवाही करने के लिए सक्षम व्यक्ति द्वारा हस्ताक्षर करने के बाद अधिकृत कार्यप्रभारी को यह पत्रक दिया जाना चाहिए और उसके पास उस समय तक रहना चाहिए जब तक कि अधिकृत व्यक्ति द्वारा काम बंद नहीं कराया जाता या काम पूरा नहीं हो जाता ।

2- मुख पृष्ठ पर उल्लिखित विद्युत उपकरण/लाइन उस समय तक विद्युतमय नहीं किया जाना चाहिए जब तक कि कार्यप्रभारी द्वारा यह पत्रक हस्ताक्षर कर अनुज्ञा जारी कर्ता को वापिस नहीं हो जाता ।

मैं एतद द्वारा घोषित करता हूँ कि मेरे संरक्षण के सभी व्यक्ति, अर्थिंग तथा सामान, लाइन/उपकरण से अलग हटा दिये गये हैं और सभी व्यक्तियों को सावधान कर दिया गया है कि अब आगे इस पत्रक में उल्लिखित उपकरण/लाइन पर काम करना सुरक्षित नहीं है ।

दिनांक - - - -

हस्ताक्षर - - - - - -

समय - - - - - -

पद - - - - - - - - -

मैं एतद द्वारा इस पत्रक को निरस्त करता हूँ।

दिनांक - - - - - -

हस्ताक्षर - - - - - -

समय - - - - - - -

पद - - - - - -

</td><td>

पृष्ठ - 2

(जब अनुज्ञा टेलीफोन पर आवेदित हो तब इसका उपयोग करें)

आवेदन

प्रेषक - - - - - - प्रति - - - - - -

- - - - - - - - -

(स्थान)

- - - - - - -

(समय) - - - - -

कृपया निम्नांकित करने की अनुज्ञा जारी करें

- - - - - - - - - - -

- - - - - - - - - - -

हस्ताक्षर - - - -

पद - - - - - -

</td></tr>
</table>

सुरक्षा नियमों के अनुसार सक्षम एवं अधिकृत व्यक्ति परमिट जारी एवं प्राप्त कर सकता है ।

अनुज्ञा पत्र (परमिट बुक) - पृष्ठ - दो - पिछला पृष्ठ

परमिट -

- कर्मचारी द्वारा परमिट लौटाने पर ऑपरेटर को पहले कर्मचारी से परमिट पर ही फाल्ट मिलने एवं सुधार कार्य करने की संक्षिप्त जानकारी लेना चाहिए तथा इस आशय का प्रमाण पत्र भी उसी परमिट पर लिखवाना चाहिए कि उसके साथ गए सभी लाइन कर्मचारी सुरक्षित रूप से वापस आ गए हैं, कोई भी लाइन पर कार्यरत नहीं है । लाइन चालू करने हेतु पूर्ण सुरक्षित है । सभी जगह के शॉर्ट सर्किट या डिस्चार्ज रोड लाइन से हटा लिए गए हैं । लाइन फाल्ट सुधार दिया गया है, परमिट लौटाने का समय एवं दिनांक हस्ताक्षर सहित लेने के बाद ऑपरेटर को उपकेंद्र में लगाए गए तीनों डिस्चार्ज रोडों को उतारकर अलग करके फिर यार्ड के बाहर बनी डीपी के एबी स्विच को लगाकर वीसीबी के दोनों ओर लगे आइसोलेटरों/एबी स्विचों को ऑन करके परमिट केन्सिल करें । फिर दोनों आइसोलेटरों को रबड़ हैंड ग्लब्ज पहनकर लगाएंगे और कंट्रोल रूम में आकर पुन: परमिट लौटाने वाले कर्मचारी से एक बार फीडर चालू करने हेतु पूछेंगे तथा फीडर चालू करने के लिए सुरक्षित है और कोई भी कर्मचारी लाइन पर नहीं है, की मौखिक जानकारी लेंगे । फीडर चालू कर दिया जाए इस बारे में स्वीकृति लेकर पैनल के रिमोट से फीडर चालू करेंगे । फीडर स्टैंड होने के 5 मिनिट के बाद सप्लाई चालू हो गई की जानकारी संबन्धित अधिकारी को देंगे ।

अधिकृत चार्ट याआथराइजेशन चार्ट

अधिकृत चार्ट या आथराइजेशन चार्ट

33/11 केवी उपकेंद्र के निर्माण के बाद अहम भूमिका इसे सिस्टम से जोड़कर प्रतिदिन संचालित (आपरेट) करने की होती है । उपकेंद्र को विद्युत सिस्टम से जोड़कर संबन्धित कार्यपालन अभियन्ता/अधिशासी अभियन्ता, (ईई)/डीवीजनल इंजीनियर (डीई)/उपमहाप्रबंधक द्वारा क्षेत्र के लिए बनाए गए विद्युत सप्लाई (आपूर्ति) के निर्देशों का पालन उपकेंद्र के आपरेटर्स (संचालकों) द्वारा किया जाता है । इस हेतु उपकेंद्र में आवश्यक व्यवस्थाएँ होना अनिवार्य हैं । जिनकी जानकारी निम्नानुसार है –

1. अधिकृत चार्ट या आथराइजेशन चार्ट - उपकेंद्र से की जाने वाली विद्युत आपूर्ति के क्षेत्र में कार्यरत वितरण केन्द्रों के अधिकारियों एवं कर्मचारियों के नामों की अधिकृत सूची । जिसे सम्भाग (डिवीजन) के कार्यपालन अभियन्ता (ईई) के हस्ताक्षर से जारी किया जाना चाहिए । उन सभी के नाम व पद एवं कार्यालय का उल्लेख तथा सिस्टम पर कार्य करने हेतु लिए जाने वाले शट डाउन/विद्युत लाइन बंद करने के अधिकार का विवरण तथा कर्मचारी के हस्ताक्षर का भी उल्लेख अधिकृत सूची में होना चाहिए जिसे अधिकृत चार्ट या आथराइजेशन चार्ट कहते हैं । इस चार्ट को समय - समय पर संशोधित होना चाहिए क्योंकि कर्मचारी/अधिकारी का स्थानान्तरण होता रहता है तथा नए कर्मचारी/अधिकारी उपकेन्द्र के विद्युत प्रदाय क्षेत्र से जुड़ते जाते हैं । उपकेन्द्र के आपरेटर्स (संचालक) भी बदलते रहते हैं अतएव आपरेटिंग स्टाफ को सिस्टम से जुड़े कर्मचारियों की जानकारी होना चाहिए कि कौन लाइन कर्मचारी किस वोल्टेज के लिए कार्य करने या शट डाउन के लिए अधिकृत है ।
2. सुरक्षा उपकरण - का नियमानुसार उपलब्ध होना आवश्यक है जिसकी सूची अलग से संलग्न है जिसमें डिस्चार्ज रोड कम से कम 8, रबर हैंड ग्लोव्ज, रबर मेटिंग, इंसुलेटिड कटिंग प्लायर, स्क्रू ड्राइवर, हेलमेट, सेफ्टी बेल्ट, टॉर्च, गमबूट, रेनकोट इत्यादि ।
3. टी एंड पी – नियमानुसार टी एंड पी मुख्यत: स्पेनर सेट, रस्सा, हथौड़ा, हेक्साब्लेड, कुल्हाड़ी इत्यादि ।
4. फ्यूज – पर्याप्त मात्रा में पावर ट्रान्सफार्मर (33/11 केवी) एवं सब स्टेशन ट्रान्सफार्मर (33/0.4 केवी या 11/0.4 केवी) के लिए डीओ (ड्रॉप आउट) और टीसी (टिंड कॉपर) फ्यूज स्थापित ट्रान्सफार्मर की क्षमतानुसार तथा डीसी सप्लाई हेतु लगे किटकिट के लिए फ्यूज वायर की उपलब्धता ।
5. बैटरी – बैटरी हेतु डिस्ट्रिल्ड वाटर एवं पेट्रोलियम जेली ।
6. उपकरण परीक्षण हेतु – मेगर 500 वोल्ट, हाइड्रोमीटर, सेल टेस्टर 3 – 0 – 3 रेंज का डीसी वोल्ट नापने हेतु
7. इंडीकेशन लैम्प - पैनल के इंडीकेटर लैम्प, ओसीबी, वीसीबी चालू बंद दर्शाने वाले इंडीकेटर लैम्प स्येयर में तथा यार्ड लाइट से संबन्धित बल्व आदि ।
8. की (चाबी) बोर्ड – कन्ट्रोल रूम में एक की (चाबी) बोर्ड जिसमें आइसोलेटर/एबी स्विच, टी एंड पी बॉक्स, ब्रेकर स्विच आदि में लगाए जाने वाले तालों का क्रमश: नाम डालकर चाबी (की) रखी जावे ।
9. अर्थिंग सिस्टम का पूर्ण स्वस्थ रहना अत्यन्त आवश्यक है । इसका मुख्य रूप से रजिसटेन्स (प्रतिरोध) 0 से 1 ओम होना चाहिए तभी फाल्ट करेंट सिस्टम में अर्थ होकर विद्युत प्रवाह बन्द होता है जिससे उपकरण सुरक्षित रहते है । विस्तृत जानकारी अलग से प्रस्तुत है ।
10. अग्निशामक यंत्र – अग्निशामक (आग बुझाने) के यंत्र जैसे फायर एक्सटिंगुसर, रेत भरी बाल्टियाँ, प्रथम उपचार किट (फर्स्ट एड बॉक्स) जिसमें मुख्य रूप से कॉटन पट्टी, बरनाल, टिंचर आयोडीन, कॉटन रोल, कैंची जैसी प्रथम उपचार की सामग्री रखी जानी चाहिए । विस्तृत जानकारी अलग से संलग्न है ।
11. परमिट बुक - सप्लाई चालू/बन्द रहने के संकेतक (पट्टिका) समुचित मात्रा में उपलब्ध होना । पट्टिका जैसे विद्युत सप्लाई बन्द है चालू न करे, "कर्मचारी सुधार कार्य पर हैं लाइन चालू न करें आदि
12. निर्देश चार्ट – एसओपी (स्टैंडर्ड आपरेटिंग प्रेसीजर/प्रक्टिसेस) सम्भाग के कार्यपालन अभियन्ता द्वारा जारी किए गए विद्युत आपूर्ति हेतु सम्पूर्ण निर्देशों का चार्ट हिन्दी में लिखा हुआ उपकेंद्र के कन्ट्रोल रूम में लगाना चाहिए ।

संस्था का नाम – (मध्य प्रदेश मध्य क्षेत्र विद्युत वितरण कंपनी लिमिटेड)

संभाग/डिवीजन - - - - - वितरण केंद्र - - - - - -

विद्युत नियम, 1956 (संशोधित 2005) के अंतर्गत विद्युत लाइन/उपकरणों पर कार्य हेतु सक्षम/अधिकृत कर्मचारियों/अधिकारियों की सूची -

आथराइजेशन चार्ट नमूना

संस्था का नाम – (मध्य प्रदेश मध्य क्षेत्र विद्युत वितरण कंपनी लिमिटेड)

संभाग/डिवीजन - - - - -   वितरण केंद्र - - - - - -

विद्युत नियम, 1956 (संशोधित 2005) के अंतर्गत विद्युत लाइन/उपकरणों पर कार्य हेतु सक्षम/अधिकृत कर्मचारियों/अधिकारियों की सूची

क्रमांक	नाम अधिकार/ कर्मचारी	पद	योग्यता	कार्य अनुभव	कार्यों का विवरण जिसके लिए अधिकृत किया गया	हस्ताक्षर
					अ -33000 के वोल्टेज तक बंद की गई विद्युत लाइनों एवं उपकरणों के लिए आज्ञा पत्र (परमिट) जारी करने तथा आज्ञा पत्र लेने के लिए अधिकृत है । कार्य करने तथा निर्देशन में में कार्य करने के लिए अधिकृत है ।	
					अ -निम्न तथा मध्यम दाब वोल्टेज तक चालू लाइनों/उपकरणों पर सुरक्षा नियमों का पालन करते हुए तथा सुरक्षा उपकरणों का उपयोग करते हुए काम करने के लिए अधिकृत हैं । ब -उच्च दाब लाइनों/उपकरणों पर जब लाइन अधिकृत व्यक्ति द्वारा बंद कर भू संयोजित (अर्थ) कराई गई हो, सुरक्षात्मक उपायों को अपनाया गया हो तब ऐसीबंद उच्च दाब (11000 वोल्टेज) तक लाइनों/उपकरणों पर परमिट लेकर कार्य करने/कराने हेतु अधिकृत है ।	
					अ - निम्न तथा मध्यम दाब वोल्टेज लाइनों पर सुरक्षा नियमों का पालन करते हुए तथा सुरक्षा उपकरणों का उपयोग करते हुए काम करने के लिए अधिकृत हैं । ब - उच्च दाब (11000 वोल्टेज) लाइनों/उपकरणों जब लाइन अधिकृत व्यक्ति द्वारा बंद कर भू - संयोजित कराई गई हो	

आथराइजेशन चार्ट नमूना - क्रमश :

				साथ ही सभी सुरक्षात्मक उपायों को अपनाया गया हो तब ऐसी बंद लाइनों पर कार्य करने तथा निर्देशन में कार्य कराने के लिए अधिकृत है ।	
				अ - सभी बंद भू संयोजित (अर्थ)की गई कम दाब/मध्यम दाब/उच्च दाब लाइनों पर सहायक लाइनमेन/लाइनमेन/इंस्पेक्टर/कनिष्ठ अभियंता अथवा किसी अन्य सक्षम अधिकृत व्यक्ति के निर्देशन में कार्य करने के लिए अधिकृत है । साथ ही कम दाब/मध्यम दाब/बंद लाइनों पर सहायक लाइनमेन अथवा लाइनमेन अथवा किसी अन्य अधिकृत व्यक्ति के निर्देशन में बल्ब बदलने, फ्यूज बदने के लिए अधिकृत है । ब - मीटर बोर्ड पर कम दाब/मध्यम दाब के लिए स्विच/कट आउट सब स्टेशन स्विच तथा कट आउट के फ्यूज बदलने के लिए अधिकृत है । लेकिन ये कर्मचारी का उत्तरदायित्व है कि वे सभी सुरक्षा नियमों पालन करते हुए तथा सुरक्षा उपकरण का प्रयोग करते हुए कार्य करें ।	

नोट – जो लाइनमेन/सहायक लाइनमेन ग्रामीण क्षेत्रों में स्वतंत्र रूप से पदस्थ किये जाते हैं वे 11000 वोल्टेज तक लाइनों के एबी स्विच काटकर एबी स्विच में ताला लगाकर बंद लाइन भू संयोजित (अर्थ) कर लाइन पर फ्यूज बदलने जैसा अति आवश्यक कार्य कर सकते हैं लेकिन ये उसका स्वयं का उत्तरदायित्व होगा कि वे सभी सुरक्षा नियमों का पालन व सभी सुरक्षा उपकरणों का उपयोग करते हुए कार्य करें । ऐसे सहायक (हेल्पर) जिन्हें विद्युत लाइनों पर रखरखाव का अनुभव किसी वरिष्ठ लाइनमेन के अधीन रहकर 10 वर्षों से अधिक का अनुभव हो ऐसे हेल्परों को कार्यपालन अभियंता (डिवीज़नल इंजीनियर)/अधिशासी अभियंता (ईई), या उप महाप्रबन्धक द्वारा लाइन एवं उपकरणों पर स्वतंत्र रूप से कार्य करने सक्षम एवं अधिकृत किया जा सकता है ।

हस्ताक्षर

कार्यपालन अभियंता (डिवीज़नल इंजीनियर)/अधिशासी अभियंता, उपमहाप्रबंधक

आथराइजेशन चार्ट नमूना

Dischage Rods
150m.m
25x25/50
1.5mtr.
Length for 33kv
Copper Strip
5x20m.m
7/20
Copper Wire
1 mtr.Long
8-10 mtr.long Insulated Copper Wire
or 7/20 swg
Atem   L.T   H.T
Rod Material   wooden Battan   Bamboo
Length of Rod 1.5 Mtr   6mtr
Size of Rod   20x20mm   25mm Top
Rod No-   4 No 3ph 4a   50mm Bottom
               5 No str ph   3 No

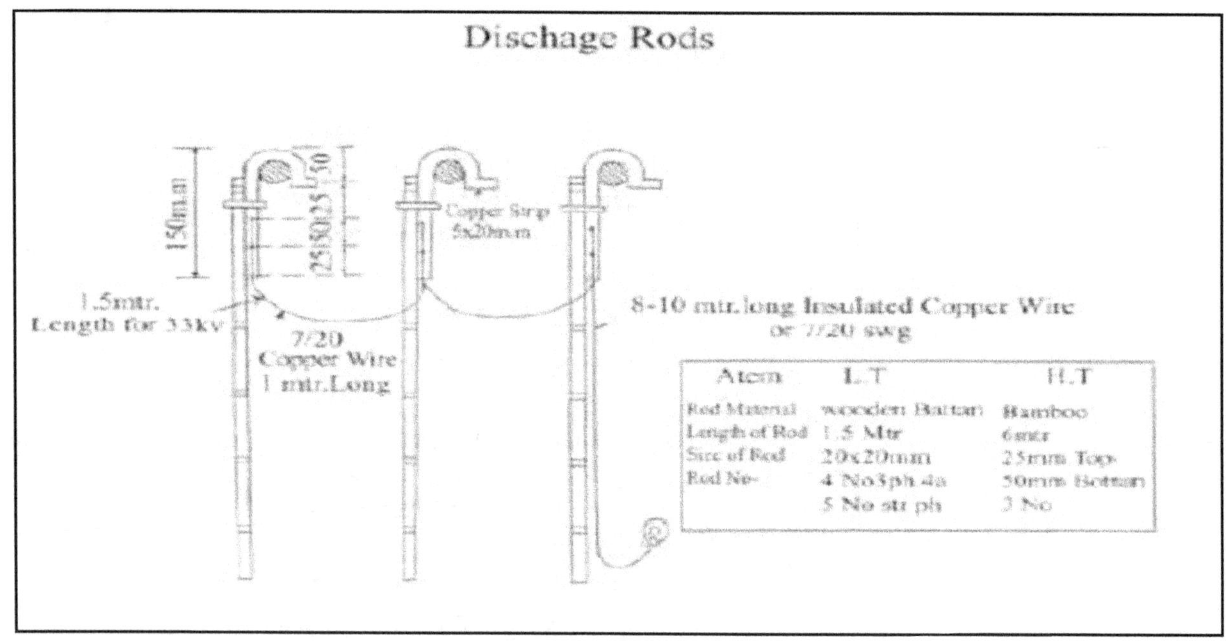

डिस्चार्ज रोड

एसडब्ल्यूजी (स्टेंडर्ड वायर गेज)

एसडब्ल्यूजी (स्टेंडर्ड वायर गेज) और डाइमीटर (मिमी) तालिका :-

क्रमांक (1). - एसडब्ल्यूजी (फ्यूज वायर) (2). - डाइमीटर (मिमी) (3). - औसत करेंट क्षमता एम्पीयर में (४).

1. - 7/0 एसडब्ल्यूजी. - 12.700 मिमी. - 354.7 एम्पीयर .

2. - 6/0 एसडब्ल्यूजी. - 11.786 मिमी. - 305.5 एम्पीयर .

3 . - 5/0 एसडब्ल्यूजी. - 10.973 मिमी. - 264.8 एम्पीयर .

4 . - 4/0 एसडब्ल्यूजी. - 10.160 मिमी. - 227.0 एम्पीयर .

5. - 3/0 एसडब्ल्यूजी. - 09.449 मिमी. - 196.3 एम्पीयर

6. - 2/0 एसडब्ल्यूजी. - 08.839 मिमी. - 171.8 एम्पीयर .

7. - 0 एसडब्ल्यूजी. - 08.230 मिमी. - 148.9 एम्पीयर .

8. - 1 एसडब्ल्यूजी. - 07.260 मिमी. - 127.7 एम्पीयर .

9. - 2 एसडब्ल्यूजी. - 07.010 मिमी. - 108.1 एम्पीयर .

11. - 3 एसडब्ल्यूजी. - 06.401 मिमी. - 90.1 एम्पीयर .

12. - 4 एसडब्ल्यूजी. - 05.893 मिमी. - 76.4 एम्पीयर .

13. - 5 एसडब्ल्यूजी. - 05.385 मिमी. - 63.8 एम्पीयर .

14. - 6 एसडब्ल्यूजी. - 04.877 मिमी. - 52.3 एम्पीयर .

15. - 7 एसडब्ल्यूजी. - 04.470 मिमी. - 44.2 एम्पीयर .

16. - 8 एसडब्ल्यूजी. - 04.064 मिमी. - 33.3 एम्पीयर .

17. - 9 एसडब्ल्यूजी. - 03.658 मिमी. - 26.5 एम्पीयर .

18. - 10 एसडब्ल्यूजी. - 03.251 मिमी. - 21.20 एम्पीयर .

19. - 11 एसडब्ल्यूजी. - 02.946 मिमी. - 16.6 एम्पीयर .

20. - 12 एसडब्ल्यूजी. - 02.642 मिमी. - 13.85 एम्पीयर .

21. - 13 एसडब्ल्यूजी. - 02.337 मिमी. - 10.5 एम्पीयर .

22. - 14 एसडब्ल्यूजी. - 02.032 मिमी. - 8.3 एम्पीयर .

23. - 15 एसडब्ल्यूजी. - 01.829 मिमी. - 6.6 एम्पीयर .

24. - 16 एसडब्ल्यूजी. - 01.626 मिमी. - 5.2 एम्पीयर .

25. - 17 एसडब्ल्यूजी. - 01.422 मिमी. - 4.1 एम्पीयर .

26. - 18 एसडब्ल्यूजी. - 01.219 मिमी. - 3.2 एम्पीयर .

27. - 19 एसडब्ल्यूजी. - 01.016 मिमी. - 2.6 एम्पीयर .

28. - 20 एसडब्ल्यूजी. - 0.914 मिमी. - 2.0 एम्पीयर .

29. - 21 एसडब्ल्यूजी. - 0.813 मिमी. - 1.6 एम्पीयर .

30. - 22 एसडब्ल्यूजी. - 0.711 मिमी. - 1.2 एम्पीयर .

31. - 23 एसडब्ल्यूजी. - 0.610 मिमी. - 1.0 एम्पीयर .

32. - 24 एसडब्ल्यूजी. - 0.559 मिमी. - 0.8 एम्पीयर .

33. - 25 एसडब्ल्यूजी. - 0.508 मिमी. - 0.6 एम्पीयर .

34. - 26 एसडब्ल्यूजी. - 0.4572 मिमी. - 0.5 एम्पीयर .

35. - 27 एसडब्ल्यूजी. - 0.4166 मिमी. - 0.4 एम्पीयर .

36. - 28 एसडब्ल्यूजी. - 0.3759 मिमी. - 0.3 एम्पीयर .

37. - 29 एसडब्ल्यूजी. - 0.3454 मिमी. - 0.23 एम्पीयर .

38. - 30 एसडब्ल्यूजी. - 0.3150 मिमी. - 0.22 एम्पीयर .

39. - 31 एसडब्ल्यूजी. - 0.2946 मिमी. - 0.21 एम्पीयर .

40. - 32 एसडब्ल्यूजी. - 0.2743 मिमी. - 0.18 एम्पीयर .

41. - 33 एसडब्ल्यूजी. - 0.2540 मिमी. - 0.16 एम्पीयर .

42. - 34 एसडब्ल्यूजी. - 0.2337 मिमी. - 0.13 एम्पीयर .

43. - 35 एसडब्ल्यूजी. - 0.2134 मिमी. - 0.11 एम्पीयर .

44. - 36 एसडब्ल्यूजी. - 0.1930 मिमी. - 0.09 एम्पीयर .

45. - 37 एसडब्ल्यूजी. - 0.1727 मिमी. - 0.07 एम्पीयर .

46. - 38 एसडब्ल्यूजी. - 0.1524 मिमी. - 0.06 एम्पीयर .

47. - 39 एसडब्ल्यूजी. - 0.1321 मिमी. - 0.04 एम्पीयर .

48. - 40 एसडब्ल्यूजी. - 0.1219 मिमी. - 0.023 एम्पीयर .

49. - 41 एसडब्ल्यूजी. - 0.1118 मिमी. - 0.019 एम्पीयर .

50. - 42 एसडब्ल्यूजी. - 0.1016 मिमी. - 0.016 एम्पीयर .

51. - 43 एसडब्ल्यूजी. - 0.0914 मिमी. - 0.013 एम्पीयर .

52. - 44 एसडब्ल्यूजी. - 0.0813 मिमी. - 0.010 एम्पीयर .

53. - 45 एसडब्ल्यूजी. - 0.0711 मिमी. - 0.008 एम्पीयर .

54. - 46 एसडब्ल्यूजी. - 0.0616 मिमी. - 0.006 एम्पीयर .

55. - 47 एसडब्ल्यूजी. - 0.0508 मिमी. - 0.004 एम्पीयर .

56. - 48 एसडब्ल्यूजी. - 0.0406 मिमी. - 0.003 एम्पीयर .

57. - 49 एसडब्ल्यूजी. - 0.0305 मिमी. - 0.0015 एम्पीयर .

58. - 50 एसडब्ल्यूजी. - 0.0254 मिमी. - 0.001 एम्पीयर .

33/11 केवी पावर ट्रान्सफार्मर मेगर आईआर वेल्यू -

क्रमांक (1). - टेम्परेचर/तापमान (डिग्री सेल्सियस) (2). - एचटी – अर्थ (3). - एलटी – अर्थ (4). - एचटी – एलटी (5).

1. - 60 डिग्री सेल्सियस. - 75 मेगा ओम. - 35 मेगा ओम. - 75 मेगा ओम .

2. - 50 डिग्री सेल्सियस. - 150 मेगा ओम. - 65 मेगा ओम. - 150 मेगा ओम .

3. - 40 डिग्री सेल्सियस. - 300 मेगा ओम. - 150 मेगा ओम. - 300 मेगा ओम .

4. - 30 डिग्री सेल्सियस. - 600 मेगा ओम. - 300 मेगा ओम. - 600 मेगा ओम .

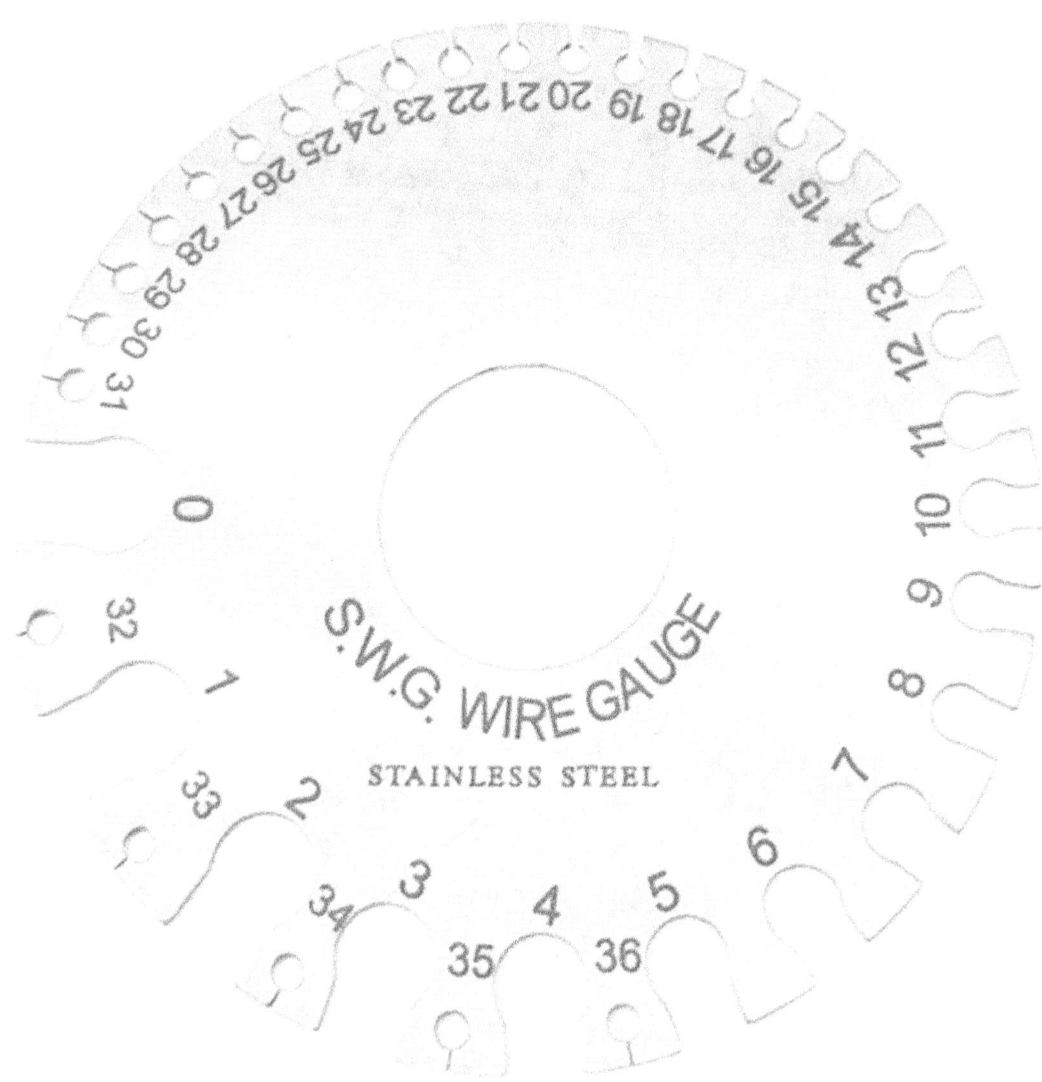

एसडब्ल्यूजी (स्टैंडर्ड वायर गेज)

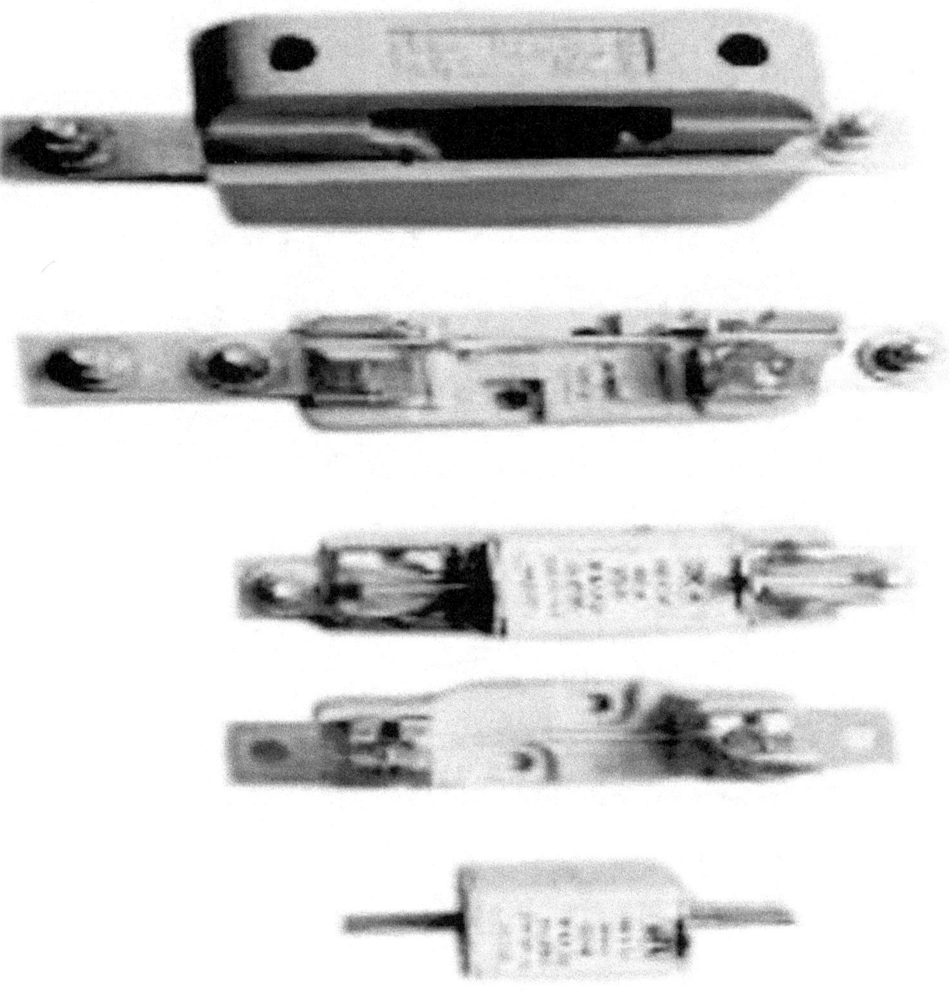

एचआरसी - फ्यूज

11 केवी फीडर 1 एम्पीयर का मान केवीए में

11 केवी फीडर 1 एम्पीयर का मान केवीए में -

- 33/11 केवी विद्युत उपकेंद्र (सब स्टेशन) पर विद्युत आपूर्ति का वितरण 11 केवी फीडरों द्वारा होता है ।
- 11 केवी फीडर पर 1 एम्पीयर लोड/करंट का मान = (वर्गमूल 3) x (11 केवी) x (1 एम्पीयर) = 19.052 केवीए जिसे 20 केवीए मानते हैं । इससे ही फ्यूज रेटिंग निकालते हैं ।
- यह लोड 33 केवी साइड पर 1/3 एम्पीयर तथा एलटी साइड पर 25 गुना होगा ।
- यदि पावर फेक्टर 0.746 मानते हैं तब केवीए = अश्व शक्ति (हार्स पावर) होगा ।
- यदि पावर फेक्टर 0.8 मानते हैं तब लोड 16 किलोवाट होगा
- 16 किलोवाट लोड 1 घंटे लगातार उपयोग होने पर 16 किलोवाट आवर होते हैं जो 16 यूनिट बिजली की खपत को दर्शाते हैं ।
- सामान्यत: बिजली की दर रुपये 6 प्रति यूनिट के अनुसार रुपये 96 होंगे । यह राशि रुपये 100 के औसत में मान लेते हैं ।
- कहने/बताने का तात्पर्य यह है कि 11 केवी फीडर पर 1 एम्पीयर लोड 1 घंटा उपयोग करने पर 16 यूनिट और रुपये 100 की ऊर्जा की खपत होती है ।

अनाधिकृत रूप से फीडर पर दी गई बिजली का मूल्यांकन उपरोक्तानुसार होता है ।

उदाहरण – जैसे एक 11 केवी फीडर का लोड 100 एम्पीयर चल रहा है । हम जानते हैं कि 1 एम्पीयर 11 केवी लाइन का लोड 20 केवीए या 20 हॉर्स पावर के समतुल्य होता है । इस तरह से गणना हुई कि 100 एम्पीयर 11 केवी फीडर का लोड 2000 केवीए (2000 हॉर्स पावर) होगा । यदि मान लें कि सभी मोटरें 10 हॉर्स पावर की तो 200 मोटर चल रहीं हैं उस समय । यदि आपके फीडर पर स्वीकृत भार 10 हॉर्स पावर की 150 मोटरे हैं तब कुल हॉर्स पावर 1500 या 1500 केवीए हुआ । इससे स्पष्ट हो गया कि 500 हॉर्स पावर ज्यादा लोड चल रहा है । जिसका यह अर्थ निकला कि 10 हॉर्स पावर की 50 मोटर अनाधिकृत चल रहीं हैं । फीडर क्षेत्र निरीक्षण किया जाना आवश्यक है ।

फ्यूज –

किसी भी विद्युत परिपथ (सर्किट) में फ्यूज का उपयोग किया जाता है इसकी क्षमता निर्धारित होती है और परिपथ में यदि किसी भी कारण से निर्धारित क्षमता से अधिक का करंट/लोड प्रवाहित होता है तो वह फेज ब्लोन ऑफ (जलना) हो जाता है । इस प्रकार से आगे की आपूर्ति (सप्लाई) बन्द हो जाती है, इस प्रक्रिया से विद्युत व्यवस्था के उपकरण मुख्यत: लाइन व ट्रान्सफार्मर आदि सुरक्षित रह पाते हैं ।

विद्युत धारा (करंट) के नियंत्रण हेतु फ्यूज का उपयोग किया जाता है, ताकि सर्किट में आवश्यकता से अधिक करंट न गुजरे ।

यद्यपि लाइन फाल्ट अथवा फीडर का लोड (भार) निर्धारित सीमा से अधिक होने पर रिले के माध्यम से उपकेंद्र पर स्थापित ब्रेकर (वीसीबी) से भी लाइन ट्रिप होकर बन्द हो जाती है । इस प्रक्रिया से काफी अधिक संख्या में उपभोक्ता प्रभावित होते हैं । उचित स्थानों पर फ्यूज व्यवस्था/आटो रिक्लोजर से केवल प्रभावित उपभोक्ताओं की आपूर्ति बन्द होगी न कि फीडर से संबन्धित सम्पूर्ण उपभोक्ताओं की ।

फ्यूज के प्रकार (टाइप) -

1 – **खुले फ्यूज** – प्राय: इस प्रकार के फ्यूज सस्ते कम टिकाऊ एवं अविश्वसनीय फ्यूज कहलाते हैं । हवा के सतत संपर्क में रहने के कारण जल्दी कार्बनाइज होकर खराव हो जाते हैं । विभाग में इनका उपयोग अस्थाई तौर पर किया जाता है । ये प्राय: टीसी (टिंड कॉपर) फ्यूज वायर या अन्य सामान्य वायर के होते हैं ।

2 – **अद्र्ध खुले फ्यूज** – ये खुले फ्यूज से महंगे होते हैं । इनका अधिकतर उपयोग किया जाता है । किटकेट या कट आउट फ्यूज इस श्रेणी में आते हैं ।

3 – **बन्द फ्यूज**

क – एचआरसी फ्यूज (हाई रप्चरिंग कपेसिटी फ्यूज) – ये अत्यन्त महंगे, विश्वसनीय एवं अधिक चलने वाले फ्यूज होते हैं । एचआरसी फ्यूज तथा कार्टराइज फ्यूज इस श्रेणी में आते हैं । इनका प्राय: उपयोग शहरी सेक्टर में अधिक लोड के लिए होता है ।

ख – डीओ फ्यूज वायर – ये मुख्यत: 11 केवी और 33 केवी के लिए उपयोग होते हैं । एक कुचालक बैरल में फ्यूज वायर लगा होता है । फ्यूज के ब्लोन ऑफ (जलने पर) बैरल भी नीचे लटक (गिर) जाता है इसलिए इन्हें ड्रॉप आउट फ्यूज कहते हैं ।

फ्यूज क्षमता जानना –

सामान्यत: टीसी फ्यूज वायर की क्षमता वायर गेज के अनुसार नापकर फ्यूज वायर का उपयोग किया जाता है । एचआरसी फ्यूज तथा डीओ फ्यूज की क्षमता प्राय: लिखी होती है । तीसरे रेडीमेड फ्यूज जिनका कलर कोड होता है अथवा उनपर क्षमता लिखी होती है ।

फ्यूज क्षमता निर्धारण करना एवं सरल नियम –

सरल नियम –

फ्यूज एलटी लाइन, 11 केवी लाइन और 33 केवी लाइन में तथा वितरण/पावर ट्रान्सफार्मर के एचटी (प्राइमरी) और एलवी (सेकेन्डरी) साइड दोनों में उपयोग करते हैं । फ्यूज की क्षमता वोल्टेज के साथ करंट के अनुसार निर्धारित की जाती है । प्राय: ट्रान्सफार्मर की क्षमता केवीए और एमवीए तथा उपभोक्ता के भार (लोड) की क्षमता किलोवाट अथवा एचपी (हॉर्स पावर – अश्व शक्ति) में निश्चित होती है । सामान्य जानकारी हेतु एक एचपी 746 वाट (0.746 किलोवाट = 0.75 किलोवाट) के बराबर होती है । यदि पावर फ़ैक्टर 0.746 मानलें तब एक एचपी का मान एक केवीए के बराबर होता है । कहने का तात्पर्य यह है कि लगभग केवीए, एचपी बराबर होते हैं ।

फ्यूज रेटिंग सरल गणना -

विद्युत – 11 केवी लाइन में एक एम्पीयर करंट का केवीए पावर मान – जानना–

- पावर (केवीए) का सूत्र, तीन फेज व्यवस्था में वर्गमूल 3 तथा वोल्ट और एम्पीयर के गुणनफल के बराबर होता है ।
- इस सूत्र में वोल्टेज फेज से फेज के मध्य का होता है ।
- करंट लाइन में प्रवाहित होने वाला होता है ।
- अत: एक एम्पीयर करंट जब 11 केवी लाइन में प्रवाहित होता है तब उसका केवीए मान होगा –
- केवीए = 1.732 x 11 x 1 = 19.052 केवीए
- इसी को साधारण रुप से 20 केवीए मान लेते हैं ।
- इसका यह आशय हुआ कि एक एम्पीयर करंट जब 11 केवी लाइन में प्रवाहित होता है तब पावर 20 केवीए होगी

विद्युत – ट्रांसफार्मर फ्यूज क्षमता जानना -

- 11 केवी साइड में 20 केवीए क्षमता के लिए एक एम्पीयर क्षमता का फ्यूज उपयोग होता है । इसी प्रकार से ट्रांसफार्मर की केवीए क्षमता में 20 से भाग देने पर जो संख्या आती है, उसी संख्या के अनुरूप 11 केवी साइड में फ्यूज क्षमता होगी ।

क्रमांक (1). - ट्रांसफार्मर क्षमता केवीए (2). - क्षमता में 20 केवीए से भाग देने पर (3). - ट्रांसफार्मर 11 केवी साइड फ्यूज क्षमता (एम्पीयर) (4).

1. - 25 केवीए . - 1.25 एम्पीयर. - 1 एम्पीयर.
2. - 63 केवीए . - 3.15 एम्पीयर. - 3 एम्पीयर.
3. - 100 केवीए . - 5.0 एम्पीयर. - 5 एम्पीयर.
4. - 200 केवीए . - 10.0 एम्पीयर. - 10 एम्पीयर.
5. - 315 केवीए . - 15.75 एम्पीयर. - 15 एम्पीयर.
6. - 500 केवीए . - 25.00 एम्पीयर. - 25 एम्पीयर.
7. - 1000 केवीए . - 50.00 एम्पीयर. - 50 एम्पीयर.

- विद्युत कर्मचारी जो फ्यूज क्षमता जानने के लिए ट्रांसफार्मर केवीए क्षमता से 20 का भाग दे कर 11 केवी साइड के फ्यूज क्षमता जानने में असुविधा महसूस करते हैं । उनके लिए अगली तालिका में सरल उपाय बताया गया है ।
- पहले ट्रांसफार्मर केवीए क्षमता के इकाई अंक को छोड़कर उसका आधा करने पर जो संख्या आती है वह फ्यूज रेटिंग क्षमता होती है ।

क्रमांक (1). - ट्रांसफार्मर क्षमता केवीए (2). - ट्रांसफार्मर क्षमता के इकाई अंक को छोड़कर लिखना (3). - 11 केवी साइड के फ्यूज क्षमता एम्पीयर में जानने के लिए पहले कालम में लिखी संख्या का आधा करते हैं (4).

1. - 25 केवीए. - 2. - 1 एम्पीयर .
2. - 63 केवीए. - 6. - 3 एम्पीयर .
3. - 100 केवीए. - 10. - 5 एम्पीयर .
4. - 200 केवीए. - 20. - 10 एम्पीयर .
5. - 315 केवीए. - 31. - 15 एम्पीयर .

6. - 500 केवीए. - 50. - 25 एम्पीयर .

7. - 1000 केवीए. - 100. - 50 एम्पीयर .

ट्रांसफार्मर करेंट -

क्रमांक (1). - विवरण (2). - 33 केवी साइड (3). - 11 केवी साइड (4). - एलटी साइड (5).

1. - करेंट = एक एम्पीयर. - 60 केवीए. - 20 केवीए. - 0.75 (3/4) केवीए.

2. - यदि करेंट एलटी साइड 1 एम्पीयर. - 1/75 एम्पीयर. - 1/25 एम्पीयर. - 1 एम्पीयर.

3. - यदि करेंट 11 केवी साइड 1 एम्पीयर . - 1/3 एम्पीयर. - 1 एम्पीयर . - 25 एम्पीयर .

4. - यदि करेंट 33 केवी साइड 1 एम्पीयर . - 1 एम्पीयर (एक गुना). - 3 एम्पीयर (तीन गुना), - 75 एम्पीयर (75 गुना) .

5. - केवीए से फुल लोड करेंट (फ्यूज रेटिंग) निकालना. - केवीए क्षमता में 60 से भाग देने पर. - केवीए क्षमता में 20 से भाग देने पर. - केवीए क्षमता में 0.75 (3/4) से भाग देने पर, अथवा 4/3 (1.33) से गुणा करने पर

विद्युत – व्यवस्था – थम्ब रूल

- 1 एम्पीयर करेंट एलटी सर्किट = 0.75 केवीए

- 1 केवीए पावर के लिए एलटी सर्किट में करेंट = (1/0.75) = 4/3 = 1.33 एम्पीयर

- 1 एम्पीयर करेंट 11 केवी = 20 केवीए

- 1 एम्पीयर करेंट 33 केवी = 60 केवीए

- सिंगल फेस मोटर लोड एम्पीयर = 3.5/4 एम्पीयर प्रति एचपी

- 3 फेस मोटर लोड एम्पीयर = 1.25/1.5 एम्पीयर प्रति एचपी

- एलटी फुल लोड करेंट उपकरण (केवीए) = 1.33 एम्पीयर प्रति केवीए

- फुल लोड करेंट उपकरण (किलोवाट) = 1.74 एम्पीयर प्रति किलोवाट

- एलटी करेंट लोड डीटीआर = 1.4 एम्पीयर प्रति केवीए

- नो लोड करेंट – डीटीआर = 2 % फुल लोड करेंट से कम

ट्रान्सफार्मर की एलटी साइड का करेंट जानने के लिए 11 केवी साइड के फ्यूज क्षमता का 25 गुना करके एलटी करेंट का मान होगा और उसके अनरूप फ्यूज क्षमता होगी एलटी की .

ट्रान्सफार्मर क्षमता केवीए (1). - 11 केवी साइड करेंट एम्पीयर (2). - एलटी साइड करेंट एम्पीयर (11केवी का 25 गुना).

25 केवीए. - 1 एम्पीयर. - 25 एम्पीयर .

63 केवीए. - 3 एम्पीयर. - 75 एम्पीयर.

100 केवीए. - 5 एम्पीयर. - 125 एम्पीयर.

200 केवीए. - 10 एम्पीयर. -250 एम्पीयर .

315 केवीए. - 15 एम्पीयर. - 375 एम्पीयर.

500 केवीए. - 25 एम्पीयर. - 625 एम्पीयर .

1000 केवीए. - 50 एम्पीयर. - 1250 एम्पीयर.

उसी प्रकार पावर ट्रान्सफार्मर के 33 केवी साइड के करेंट का मान 11 केवी साइड के करेंट का एक तिहाई होगा –

पावर ट्रान्सफार्मर क्षमता एमवीए (1). - 11 केवी साइड करेंट एम्पीयर (2). - 33 केवी साइड करेंट एम्पीयर (11 केवी साइड का एक तिहाई करेंट) (3) .

1 एमवीए. - 50 एम्पीयर (1000/20). - 17 एम्पीयर (15 एम्पीयर).

1.6 एमवीए. - 80 एम्पीयर (1600/20). - 27 एम्पीयर (25 एम्पीयर).

3.15 एमवीए. - 150 एम्पीयर (3150/20). - 50 एम्पीयर.

5.0 एमवीए. - 250 एम्पीयर (5000/20). - 80 एम्पीयर.

8.0 एमवीए. - 400 एम्पीयर (8000/20). - 130 एम्पीयर .

पावर ट्रांसफार्मर 33/11 केवी :- फ्यूज रेटिंग -

क्रमांक (1), - ट्रांसफार्मर क्षमता एमवीए (2), - एचटी (33 केवी) फुल लोड करेंट (3), - एलटी (11 केवी) फुल लोड करेंट (4), - एचटी (33 केवी) - फ्यूज साइज (5), - एलटी (11 केवी) - फ्यूज साइज (6)

1. - 1.0 एमवीए. - 17 एम्पीयर. - 52 एम्पीयर. - 15 एम्पीयर. - 50 एम्पीयर.

2. - 1.6 एमवीए. -28 एम्पीयर. - 85 एम्पीयर. - 25 एम्पीयर. - 75 एम्पीयर.

3. - 3.15 एमवीए. - 55 एम्पीयर. - 163 एम्पीयर. - 50 एम्पीयर. - 150 एम्पीयर.

4. - 5.0 एमवीए. - 87.5 एम्पीयर. - 262 एम्पीयर. - 75/80 एम्पीयर. - 225/240 एम्पीयर.

5. - 8.0 एमवीए. - 136 एम्पीयर. - 408 एम्पीयर. - 125/130 एम्पीयर. - 375/400 एम्पीयर.

नोट - पावर ट्रांसफार्मर के एलटी (11 केवी) साइड में वीसीबी का उपयोग करते हैं तथा 3.15 एमवीए व उससे अधिक क्षमता के पावर ट्रांसफार्मर के एचटी साइड भी वीसीबी का उपयोग करते है ।

वितरण ट्रांसफार्मर 33/0.4 केवी :- फ्यूज रेटिंग -

क्रमांक (1), - ट्रांसफार्मर क्षमता केवीए (2), - एचटी (33 केवी) फुल लोड करेंट (3), - एलटी (0.4 केवी) फुल लोड करेंट (4), - एचटी (33 केवी) - फ्यूज साइज (5), - एलटी (0.4 केवी) - फ्यूज साइज (6).

1. - 100 केवीए. - 1.7 एम्पीयर. - 133 एम्पीयर. - 1.5 एम्पीयर. - 120/125 एम्पीयर.

2. - 200 केवीए. - 3.3 एम्पीयर. - 266 एम्पीयर. - 3.0 एम्पीयर. - 250 एम्पीयर.

3. - 315 केवीए. -5.77 एम्पीयर. - 418 एम्पीयर. 5.0 एम्पीयर. - 400 एम्पीयर.

4. - 500 केवीए. - 8.75 एम्पीयर. - 665 एम्पीयर. - 8.0 एम्पीयर. - 650 एम्पीयर.

5. - 1000 केवीए. - 17.50 एम्पीयर. - 1330 एम्पीयर. - 15 /17 एम्पीयर. - 1250/1300 एम्पीयर.

6. - 2000 केवीए. - 35.0 एम्पीयर. - 2660 एम्पीयर. - 30 एम्पीयर. - 2500/2600 एम्पीयर.

विद्युत उपकेन्द्र सामग्री

विद्युत उपकेन्द्र सामग्री

33/11 केवी नवीन उपकेंद्र स्थापना-विभिन्न क्षमता

क्रमांक (1). - विवरण (सामग्री) (2). - 3.15 एमवीए (3). - 5.0 एमवीए (4). - 8.0 एमवीए (5). - 10.0 एमवीए (6).

भूमि सिविल कार्य -

1. - भूमि. - 1 नंबर. - 1 नंबर. - 1 नंबर.

2. - बारबेड वायर सब स्टेशन फेंसिंग. - 145 मीटर. - 145 मीटर. - 145 मीटर. -145 मीटर.

3. - यार्ड फेंसिंग चेन लिंक मेश - आरसीसी बीम . - 175 मीटर. - 175 मीटर. - 175 मीटर. - 175 मीटर.

4. - एमएस मैन और विकेट गेट - आरसीसी कॉलम . -1 नंबर. -1 नंबर . - 1 नंबर . - 1 नंबर.

5. - एमएस साइन बोर्ड, बे इंडीकेशन बोर्ड, आरवाईबी फेस इंडीकेशन बोर्ड. - 1 नंबर. - 1 नंबर. - 1 नंबर. - 1 नंबर.

6. - कंट्रोल रूम (6x5 मीटर) और आंतरिक विद्युतीकरण. - 1 नंबर. - 1 नंबर. - 1 नंबर. - 1 नंबर.

7. - यार्ड लेविलिंग और मेटेलिंग. - 1 नंबर. - 1 नंबर. - 1 नंबर. - 1 नंबर .

8. - स्टाफ और उपभोक्ता टोयलेट-सेप्टिक टैंक सहित. - 1 नंबर. - 1 नंबर. - 1 नंबर. - 1 नंबर.

9. - पहुँच मार्ग (एप्रोच रोड) डब्ल्यूबीएम, हयूम पाइप सहित. - 1 नंबर. - 1 नंबर. - 1 नंबर. - 1 नंबर.

10. - पहुँच मार्ग (आरसीसी अनुपात 1 : 2 : 4) मेन गेट से पावर ट्रांसफार्मर तक (20x3) मीटर. - 60 वर्ग मीटर. - 60 वर्ग मीटर. - 60 वर्ग मीटर . - 60 वर्ग मीटर .

11. - पहुँच मार्ग (60 एमएम थिक फेक्टरी मेड सीमेंट कॉंक्रीट पेवर ब्लॉक एम -30 ग्रेड) केबिल ट्रेंच के सहारे उपकरणों (यार्ड में स्थापित) तक . - 60 वर्ग मीटर. - 60 वर्ग मीटर. - 60 वर्ग मीटर . - 60 वर्ग मीटर .

12. - ट्यूब बेल 60 मीटर गहरी, 150 एमएम डाया, केसिंग सहित. - - 1 नंबर. - 1 नंबर. - 1 नंबर. - 1 नंबर.

13. - 1000 लीटर सिंटेक्स ओवरहेड टैंक और जीआई पाइप (125 मीटर) फिटिंग जल आपूर्ति के लिए वाटर टेप (17 नंबर) सहित, ट्रांसफार्मर न्यूट्रल अर्थिंग्ग और अन्य अर्थिग तक. - - 1 नंबर. - 1 नंबर. - 1 नंबर. - 1 नंबर.

14 . - सब-मर्सीबिल पंप 5 एचपी. - 1 नंबर. - 1 नंबर. - 1 नंबर. - 1 नंबर.

15. - परफोरेटिड केबिल ट्रे 300 एमएम चौड़ाई, 2 एमएम मोटी (45x45x5 एमएम एमएस एंगल स्टेंड ग्राउटिड इन सीमेंट कॉंक्रीट (1 :24). - 50 मीटर. - 50 मीटर. - 50 मीटर. - 50 मीटर.

16. - अर्थ पिट ब्रिक मेसेनरी कार्य (0.6 0.6 मीटर इनरसाइज, फ्लेग स्टोन (वाटरिंग सिस्टम -18 पिट). - 18 नंबर. - 18 नंबर. - 18 नंबर. - 18 नंबर .

17. - फायर डिटेक्सन उपकरण. - 1 नंबर. - 1 नंबर. - 1 नंबर. - 1 नंबर

विद्युत उपकरण कार्य -

18. - 33/11 केवी पावर ट्रांसफार्मर 3.15 एमवीए. - 1 नंबर. - - - - . - - - - . - - - - .

19. - 33/11 केवी पावर ट्रांसफार्मर 5.0 एमवीए. - - - - . -1 नंबर. - - - - . - - - -.

20. - 33/11 केवी पावर ट्रांसफार्मर 8.0 एमवीए, - - - - . - - - - . -1 नंबर. - - - - .

21. - 33/11 केवी पावर ट्रांसफार्मर 10.0 एमवीए. - - - - . - - - -. - - - - .-1 नंबर.

22. - 33 केवी वीसीबी आउट डोर पोरसीलेन क्लेड टाइप कंप्लीट स्ट्रक्चर और एसेसरीज़ सहित. - 2 नंबर. - 2 नंबर. - 2 नंबर. - 2 नंबर

23. - 33 केवी सीटी आउट डोर टाइप 200 -100/5 एम्पीयर. - 6 नंबर. - 6 नंबर. - - - - . - - - - -.

24. - 33 केवी सीटी आउट डोर टाइप 300-150/5 एम्पीयर. - - - - . - - - - . - 6 नंबर. - 6 नंबर.

25. - 33 केवी कंट्रोल और रिले पेनल, न्यूमेरिक स्टेटिक रिले ट्रांसफार्मर प्रोटेक्सन. - 1 नंबर. - 1 नंबर. - 1 नंबर. - 1 नंबर.

26. - 33 केवी कंट्रोल और रिले पेनल, न्यूमेरिक स्टेटिक रिले फीडर प्रोटेक्सन . - 1 नंबर. - 1 नंबर. - 1 नंबर. - 1 नंबर.

27. - 33 केवी ट्रांसफार्मर पेनल डिफरेंशियल प्रोटेक्सन सहित. - - - - . - - - - . - 1 नंबर. - 1 नंबर.

28. - 11 केवी वीसीबी आउट डोर पोरसीलेन क्लेड टाइप कंप्लीट स्ट्रक्चर और एसेसरीज़. - 3 नंबर. - 4 नंबर. - 5 नंबर. - 5 नंबर .

29. - 11 केवी सीटी आउट डोर टाइप 200 -100/5 एम्पीयर . - 6 नंबर. - 9 नंबर. - 12 नंबर. - 12 नंबर.

30. -11 केवी सीटी आउट डोर टाइप 300 -150/5 एम्पीयर.- 3 नंबर. - 3 नंबर. - - - - . - - - - -.

31. - 11 केवी सीटी आउट डोर टाइप 600 -300/5 एम्पीयर.- - - . - - - - . - 3 नंबर. - 3 नंबर.

32. - 11केवी कंट्रोल और रिले पेनल, न्यूमेरिक स्टेटिक रिले ट्रांसफार्मर प्रोटेक्सन हेतु. - 1 नंबर. - 1 नंबर. - 1 नंबर. - 1 नंबर.

33. - 11केवी कंट्रोल और रिले पेनल, न्यूमेरिक स्टेटिक रिले डबल फीडर प्रोटेक्सन हेतु (2 एफ). - 1 नंबर. - 1 नंबर. - 2 नंबर. - 2 नंबर.

34. - 11केवी कंट्रोल और रिले पेनल, न्यूमेरिक स्टेटिक रिले डबल फीडर प्रोटेक्सन हेतु (1 एफ). - - - - .- 1 नंबर. - - - - . - - - - .

35. - लेड एसिड बैटरी सेट 30 वोल्ट 1000 एमएच. - 1 नंबर. - 1 नंबर. - 1 नंबर. - 1 नंबर.

36. - बैटरी चार्जर 230 वोल्ट एसी इनपुट 10 ए, 30 वोल्ट डीसी आउट पुट सॉलिड स्टेट टाइप . - 1 नंबर. - 1 नंबर. - 1 नंबर. - 1 नंबर.

37. - 33 केवी आइसोलेटर 600 एम्पीयर (टर्न और ट्विस्ट टाइप) . - 4 नंबर. - 4 नंबर. - 4 नंबर. - 4 नंबर.

38. -11 केवी आइसोलेटर 800 एम्पीयर (टर्न और ट्विस्ट टाइप). - 5 नंबर. - 6 नंबर. - 8 नंबर. - 8 नंबर.

39. - 33 केवी एलए पॉलीमर गेपलेस/मेटल ऑक्साइड सब स्टेशन टाइप. - - 9 नंबर. - 9 नंबर. - 9 नंबर. - 9 नंबर.

40. - 11 केवी एलए पॉलीमर गेपलेस/मेटल ऑक्साइड 9 केवी, 10 के ए - सब स्टेशन टाइप. -- 9 नंबर. - 12 नंबर. - 12 नंबर. - 12 नंबर.

41. - 33केवी/110 वोल्ट 3 फेस 4 वायर सीटी पीटी रेशो 400 -200/5 ए आउट डोर ऑइल इम्मर्सड टाइप - 2 नंबर. - 2 नंबर. - 2 नंबर. - 2 नंबर .

42. - 11केवी/110 वोल्ट 3 फेस 4 वायर सीटी पीटी रेशो 200-100/5 ए आउट डोर ऑइल इम्मर्सड टाइप . - 2 नंबर. - 3 नंबर. - 4 नंबर. - 4 नंबर .

43. - 33 केवी सिंगल फेस पीटी ऑइल इम्मर्सड टाइप. - 3 नंबर. - 3 नंबर. - 3 नंबर. - 3 नंबर .

44. - 11 केवी सिंगल फेस पीटी ऑइल इम्मर्सड टाइप. - 3 नंबर. - 3 नंबर. - 3 नंबर. - 3 नंबर .

45. - एचटी ट्राई-वेक्टर एनर्जी मीटर डीएलएमएस कंपलेंट केटेगरी - ए, (सब स्टेशन, फीडर मीटरिंग हेतु) 3 फेस 4 वायर 110 वोल्ट 5 ए एकुरेसी क्लास 0.55 जीएसएम/जीपीआरएस मॉडम . - 4 नंबर. - 5 नंबर. - 6 नंबर. - 6 नंबर .

46. - शीट मेटल मीटर बॉक्स (एचटी स्टेटिक ट्राई वेक्टर मीटर के लिए) टीटीबी सहित . - 4 नंबर. - 5 नंबर. - 6 नंबर. - 6 नंबर .

47. - डीसी डिस्ट्रीब्युशन बोर्ड एमसीबी सहित. - 1 नंबर. - 1 नंबर. - 1 नंबर. - 1 नंबर.

48. - एसी डिस्ट्रीब्युशन बोर्ड एमसीबी सहित. - 1 नंबर. - 1 नंबर. - 1 नंबर. - 1 नंबर.

49. - एलईडी लैम्प 90 वाट कंपलीट. - 5 नंबर. - 5 नंबर. - 5 नंबर. - 5 नंबर.

50. - कॉपर कंट्रोल केबिल 8 कोर 2.5 स्कूयायर एमएम पीवीसी अनार्मड. - 0.7 मीटर. - 0.8 मीटर. - 0.8 मीटर. - 0.8 मीटर .

51. - कॉपर कंट्रोल केबिल 4 कोर 2.5 स्कूयायर एमएम पीवीसी अनार्मड. - 0.35 मीटर. - 0.4 मीटर. - 0.4 मीटर. - 0.4 मीटर .

52. - कॉपर कंट्रोल केबिल 2 कोर 2.5 स्कूयायर एमएम पीवीसी अनार्मड. - 0.2 मीटर. - 0.2 मीटर. - 0.2 मीटर. - 0.2 मीटर .

53. - टी क्लैम्प एल्यूमिनियम (बस बार पेंथर कंडक्टर हेतु). - 60 नंबर. - 60 नंबर. - 60 नंबर . - 60 नंबर .

54. - बाई मेटेलिक क्लैम्प पावर ट्रांसफार्मर 11 केवी साइड. - 55 नंबर. - 55 नंबर. - 70 नंबर. - 70 नंबर .

स्ट्रक्चर और बस बार एरेंजमेंट

53. - 33 केवी गेंट्री स्ट्रक्चर-एच बीम 9 मीटर लंबाई (152x152) एमएम, (37.1 किग्रा प्रति मीटर). - 6 नंबर. - 6 नंबर. - 6 नंबर. - 6 नंबर.

54. - 11 केवी गेंट्री स्ट्रक्चर - एच बीम 9 मीटर लंबाई (152x152) एमएम, (37.1 किग्रा प्रति मीटर). - 8 नंबर. - 10 नंबर. - 12 नंबर. - 12 नंबर.

55. - 33 केवी व 11 केवी साइड 5 फुट जम्पर सपोर्ट - एच बीम 7 मीटर लंबाई- (152x152) एमएम, (37.1 किग्रा प्रति मीटर). - 4 नंबर. - 4 नंबर. - 4 नंबर. - 4 नंबर.

56. - 33 केवी बस बार डीसी चेनल 4.8 मीटर सेंटर - (100x50x6 एमएम). - 14 सेट . - 14 सेट. - 14 सेट . - 14 सेट .

57. - 11 केवी बस बार डीसी चेनल 4.8 मीटर सेंटर - (100x50x6 एमएम). - 20 सेट. - 26 सेट. - 32 सेट. - 32 सेट .

58. - 33 केवी व 11 केवी स्ट्रक्चर साइड-जम्पर सपोर्ट डीसी क्रॉस आर्म -5 फुट सेंटर (100x50x6 एमएम चेनल). - 2 सेट . - 5 सेट . - 5 सेट . - 5 सेट .

59 . - स्ट्रेन प्लेट (एमएस फ्लेट 65x8 एमएम 250 एमएम लंबाई). - 144 नंबर. - 156 नंबर. - 168 नंबर. - 168 नंबर.

60. - कंडक्टर एएसी पेंथर (200 एस क्यू एमएम). - 0.8 किमी. - 0.8 किमी . - 1 किमी . - 1 किमी .

61. - 33 केवी, 10 केएन पिन कम्पोजीट पॉलीमर इंसुलेटर. - 12 नंबर . - 12 नंबर. -12 नंबर. - 12 नंबर.

62. - 33 केवी टॉप क्लैम्प (75x75x6 एमएम एंगल टाइप). - 12 नंबर. - 12 नंबर. -12 नंबर. - 12 नंबर.

63. - 11 केवी 5 केएन कम्पोजीट पॉलीमर इंसुलेटर. - 15 नंबर . - 15 नंबर. -18 नंबर. - 18 नंबर.

64. - 11 केवी टॉप क्लैम्प (65x 65x6 एमएम एंगल टाइप). - 9 नंबर . - 12 नंबर. -12 नंबर. - 12 नंबर.

65. - 33 केवी 45 केएन डिस्क पॉलीमर लॉन्ग रोड टाइप टी एंड सी इंसुलेटर (33 केवी साइड). - 36 नंबर . - 36 नंबर. -36 नंबर. - 36 नंबर.

66. - 33 केवी कम्पोजीट पॉलीमर स्ट्रेन, सेट हार्ड वेयर सहित (पेंथर कंडक्टर हेतु) (33केवी साइड) - 36 नंबर . - 36 नंबर. - 36 नंबर. - 36 नंबर.

67. - 33केवी 45 केएन डिस्क पॉलीमर लॉन्ग रोड टाइप टी एंड सी इंसुलेटर (11 केवी साइड). - 54 नंबर . - 69 नंबर. - 78 नंबर. - 78 नंबर.

68. - 33 केवी कम्पोजीट पॉलीमर स्ट्रेन, सेट हार्ड वेयर सहित (पेंथर कंडक्टर हेतु) (11 केवी साइड). - 54 नंबर . - 69 नंबर. - 78 नंबर. - 78 नंबर.

69. - स्टे क्लैम्प (65x8 एमएम एमएस फ्लेट-एच बीम हेतु). - 40 सेट. - 46 सेट. - 52 सेट. - 52 सेट .

डीपी स्ट्रक्चर (33 केवी इंकमिंग और आउट गोइंग लिलो- एलआईएलओ)

70. - एच बीम 11 मीटर (152x152 एमएम) 37.1 किग्रा प्रति मीटर. - 4 नंबर. - 4 नंबर. - 4 नंबर. - 4 नंबर.

71. - डीसी क्रॉस आर्म्स 8 फुट सेंटर टू सेंटर (100x50x6 एमएम चेनल). - 6 सेट. - 6 सेट. - 6 सेट. - 6 सेट .

72. - होरीजोंटल और क्रॉस ब्रेसिंग 8 फुट सेंटर, (4 बेक क्लैम्प सेट एच बीम हेतु सहित) . - 2 सेट. - 2 सेट. - 2 सेट. - 2 सेट .

73. - 33 केवी 45 केएन डिस्क पॉलीमर लॉन्ग रोड टाइप टी एंड सी इंसुलेटर. - 12 नंबर . - 12 नंबर. -12 नंबर. - 12 नंबर.

74. - 33 केवी स्ट्रेन हार्ड वेयर (टी एंड सी टाइप) फिटिंग्स. - 12 नंबर . - 12 नंबर. -12 नंबर. - 12 नंबर.

75. - 33 केवी 10 केएन पिन कम्पोजीट पॉलीमर इंसुलेटर. - 4 नंबर. - 4 नंबर. - 4 नंबर. - 4 नंबर .

76. - स्टे सेट 20 एमएम . - 4 नंबर. - 4 नंबर. - 4 नंबर. - 4 नंबर .

77. - स्टे क्लैम्प्स (एमएस फ्लेट 65x8 एमएम). - 4 नंबर. - 4 नंबर. - 4 नंबर. - 4 नंबर .

78. - स्टे वायर 7/4.0 एमएम (7/8 एसडब्ल्यूजी) (8.5 किग्रा प्रति स्टे). - 34 किग्रा. - 34 किग्रा. - 34 किग्रा . - 34 किग्रा .

79. - कोंक्रीटिंग(1:3:6) एच बीम (0.65 सीएमटी प्रति पोल, बेस पेडिंग सहित). - 2.6 सीएमटी . - 2.6 सीएमटी . - 2.6 सीएमटी . - 2.6 सीएमटी .

80 . - कोंक्रीटिंग (1:3:6) स्टे (0.3 सीएमटी प्रति स्टे 20 एम - एम). - 1.2 सीएमटी. - 1.2 सीएमटी. - 1.2 सीएमटी . - 1.2 सीएमटी .

81. - अर्थिंग कोइल (115 टन्स, 50 एमएम डाया, 2.5 मीटर लीड 4 एमएम जीआई वायर). - 2 नंबर. - 2 नंबर. - 2 नंबर. - 2 नंबर .

डीपी स्ट्रक्चर-आउट गोइंग 11 केवी फीडर्स -

82. - एच बीम 11 मीटर - (152x152 एमएम 37.1 किग्रा प्रति मीटर). - 4 नंबर. - 4 नंबर. - 4 नंबर. - 4 नंबर .

83 . - डीसी क्रॉस आर्म 8 फुट सेंटर टू सेंटर (100x50x6 एमएम चैनल). - 6 नंबर. - 9 नंबर. - 12 नंबर. - 12 नंबर .

84. - 11केवी 45 केएन डिस्क टी एंड सी कम्पोजीट पॉलीमर लॉन्ग रोड इंसुलेटर. - 12 नंबर. - 24 नंबर. - 24 नंबर. - 24 नंबर .

85. - 11केवी स्ट्रेन हार्ड वेयर (टी एंड सी टाइप) फिटिंग्स. - 12 नंबर. - 24 नंबर. - 24 नंबर. - 24 नंबर .

86. - 11 केवी 5 केएन कम्पोजीट पॉलीमर इंसुलेटर. - 4 नंबर. - 8 नंबर. - 8 नंबर. - 8 नंबर .

87. - ब्रेसिंग सेट 4 फुट सेंटर डीपी एंगल (65x65x6 एमएम), - 2 सेट, - 3 सेट. - 4 सेट . - 4 सेट .

88. - स्टे सेट 16 एमएम पेंटिड, - 4 नंबर. - 4 नंबर. - 4 नंबर. - 4 नंबर .

89 . - स्टे क्लैम्प्स एमएस फ्लेट (65x8 एमएम). - 4 नंबर. - 4 नंबर. - 4 नंबर. - 4 नंबर .

90 . - स्टे वायर 7/3.15 एमएम (7/10 एसडब्ल्यूजी). - 34 किग्रा, - 34 किग्रा. - 34 किग्रा. - 34 किग्रा .

91. - कोंक्रीटिंग (1:3:6) एच बीम (0.65 सीएमटी प्रति पोल बेस पेडिंग सहित). - 2.6 सीएमटी. - 3.9 सीएमटी. - 5.2 सीएमटी . - 5.2 सीएमटी .

92 . - कोंक्रीटिंग (1:3:6) स्टे 16 एमएम (0.2 सीएमटी प्रति स्टे). - 0.8 सीएमटी . - 0.8 सीएमटी. - 0.8 सीएमटी . - 0.8 सीएमटी .

93 . - अर्थिंग कोइल (115 टन्स, 50 एमएम डाया, 2.5 मीटर लीड 4 एमएम जीआई वायर). - 2 नंबर. - 4 नंबर . - 4 नंबर. - 4 नंबर .

सब स्टेशन ट्रांसफार्मर 11/.4 केवी – सम्पूर्ण डीपी सहित

94. - आर एस जोइस्ट(175x85 एमएम) 9 मीटर लंबाई. - 2 नंबर. - 2 नंबर. - 2 नंबर. - 2 नंबर .

95. - ट्रांसफार्मर 11/.4 केवी कनवेनशनल 3 स्टार रेटिंग टाइप 100 केवीए एल्यूमिनियम वाउण्ड - 1 नंबर. - 1 नंबर. - 1 नंबर. - 1 नंबर.

96. - डीसी क्रॉस आर्म्स 8 फुट सेंटर टू सेंटर (100x50x6 एमएम चेनल). - 1 सेट. - 1 सेट. - 1 सेट. - 1 सेट .

97 . - 11 केवी 45 केएन डिस्क टी एंड सी कम्पोजीट पॉलीमर लॉन्ग रोड इंसुलेटर . - 3 नंबर. - 3 नंबर. - 3 नंबर. - 3 नंबर

98. - 11 केवी स्ट्रेन हार्ड वेयर (टी एंड सी टाइप) फिटिंग्स . - 3 नंबर. - 3 नंबर. - 3 नंबर. - 3 नंबर .

99. - 11 केवी एलए पॉलीमर टाइप गेपलेस/मेटल ऑक्साइड 9 केवी, 10 के ए सब स्टेशन टाइप. - 3 नंबर. - 3 नंबर. - 3 नंबर. - 3 नंबर

.

100 . - डीओ माउंटिंग चेनल - (75x40x6 एमएम). - 1 नंबर. - 1 नंबर. - 1 नंबर. - 1 नंबर.

101 . - डीओ फ्यूज यूनिट कंप्लीट -11 केवी. - 3 नंबर. - 3 नंबर. - 3 नंबर. - 3 नंबर .

102 . - ट्रांसफार्मर माउंटिंग चेनल (100x50x6 एमएम) . - 1 सेट. - 1 सेट. - 1 सेट. - 1 सेट .

103 . - ट्रांसफार्मर क्लैम्पिंग सेट (50x50x6 एमएम एंगल 460 एमएम लंबाई). - 1 सेट. - 1 सेट. - 1 सेट. - 1 सेट .

104 . - एएसी कंडक्टर रेबिट(05) . - 0.03 किमी . - 0.03 किमी. - 0.03 किमी . - 0.03 किमी .

105 . - डेंजर बोर्ड एनेमिल्ड 11 केवी . - 1 नंबर . - 1 नंबर. - 1 नंबर. - 1 नंबर .

106 . - अर्थिंग सेट (ट्रांसफार्मर अर्थिंग) सर्कुलर अनुसार -अर्थिंग सेट 40 एमएम, 3 मीटर जीआई पाइप, जीआई वायर, अर्थिंग क्लैम्प और नट - बोल्ट . - 1 सेट. - 1 सेट. - 1 सेट. - 1 सेट .

107. एलटी डिस्ट्रीब्यूशन बॉक्स 100 केवीए ट्रांसफार्मर (200 ए आइसोलेटर, सिंगल फेस एमसीसीबी - 90 ए). - 1 नंबर. - 1 नंबर. - 1 नंबर. - 1 नंबर.

108. - एक्सएलपीई 1- कोर एल्यूमिनियम अनआर्मड (70 एसक्यू एमएम) केबिल . - 0.08 किमी. - 0.08 किमी. - 0.08 किमी. - 0.08 किमी .

109. - एक्सएलपीई 1- कोर एल्यूमिनियम अनआर्मड (150 एसक्यू एमएम) केबिल . - 0.04 किमी. - 0.04 किमी. - 0.04 किमी. - 0.04 किमी .

110 . - कोंक्रीटिंग(1:3:6) आरएस जोईस्ट (0.65 सीएमटी प्रति पोल बेस पेडिंग सहित). - 1.3 सीएमटी. - 1.3 सीएमटी. - 1.3 सीएमटी . - 1.3 सीएमटी .

111 . - 3 फेज 20-80 एम्पीयर, एलएस और टीओडी सुविधा सहित, मय बॉक्स . - 1 नंबर. - 1 नंबर. - 1 नंबर. - 1 नंबर.

अन्य मिश्रित आइटम -

112 . - कोंक्रीटिंग (1:3:6) स्ट्रक्चर और फाउंडेशन (0.5 सीएमटी प्रति स्ट्रक्चर). - 70 सीएमटी. - 70 सीएमटी. - 70 सीएमटी. - 70 सीएमटी .

113 . - कोंक्रीटिंग (1:3:6) आइसोलेटर सपोर्ट स्ट्रक्चर (0.1 सीएमटी प्रति स्ट्रक्चर). - 2 सीएमटी. - 2 सीएमटी . - 2 सीएमटी. - 2 सीएमटी .

114. - आरएस जोईस्ट 9 मीटर लंबाई (175x85 एमएम) -यार्ड लाईटिंग हेतु . - 4 नंबर. - 5 नंबर. - 5 नंबर. - 5 नंबर.

115. - पीवीसी केबिल 2 कोर आर्मड 2.5 स्क्यायर एमएम, एल्यूमिनियम कंडक्टर . - 100 मीटर. - 100 मीटर . - 100 मीटर. - 100 मीटर .

116 . - पीवीसी केबिल 4 कोर आर्मड 16 स्क्यायर एमएम एल्यूमिनियम कंडक्टर . - 100 मीटर. - 100 मीटर . - 100 मीटर. - 100 मीटर .

117. - अर्थिंग सब स्टेशन. - 1 सेट . - 1 सेट . - 1सेट . - 1 सेट .

118. - एमएस नट- बोल्ट. - 248 किग्रा. - 248 किग्रा . - 248 किग्रा. - 248 किग्रा .

119. - रेड ऑक्साइड पेंट . - 25 लीटर . - 25 लीटर . - 25 लीटर . - 25 लीटर .

120. - एल्यूमिनियम पेंट . - 25 लीटर . - 25 लीटर . - 25 लीटर . - 25 लीटर .

121. - डेंजर बोर्ड एनेमिल्ड टाइप 33 केवी और 11 केवी. - 6 नंबर. - 6 नंबर. - 6 नंबर . - 6 नंबर .

122 . - 11 केवी 1500 केवीएआर ऑटो स्विच केपेसिटर बेंक -सम्पूर्ण वीसीबी, कंट्रोल पेनल, आरवीटी, आइसोलेटर एलए, केबिल सभी एसेसरीज़ सहित . - 1 नंबर . - 1 नंबर. - 1 नंबर. - 1 नंबर.

स्टोर चार्जेस (2.5 %), कंटेंजेन्स्सीज (5%), वर्क चार्ज एसटेबलिशमेंट (2.5 %) टी एंड पी (1.5 %) लेबर चार्ज (6%), ट्रांसपोर्टेशन (4%)

भूखंड/लेंड साइज - सबस्टेशन हेतु –

1x5 एमवीए, 2 नंबर इंकमिंग 33 केवी, 3 नंबर आउट गोइंग 11 केवी फीडर केपेसिटर बैंक सहित = (37 मीटर x 20 मीटर)

1x5 एमवीए, 2 नंबर इंकमिंग 33 केवी, 3 नंबर आउट गोइंग 11 केवी फीडर केपेसिटर बैंक सहित, औक्सजरी बस बार अरेंजमेंट सहित = (44.4 मीटर x 20 मीटर)

2x5 एमवीए, 2 नंबर इंकमिंग 33 केवी, 6 नंबर आउट गोइंग 11 केवी फीडर केपेसिटर बैंक सहित = (37 मीटर x 30 मीटर)

2x5 एमवीए, 2 नंबर इंकमिंग 33 केवी, 6 नंबर आउट गोइंग 11 केवी फीडर केपेसिटर बैंक सहित, औक्सजरी बस बार सहित = (45 मीटर x 20 मीटर).

अतिरिक्त पावर ट्रांसफार्मर स्थापना – विभिन्न क्षमता, 33/11 केवी उपकेंद्र

क्रमांक(1). - विवरण (सामग्री) (2). - एक 3.15 एमवीए और 2 नंबर 11 केवी अतिरिक्त फीडर (3). - एक 5.0 एमवीए और 3 नंबर 11 केवी अतिरिक्त फीडर (4).

1. - पावर ट्रांसफार्मर 33/11 केवी - 3.15 एमवीए. - 1 नंबर. - - - - .

2. - पावर ट्रांसफार्मर 33/11 केवी -5.0 एमवीए. - - - - - . - 1 नंबर .

3 . - 33 केवी वीसीबी आउट डोर पोर्सिलेन क्लेड टाइप कम्पलीट स्ट्रक्चर और एसेसरीज़. - 1 नंबर. - 1 नंबर.

4. - 33 केवी सीटी आउट डोर टाइप 200-100/5 एम्पीयर. - 3 नंबर. - 3 नंबर.

5. - 33 केवी कंट्रोल व रिले पेनल न्यूमेरिक स्टेटिक रिले सहित (ट्रांसफार्मर प्रोटेक्शन). - 1 नंबर. - 1 नंबर.

6. - 11 केवी वीसीबी आउट डोर पोर्सिलेन क्लेड टाइप कंपलीट स्ट्रक्चर और एसेसरीज़ . - 3 नंबर. - 4 नंबर.

7. - 11 केवी सीटी आउट डोर टाइप 200-100/5 एम्पीयर. - 6 नंबर. - 9 नंबर.

8. - 11 केवी सीटी आउट डोर टाइप 300-150/5 एम्पीयर. - 3 नंबर. - 3 नंबर.

9. - 11 केवी कंट्रोल व रिले पेनल न्यूमेरिक स्टेटिक रिले सहित (ट्रांसफार्मर प्रोटेक्शन). - 1 नंबर. - 1 नंबर.

10. - 11 केवी कंट्रोल व रिले पेनल न्यूमेरिक स्टेटिक रिले सहित (डबल फीडर प्रोटेक्शन – 2 एफ). - 1 नंबर. - 1 नंबर.

11. - 11 केवी कंट्रोल व रिले पेनल न्यूमेरिक स्टेटिक रिले सहित (डबल फीडर प्रोटेक्शन – 1 एफ). - 1 नंबर. - 1 नंबर.

12. - 33 केवी आइसोलेटर 600 ए (टर्न एंड ट्विस्ट टाइप). - 1 नंबर. - 1 नंबर.

13. - 11 केवी आइसोलेटर 800 ए (टर्न एंड ट्विस्ट टाइप). - 5 नंबर. - 6 नंबर.

14. - 33 केवी एलए पोलीमर टाइप गेपलेस/मेटल ऑक्साइड सब स्टेशन टाइप. - 6 नंबर. - 6 नंबर.

15. - 11 केवी एलए पोलीमर टाइप गेपलेस/मेटल ऑक्साइड 9 केवी, 10 ए, सब स्टेशन टाइप. - 9 नंबर. - 12 नंबर.

16. - 11केवी/110 वोल्ट 3 फेस 4 वायर सीटी पीटी रेशो 200-100/5 आउट डोर ऑयल इमर्स्ड टाइप . - 2 नंबर. - 3 नंबर.

17. - 33 केवी सिंगल फेस पीटी ऑयल इमर्स्ड. - 3 नंबर. - 3 नंबर.

18. - 11 केवी सिंगल फेस पीटी ऑयल इमर्स्ड. - 3 नंबर. - नंबर.

19. - एचटी ट्राई वेक्टर एनर्जी मीटर, डीएलएमएस केटेगरी-ए (सब स्टेशन व फीडर मीटरिंग) 3 फेस 4 वायर, 110 वोल्ट, 5 ए एक्यूरेसी क्लास 0.5 एस, जीएसएम/जीपीआरएस मॉडम सहित. - 2 नंबर. - 3 नंबर.

20. - शीट मेटल मीटर बॉक्स एचटी स्टेटिक ट्राई वेक्टर मीटर के लिए टीटीबी सहित . - 2 नंबर. - 3 नंबर.

21. - कॉपर कंट्रोल केबिल 8 कोर 2.5 एसक्यू एमएम पीवीसी अनार्मड. - 0.3 किमी. - 0.8 किमी.

22. - कॉपर कंट्रोल केबिल 4 कोर 2.5 एसक्यू एमएम पीवीसी अनार्मड. - 0.075 किमी. - 0.075 किमी.

23. - कॉपर कंट्रोल केबिल 2 कोर 2.5 एसक्यू एमएम पीवीसी अनार्मड. - 0.225 किमी. - 0.225 किमी.

24. टी क्लैम्प एल्यूमिनियम (बस बार - पैंथर कंडक्टर). - 60 नंबर. - 60 नंबर.

25. - बाई मेटेलिक क्लैंप्स पावर ट्रांसफार्मर -11 केवी साइड. - 55 नंबर. - 55 नंबर.

बस बार व स्ट्रक्चर -

26. - एच बीम 9 मीटर लंबाई (152x152 एमएम) 37.1 किग्रा प्रति मीटर -11 केवी गेंट्री स्ट्रक्चर. - 4 नंबर. - 4 नंबर.

27. - एच बीम 7 मीटर (152x152 एमएम) 37.1 किग्रा प्रति मीटर, 5 फुट जम्पर सपोर्ट - 33 की व 11 केवी साइड. - 4 नंबर. - 4 नंबर.

28 . - डीसी चेनल 3.8 मीटर सेंटर (100x50x6 एमएम) (11केवी बस बार हेतु). -12 सेट. - 18 सेट .

29. - डीसी क्रॉस आर्म 5 फुट सेंटर तो सेंटर (एमएस चेनल 100x50x6 एमएम) जम्पर सपोर्ट - 33 केवी व 11केवी स्ट्रक्चर साइड. - 2 सेट. - 3 सेट .

30. - स्ट्रेन प्लेट (एमएस फ्लेट 65x8x250 एमएम). - 36 नंबर. - 36 नंबर.

31. - एएसी कंडक्टर पेंटर (200 एसक्यू एमएम). - 0.4 किमी. - 0.4 किमी

32. - 33 केवी 10 केएन पिन कम्पोजीट पॉलीमर इंसुलेटर. - 9 नंबर. - 9 नंबर.

33. - 33 केवी टॉप क्लैम्प (75x75x6 एमएम एंगल टाइप. - 9 नंबर. - 9 नंबर.

34. - 11 केवी 5 केएन पिन कम्पोजीट पॉलीमर इंसुलेटर. - 15 नंबर. - 15 नंबर.

35. - 11 केवी टॉप क्लैम्प (65x65x6 एमएम एंगल टाइप). - 9 नंबर. - 12 नंबर.

36. - 33 केवी 45 केएन डिस्क पॉलीमर लॉन्ग रोड टाइप टी एंड सी इंसुलेटर (11केवी साइड). - 39 नंबर. - 39 नंबर.

37. - 33 केवी कम्पोजीट पॉलीमर स्ट्रेन सेट बिद हार्ड वेयर - पैंथर कंडक्टर हेतु (11 केवी साइड). - 39 नंबर. - 39 नंबर.

38. - स्टे क्लैम्प (65x8 एमएम एम -एस फ्लेट) एच बीम हेतु. - 20 नंबर. - 20 नंबर.

डीपी - स्ट्रक्चर - आउट गोइंग 11 केवी फीडर -

39. - एच बीम 11 मीटर लंबाई (152x152 एमएम) 37.1 किग्रा प्रति मीटर. - 4 नंबर. - 4 नंबर.

40. - डीसी क्रॉस आर्म्स 8 फुट सेंटर टू सेंटर (100x50x6 एमएम चैनल). - 2 सेट. - 3 सेट.

41. - 11 केवी 45 केएन डिस्क टी एंड सी कम्पोजीट पॉलीमर लोंग रोड इंसुलेटर. - 12 नंबर. - 24 नंबर.

42. - 11 केवी स्ट्रेन हार्ड वेयर (टी एंड सी टाइप) फिटिंग्स. - 12 नंबर. - 24 नंबर.

43. - 11 केवी 5 केएन कम्पोजीट पॉलीमर इंसुलेटर. - 4 नंबर. - 8 नंबर.

44. - ब्रेसिंग सेट 4 फुट सेंटर डीपी (65x65x8 एमएम एंगल). - 2 सेट. - 3 सेट.

45. - स्टे सेट 16 एमएम पेंटिड. - 4 नंबर. - 4 नंबर.

46. - स्टे क्लैम्प एमएस फ्लेट 65x8 एमएम. - 4 नंबर. - 4 नंबर.

47. - स्टे वायर 7/3.15 एमएम (7/10 एसडब्ल्यूजी). - 34 किग्रा. - 34 किग्रा.

48. - कोंक्रीटिंग (1:3:6) एच बीम (0.65 सीएमटी प्रति एच बीम बेस पेडिंग सहित. - 2.6 सीएमटी. - 3.9 सीएमटी.

49. - कोंक्रीटिंग (1:3:6) स्टे (0.2 सीएमटी प्रति स्टे (16 एमएम). - 0.8 सीएमटी. - 0.8 सीएमटी.

50. - अर्थिंग कोइल (115 टर्न्स 50 एमएम डाया 2.5 मीटर लीड 4.0 एमएम जीआई वायर). - 2 नंबर. - 4 नंबर.

अन्य विभिन्न आइटम -

51. - कोंक्रीटिंग (1:3:6) स्ट्रक्चर (0.65 सीएमटी प्रति स्ट्रक्चर . - 7.8 सीएमटी. - 10.5 सीएमटी .

52. - कोंक्रीटिंग (1:3:6) ट्रांसफार्मर प्लिंथ (15 सीएमटी). - 15 सीएमटी. - 15 सीएमटी .

53. - कोंक्रीटिंग (1:3:6) वीसीबी फाउंडेशन (0.35 सीएमटी) . - 14 सीएमटी. - 17.5 सीएमटी.

54. - कोंक्रीटिंग (1:3:6) आइसोलेटर सपोर्ट स्ट्रक्चर (0.1 सीएमटी प्रति स्ट्रक्चर). - 0.6 सीएमटी. - 0.7 सीएमटी.

55. - अर्थिंग-पावर ट्रांसफार्मर सेड्यूल अनुसार. - 1 वर्क (कार्य). - 1 वर्क (कार्य).

56. - एम एस नट- बोल्ट. - 248 किग्रा. - 248 किग्रा.

57. - रेड ऑक्साइड पेंट. - 25 लीटर. - 25 लीटर.

58. - एल्यूमिनियम पेंट. - 25 लीटर. - 25 लीटर.

59. - डेंजर बोर्ड एनेमिल्ड 33 केवी व 11 केवी. - 6 नंबर. - 6 नंबर .

विशेष – प्राक्लन (इस्टीमेट) बनाते समय स्टोर इन्सीडेंटल चार्जेज (2.5 %), कंटेंजेंसीज (5%), वर्क चार्ज एस्टेब्लिशमेंट (2.5%), टी एंड पी (1.5%) के साथ लेबर चार्जेज (4%), ट्रांसपोर्टेशन चार्जेज (3%) और जीएसटी भी लगाई जाती है ।

क्षमता वृद्धि (ओगर्मेंटेशन) पावर ट्रांसफार्मर स्थापना – विभिन्न क्षमता, 33/11 केवी उपकेंद्र (एक 11 केवी अतिरिक्त बे निर्माण कार्य के साथ (ट्रांसफार्मर उम्र /लाइफ 25 वर्ष, उपयोग 10 वर्ष)

क्रमांक (1). - विवरण (सामग्री). - एक 1.6 से 3.15 एमवीए. - एक 3.15 से 5.0 एमवीए. - एक 5.0 से 8.0 एमवीए .

1. - पावर ट्रांसफार्मर 33/11 केवी - 3.15 एमवीए. - 1 नंबर. - - - - . - - - - .

2. - पावर ट्रांसफार्मर 33/11 केवी - 5.0 एमवीए. - - - - .- 1 नंबर. - - - - .

3. - पावर ट्रांसफार्मर 33/11 केवी - 8.0 एमवीए. - - - - . - - - - . -1 नंबर .

4. - 33 केवी वीसीबी आउट डोर पोर्सिलेन क्लेड टाइप कम्पलीट स्ट्रक्चर और एसेसरीज़. - 1 नंबर . - - - - . - - - - .

5. - 33 केवी सीटी आउट डोर टाइप 200-100/5 एम्पीयर.- 3 नंबर. - - - - . - - - - .

6. - 33 केवी कंट्रोल व रिले पेनल न्यूमेरिक स्टेटिक रिले सहित (ट्रांसफार्मर प्रोटेक्शन). - 1 नंबर. - - - - . - - - - .

7. - 11 केवी वीसीबी आउट डोर पोर्सिलेन क्लेड टाइप कंपलीट स्ट्रक्चर और एसेसरीज़ . - 1 नंबर. -1 नंबर. - 1 नंबर.

8. - 11 केवी सीटी आउट डोर टाइप 200-100/5 एम्पीयर. - 3 नंबर. - - - - . - - - - .

9. - 11 केवी सीटी आउट डोर टाइप 300-150/5 एम्पीयर. - - - - .- 3 नंबर. - - - - .

10. - 11 केवी सीटी आउट डोर टाइप 600-300/5 एम्पीयर. - - - - . - - - - . -3 नंबर .

11, - 11 केवी कंट्रोल व रिले पेनल न्यूमेरिक स्टेटिक रिले सहित (ट्रांसफार्मर प्रोटेक्शन). - 1 नंबर. - - - - . - - - - .

12. - 11 केवी कंट्रोल व रिले पेनल न्यूमेरिक स्टेटिक रिले सहित (डबल फीडर प्रोटेक्शन – 1 एफ). - 1 नंबर. -1 नंबर. - 1 नंबर.

13. - 11 केवी आइसोलेटर 800 ए (टर्न एंड ट्विस्ट टाइप). - 3 नंबर. -3 नंबर. - 3 नंबर.

14. - 11 केवी एलए पोलीमर टाइप गेपलेस/मेटल ऑक्साइड 9 केवी, 10 ए, सब स्टेशन टाइप. - 3 नंबर. -3 नंबर. - 3 नंबर.

15 . - 11केवी/110 वोल्ट 3 फेस 4 वायर सीटी पीटी रेशो 200-100/5 आउट डोर ऑयल इमर्स्ड टाइप . - 1 नंबर. -1 नंबर. - 1 नंबर.

16. - 11 केवी सिंगल फेस पीटी ऑयल इमर्स्ड. - 3 नंबर. -3 नंबर. - 3 नंबर.

17. - एचटी ट्राई वेक्टर एनर्जी मीटर, डीएलएमएस केटेगरी-ए (सब स्टेशन व फीडर मीटरिंग) 3 फेस 4 वायर, 110 वोल्ट, 5 ए एकूरेसी क्लास 0.5 एस, जीएसएम/जीपीआरएस मॉडम सहित . - 1 नंबर. -1 नंबर. - 1 नंबर.

18. - शीट मेटल मीटर बॉक्स एचटी स्टेटिक ट्राई वेक्टर मीटर के लिए टीटीबी सहित. - 1 नंबर. -1 नंबर. - 1 नंबर.

19. - कॉपर कंट्रोल केबिल 8 कोर 2.5 एसक्यू एमएम पीवीसी अनार्मर्ड. - 0.3 किमी. - 0.3 किमी. - 0.3 किमी .

20. - कॉपर कंट्रोल केबिल 4 कोर 2.5 एसक्यू एमएम पीवीसी अनार्मर्ड. - 0.075 किमी. - 0.075 किमी. - 0.075 किमी

21. - कॉपर कंट्रोल केबिल 2 कोर 2.5 एसक्यू एमएम पीवीसी अनार्मर्ड. - 0.225 किमी. - 0.225 किमी. - 0.225 किमी .

22. - टी क्लैम्प एल्यूमिनियम (बस बार-पैंथर कंडक्टर). - 30 नंबर. - 30 नंबर. - 30 नंबर .

23. - बाई मेटेलिक क्लैंप्स पावर ट्रांसफार्मर - 11 केवी साइड.- 12 नंबर. -12 नंबर. - 12 नंबर.

बस बार व स्ट्रक्चर -

24 . - एच बीम 9 मीटर लंबाई (152x152 एमएम) 37.1 किग्रा प्रति मीटर -11 केवी गेंट्री स्ट्रक्चर. - 2 नंबर. -2 नंबर. - 2 नंबर.

25. - एच बीम 7 मीटर (152x152 एमएम) 37.1 किग्रा प्रति मीटर, 5 फुट जम्पर सपोर्ट - 33 केवी व 11 केवी साइड. - नंबर. - नंबर . - नंबर .

26 .-डीसी चेनल 3.8 मीटर सेंटर (100x50x6 एमएम) (11केवी बस बार हेतु). - 6 सेट . - 6 सेट. - 6 सेट .

27.- डीसी क्रॉस आर्म 5 फुट सेंटर तो सेंटर (एमएस चेनल 100x50x6 एमएम) जम्पर सपोर्ट - 33 केवी व 11केवी स्ट्रक्चर साइड . - सेट . - सेट. - सेट .

28 . - स्ट्रेन प्लेट (एमएस फ्लेट 65x8x250 एमएम). - 24 नंबर . - 24 नंबर . - 24 नंबर .

29. - एएसी कंडक्टर पेंटर (200 एसक्यू एमएम). - 0.4 किमी . - 0.4 किमी. - 0.4 किमी .

30. - 33 केवी 45 केएन डिस्क पॉलीमर लोंग रोड टाइप टी एंड सी इंसुलेटर (11केवी साइड). - 24 नंबर. - 24 नंबर . - 24 नंबर .

31 . - 33 केवी कम्पोजीट पॉलीमर स्ट्रेन सेट बिद हार्ड वेयर-पैंथर कंडक्टर हेतु (11 केवी साइड). - 24 नंबर. - 24 नंबर . - 24 नंबर .

32. - स्टे क्लैम्प (65x8 एमएम एम-एस फ्लेट) एच बीम हेतु. - 4 सेट. - 4 सेट. - 4 सेट .

डीपी-स्ट्रक्चर-आउट गोइंग 11 केवी फीडर -

33. - एच बीम 11 मीटर लंबाई (152x152 एमएम) 37.1 किग्रा प्रति मीटर . - 2 नंबर. - 2 नंबर. - 2 नंबर .

34. - डीसी क्रॉस आर्म्स 8 फुट सेंटर टू सेंटर (100x50x6 एमएम चेनल). - 1 सेट. - 1 सेट. - 1 सेट .

35. - 11 केवी 45 केएन डिस्क टी एंड सी कम्पोजीट पॉलीमर लोंग रोड इंसुलेटर. - 12 नंबर. -12 नंबर. - 24 नंबर .

36 . - 11 केवी स्ट्रेन हार्ड वेयर (टी एंड सी टाइप) फिटिंग्स . - 12 नंबर. -12 नंबर. - 12 नंबर .

37. - 11 केवी 5 केएन कम्पोजीट पॉलीमर इंसुलेटर. - 4 नंबर. - 4 नंबर. - 8 नंबर .

38. - ब्रेसिंग सेट 4 फुट सेंटर डीपी (65x65x6 एमएम एंगल). - 2 सेट. - 2 सेट. - 3 सेट .

39. - स्टे सेट 16 एमएम पेंटिड . - 4 नंबर. - 4 नंबर . - 4 नंबर .

40 . - स्टे क्लैम्प एमएस फ्लेट 65x8 एमएम. - 4 नंबर. - 4 नंबर . - 4 नंबर .

41 . - स्टे वायर 7/3.15 एमएम (7/10 एसडब्ल्यूजी). - 34 किग्रा . - 34 किग्रा . - 34 किग्रा .

42 . - कोंक्रीटिंग (1:3:6) एच बीम (0.65 सीएमटी प्रति एच बीम बेस पेडिंग सहित . - 1.3 सीएमटी. - 1.3 सीएमटी. - 1.3 सीएमटी .

43. - कोंक्रीटिंग (1:3:6) स्टे (0.2 सीएमटी प्रति स्टे (16 एमएम) . - 0.8 सीएमटी. - 0.8 सीएमटी. - 0.8 सीएमटी .

44. - अर्थिंग कोइल (115 टर्न्स 50 एमएम डाया 2.5 मीटर लीड 4.0 एमएम जीआई वायर). - 2 नंबर. - 2 नंबर. - 4 नंबर

अन्य विभिन्न आइटम -

45. - कोंक्रीटिंग (1:3:6) स्ट्रक्चर (0.65 सीएमटी प्रति स्ट्रक्चर) . - 1.3 सीएमटी. - 1.3 सीएमटी . - 1.3 सीएमटी.

46. - कोंक्रीटिंग (1:3:6) वीसीबी फाउंडेशन (0.35 सीएम टी) . - 7.0 सीएमटी. - 3.5 सीएमटी. - 3.5 सीएमटी .

47. - कोंक्रीटिंग (1:3:6) आइसोलेटर सपोर्ट स्ट्रक्चर (0.1 सीएमटी प्रति स्ट्रक्चर). - 0.3 सीएमटी. - 0.3 सीएमटी. - 0.3 सीएमटी.

48. - अर्थिंग- (50x6 एमएम एम एस फ्लेट – 2.3 किग्रा प्रति मीटर) वीसीबी (5 मीटर), सीटी (8 मीटर), एमई (20 मीटर) एलए (30 मीटर) आइसोलेटर (12 मीटर), आइसोलेटर हेंडल (4 मीटर) (79 मीटर). - 186 किग्रा . - 186 किग्रा. - 186 किग्रा .

49. - एमएस नट- बोल्ट. - 22.5 किग्रा . - 22.5 किग्रा . - 22.5 किग्रा .

50. - रेड ऑक्साइड पेंट. - 5 लीटर. - 5 लीटर. - 5 लीटर .

51. - एल्यूमिनियम पेंट. - 5 लीटर. - 5 लीटर. - 5 लीटर .

52. - डेंजर बोर्ड एनेमिल्ड 33 केवी व 11 केवी. - 5 लीटर. - 5 लीटर. - 5 लीटर .

विशेष – प्राक्कलन (इस्टीमेट) बनाते समय स्टोर इन्सीडेंटल चार्जेज (2.5 %), कंटेंजेंसीज (5%), वर्क चार्ज एस्टेब्लिशमेंट (2.5%), टी एंड पी (1.5%) के साथ लेबर चार्जेज (5%), ट्रांसपोर्टेशन चार्जेज (4%) और जीएसटी भी लगाई जाती है ।

आउट डोर यार्ड एक्सटेंशन (विस्तार) अतिरिक्त बे, वीसीबी सहित -

क्रमांक (1). - विवरण (सामग्री). - 33 केवी वीसीबी . - 11 केवी वीसीबी .

1. - 33 केवी वीसीबी आउट डोर पोर्सिलेन क्लेड टाइप कम्पलीट स्ट्रक्चर और एसेसरीज़. - 1 नंबर . - - - - .

2. - 33 केवी सीटी आउट डोर टाइप 200-100/5 एम्पीयर. - 3 नंबर . - - - - .

3 . - 33 केवी कंट्रोल व रिले पेनल न्यूमेरिक स्टेटिक रिले सहित (फीडर प्रोटेक्शन). - 1 नंबर . - - - - - .

4. - 11 केवी वीसीबी आउट डोर पोर्सिलेन क्लेड टाइप कंपलीट स्ट्रक्चर और एसेसरीज़ . - - - - . -1 नंबर .

5. - 11 केवी सीटी आउट डोर टाइप 200 -100/5 एम्पीयर. - - - - . - 3 नंबर .

6. - 11 केवी कंट्रोल व रिले पेनल न्यूमेरिक स्टेटिक रिले सहित (फीडर प्रोटेक्शन). - - - - . - 1 नंबर .

7 . - 33 केवी आइसोलेटर 600 ए (टर्न एंड ट्विस्ट टाइप). - 2 नंबर . - - - - .

8. - 11 केवी आइसोलेटर 800 ए (टर्न एंड ट्विस्ट टाइप). - - - - . - 2 नंबर .

9. - 33 केवी एलए पोलीमर टाइप गेपलेस/मेटल ऑक्साइड सब स्टेशन टाइप. - 3 नंबर. - - - - .

10 . - 11 केवी एलए पोलीमर टाइप गेपलेस/मेटल ऑक्साइड 9 केवी, 10 ए, सब स्टेशन टाइप . - - - - . - 3 नंबर .

11 . - 33 केवी/110 वोल्ट 3 फेस 4 वायर सीटी पीटी रेशो 400-200/5 आउट डोर ऑइल इमर्स्ड टाइप . - 1 नंबर . - - - - .

12. - 11केवी/110 वोल्ट 3 फेस 4 वायर सीटी पीटी रेशो 200-100/5 आउट डोर ऑइल इमर्स्ड टाइप . - - - - . - 3 नंबर .

13 . - 33 केवी सिंगल फेस पीटी ऑइल इमर्स्ड . - 3 नंबर . - - - - .

14. - 11 केवी सिंगल फेस पीटी ऑइल इमर्स्ड . - - - - - . - 3 नंबर .

15 . - एचटी ट्राई वेक्टर एनर्जी मीटर, डीएलएमएस केटेगरी-ए (सब स्टेशन व फीडर मीटरिंग) 3 फेस 4 वायर, 110 वोल्ट, 5 ए एक्यूरेसी क्लास 0.5 एस, जीएसएम/जीपीआरएस मॉडम सहित . - 1 नंबर . - 1 नंबर .

16. - शीट मेटल मीटर बॉक्स एचटी स्टेटिक ट्राई वेक्टर मीटर के लिए टीटीबी सहित . - 1 नंबर . - 1 नंबर .

17. - केबिल 8 कोर 2.5 एसक्यू एमएम पीवीसी अनार्मड कॉपर कंट्रोल. - 0.1 किमी. - 0.1 किमी .

18. - कॉपर कंट्रोल केबिल 4 कोर 2.5 एस क्यू एमएम पीवीसी अनार्मड. - 0.075 किमी. - 0.075 किमी .

19. - टी क्लैम्प एल्युमिनियम (बस बार - पैंथर कंडक्टर). - 6 नंबर . - 12 नंबर .

बस बार व स्ट्रक्चर -

20. - एच बीम 9 मीटर लंबाई (152x152 एमएम) 37.1 किग्रा प्रति मीटर -11 केवी गेंट्री स्ट्रक्चर. - 2 नंबर . - 2 नंबर .

21. - डीसी चेनल 3.8 मीटर सेंटर (100x50x6 एमएम) (11केवी बस बार हेतु). - 6 सेट. - 6 सेट .

22. - स्ट्रेन प्लेट (एमएस फ्लेट 65x8x 250 एमएम). - 36 नंबर . - 36 नंबर .

23. - एएसी कंडक्टर पैंथर (200 एसक्यू एमएम). - 0.2 किमी . - 0.2 किमी .

24. - 33 केवी 10 केएन पिन कम्पोजीट पॉलीमर इंसुलेटर. - 3 नंबर . - - - - - .

25. - 11 केवी 5 केएन पिन कम्पोजीट पॉलीमर इंसुलेटर. - - - - . - 3 नंबर .

26 . - 33 केवी 45 केएन डिस्क पॉलीमर लॉंग रोड टाइप टी एंड सी इंसुलेटर. - 15 नंबर . - 15 नंबर.

27. - 33 केवी कम्पोजीट पॉलीमर स्ट्रेन सेट बिद हार्ड वेयर-पैंथर कंडक्टर हेतु. - 15 नंबर . - 15 नंबर .

28. - स्टे क्लैम्प (65x8 एमएम एम -एस फ्लेट) एच बीम हेतु. - 4 सेट . - 4 सेट .

अन्य विभिन्न आइटम -

29. - कांक्रीटिंग (1:3:6) स्ट्रक्चर (0.65 सीएमटी प्रति स्ट्रक्चर . - 1.3 सीएमटी . - 1.3 सीएमटी .

30. - कांक्रीटिंग (1:3:6) वीसीबी फाउंडेशन (0.35 सीएमटी) . - 3.5 सीएमटी . - 3.5 सीएमटी .

31. - कांक्रीटिंग (1:3:6) आइसोलेटर सपोर्ट स्ट्रक्चर (0.1 सीएमटी प्रति स्ट्रक्चर) . - 0.2 सीएमटी . - 0.2 सीएमटी .

32. - अर्थिंग-(50x6 एमएम एमएस फ्लेट - 2.3 किग्रा प्रति मीटर) वीसीबी (5 मीटर), सीटी (8 मीटर), एमई (20 मीटर) एलए (30 मीटर) आइसोलेटर (12 मीटर), आइसोलेटर हैंडल (4 मीटर) (79 मीटर) सेड्यूल अनुसार. - 186 किग्रा . - 186 किग्रा .

33. - एमएस नट- बोल्ट. - 16.8 किग्रा . - 15 किग्रा .

34. - रेड ऑक्साइड पेंट . - 4 लीटर . - 4 लीटर .

35. - एल्युमिनियम पेंट . - 4 लीटर . - 4 लीटर .

36 . - डेंजर बोर्ड एनेमिल्ड 33 केवी व 11 केवी. - 2 नंबर . - 2 नंबर .

37 . - केबिल ट्रे 300 एमएम वाइड, 2 एमएम थिक, एमएस एंगल स्टेंड (45x45x6 एमएम ग्राउटिड इन सी सी (1:24) एज पर ड्राइंग. - - - - - . - 10 मीटर (रनिंग) .

विशेष – प्राक्लन (इस्टीमेट) बनाते समय स्टोर इन्सीडेंटल चार्जेज (2.5 %), कंटेंजेंसीज (5%), वर्क चार्ज एस्टेब्लिशमेंट (2.5%), टी एंड पी (1.5%) के साथ लेबर चार्जेज (4%), ट्रांसपोर्टेशन चार्जेज (3%) और जीएसटी भी लगाई जाती है ।

33 केवी वीसीबी स्थापना 3.15 एमवीए और 5.0 एमवीए पावर ट्रांसफार्मर

क्रमांक (1). - विवरण (सामग्री). - 33 केवी वीसीबी .

1. - 33 केवी वीसीबी आउट डोर पोर्सिलेन क्लेड टाइप कम्पलीट स्ट्रक्चर और एसेसरीज़. - 1 नंबर .

2. - 33 केवी सीटी आउट डोर टाइप 200-100/5 एम्पीयर. - 3 नंबर .

3. - 33 केवी कंट्रोल व रिले पेनल न्यूमेरिक स्टेटिक रिले सहित (फीडर प्रोटेक्शन). - 1 नंबर .

4. - केबिल 8 कोर 2.5 एसक्यू एमएम पीवीसी अनार्मड कॉपर कंट्रोल. - 0.1 किमी .

5. - कॉपर कंट्रोल केबिल 4 कोर 2.5 एसक्यू एमएम पीवीसी अनार्मड. - 0.075 किमी .

6. - टी क्लैम्प एल्यूमिनियम (बस बार-पैंथर कंडक्टर). - 6 नंबर .

7. - बाई मेटेलिक क्लैम्प्स पावर ट्रांसफार्मर 11 केवी साइड. - 3 नंबर .

8. - कोंक्रीटिंग(1:3:6)वीसीबी फाउंडेशन (3.5सीएमटी). - 3.5सीएमटी.

9 . - अर्थिंग – (50 x6 एमएस फ्लेट -2.36 किग्रा प्रति मीटर) वीसीबी (5 मीटर), सीटी (8 मीटर), 6 मीटर अन्य (19 मीटर). - 45 किग्रा

विशेष – प्राक्लन (इस्टीमेट) बनाते समय स्टोर इन्सीडेंटल चार्जेज (2.5 %), कंटेंजेंसीज (5%), वर्क चार्ज एस्टेब्लिशमेंट (2.5%), टी एंड पी (1.5%) के साथ लेबर चार्जेज (3%), ट्रांसपोर्टेशन चार्जेज (2%) और जीएसटी भी लगाई जाती है ।

अतिरिक्त सामग्री – 33 केवी और 11 केवी लाइन स्काडा कंप्टेबिलिटी (पहुंच) -

क्रमांक (1). - विवरण (सामग्री). - 33 केवी लाइन. - 11 केवी लाइन .

1. - एफआरटीयू (फीडर रिमोट टर्मिनल यूनिट). - 2 नंबर . - 8 नंबर .

2. - मल्टी फंक्सनल ट्रांसड्यूसर्स. - 4 नंबर. - 12 नंबर .

3. - हेवी ड्यूटी रिले सीबी ट्रिप/क्लोस. - 20 नंबर. - 120 नंबर .

4. - जीपीआरएस, सीडीएमए, ईडीजीई, 3 जी मॉडम . - 2 नंबर . - 8 नंबर .

5. - डीसीपीएस बैटरी सहित. - 2 नंबर. - 8 नंबर .

6. - 33 केवी एसएफ-6 आरएमयू वे आरएमयू. - 1 सेट . - - - - - .

7. - एफपीआई (फोल्ट पेसेज इंडीकेटर) 33केवी कंप्लीट विद जीपीआरएस एनेमिल्ड मॉडम (स्काडा कंपेटिबिल). - 2 सेट . - - -.

8. - 11 केवी आउट डोर एसएफ - 6, 3 वे आरएमयू. - - - - . - 3 नंबर

9. - 11 केवी ओटोरिक्लोजर. - - - - - . - 1 नंबर .

10. - एफपीआई (फोल्ट पेसेज इंडीकेटर) 11 केवी कंप्लीट विद जीपीआरएस एनेमिल्ड मॉडम (स्काडा कंपेटिबिल). - - - - . - 4 सेट .

11. - नेटवर्क कनेक्टिविटी चार्जेज एफआरटीयू और एफपीआई (3जी/सीडीएमए/जीपीआरएस -1 वर्ष हेतु). - 1 नंबर . - 1 नंबर.

12. - 11 केवी आउट डोर एसएफ - 6, 2 वे आरएमयू. - - - - . - 1 नंबर .

13. - 11 केवी आउट डोर एसएफ - 6, 4 वे आरएमयू. - - - - . -1 नंबर .**विशेष –** प्राक्लन (इस्टीमेट) बनाते समय स्टोर इन्सीडेंटल चार्जेज (2.5 %), कंटेंजेंसीज (5%), वर्क चार्ज एस्टेब्लिशमेंट (2.5%), टी एंड पी (1.5%) के साथ लेबर चार्जेज (7%), ट्रांसपोर्टेशन चार्जेज (4%) और जीएसटी भी लगाई जाती है ।

ऊर्जा लेखा (एनर्जी ओडिट) हेतु - मीटर उपकरण स्थापना (33/11 केवी विद्युत उपकेंद्र) में लगने वाले सामान -

क्रमांक (1). - विवरण/सामान का नाम (2). - 33 केवी (3). - 11 केवी (4).

1. - 33 केवी सीटी पीटी यूनिट 400 -200/5 एम्पीयर. - 1 नंबर. - - - - .

2 . - 11 केवी सीटी पीटी यूनिट 300-150/5 एम्पीयर. - - - - - . - 1 नंबर .

3 . - डीसी चेनल (100x50x6 एमएम) 12.5 फीट/3.8 मीटर . - 2 नंबर . - - - - .

4. - पोल क्लैंप (610 एमएम, 1.46 किग्रा, 50x6 एमएम एमएस फ्लेट). - 4 नंबर. - - - - .

5 . - डीसी चेनल (100x50x6 एमएम) 8.9 फीट/2.7 मीटर . - - - - . - 2 नंबर .

6. - पोल क्लैंप. - - - - . - 4 नंबर .

7. - अर्थिंग कोइल (115 टर्न 50 एमएम डाया और 2.5 मीटर लीड 4 एमएम, जीआई वायर). - 2 नंबर. - 2 नंबर .

8. - कॉपर कंट्रोल केबिल 12 कोर 2.5 स्क्वायर एमएम आर्मर्ड. - 40 मीटर. - 40 मीटर .

9. - 110 वॉल्ट, 5 एम्पीयर, ट्राई वेक्टर मीटर 0.5 एस, जीएसएम मॉडम सहित (11केवी व 33 केवी के लिए). - 1 नंबर. - 1 नंबर.

10. - मीटर बॉक्स टीटीबी सहित. - 1 नंबर. - 1 नंबर.

11. - एमएस नट और बोल्ट. - 5 किग्रा. - 5 किग्रा.

विशेष – प्राक्लन (इस्टीमेट) बनाते समय स्टोर इन्सीडेंटल चार्जेज (2.5%), कंटेंजेंसीज (5%), वर्क चार्ज एस्टेब्लिशमेंट (2.5%), टी एंड पी (1.5 %) के साथ लेबर चार्जेज (7%), ट्रांसपोर्टेशन चार्जेज (5%) और जीएसटी भी लगाई जाती है ।

मेगर एवं अर्थ टेस्टर

मेगर

मेगर रजिसटेन्स (प्रतिरोध) मापने का एक यन्त्र हैं । यह दो प्रकार के मुख्यतः होते हैं - हेंड टाइप (हेंड आपरेटिड) और इलेक्ट्रोनिक टाइप (बैटरी आपरेटिड), कुछ मोटर आपरेटिड भी होते हैं । इनमें डिजिटल डिस्प्ले, वायर नोब एंड वायर लीडस, सलेक्टिंग स्विच और इंडिकेटर्स । अन्दर डिफ्लेक्टिंग एंड कंट्रोल कोइल, परमानेंट मेगनेटस प्वाइंटर, डीसी जेनरेटर या बैटरी, प्रेसर कोइल, स्केल जिस पर जीरो से इंफीनिटी (शून्य से अनन्त) तक ।

हेंड आपरेटिड मेगर से सुविधाएँ और असुविधाएँ -

सुविधाएं –

1 - यह सबसे पुराना और आसान तरीका है ।

2 - इसको आपरेट करने के लिए किसी अन्य सोर्स की जरूरत नहीं होती है ।

3 – यह सस्ता और आसानी से बाजार में उपलब्ध है ।

4 – इसमे एनालॉग डिस्प्ले, एक हेंड क्रेंक और वायर लीडस होते हैं ।

असुविधाएँ –

1. इसे आपरेट करने के लिए 2 व्यक्ति की जरूरत होती है । एक क्रैंक को घुमाने और दूसरा लीडस को जोड़ने जिसका इंसुलेशन मापना है ।
2. सटीकता (एक्यूरेसी) एक स्तर तक नहीं होती क्योंकि यह क्रैंक के घुमाने की गति पर निर्भर रहता है ।
3. इसको रखने के लिए एक समतल स्थान होना चाहिए जिससे घुमाने में हिले ढुले नहीं और एक सामान्य गति से चलाया जा सके । ऊंची नीची जगह पर ऐसा नहीं हो पाता ।
4. एनालॉग डिस्प्ले रहता है, जो गति के साथ बदलता रहता है ।

इलेक्ट्रोनिक मेगर – सुविधाएं और असुविधाएँ –

सुविधाएं –

1. सटीकता (एक्यूरेसी) लेवल ठीक रहता है ।
2. इसे एक व्यक्ति आपरेट कर सकता है ।
3. इससे कहीं भी किसी स्थान पर मापन कर सकते हैं ।
4. उपयोग करने में आसान और सुरक्षित रहता है ।

असुविधाएँ –

1. इसे आपरेट करने के लिए अतिरिक्त ऊर्जा स्रोत या शुष्क (ड्राई) सेल की जरूरत होती है ।
2. यह महंगा पड़ता हैं ।

मेगर की रेंज – सामान्यतः मेगर जीरो से इंफीनिटी (शून्य से अनन्त) के मापन बताता है ।
जब जीरो (नो) करेंट होगा इसका अर्थ यह हुआ कि रजिसटेन्स इंफीनिटी (अनन्त) है । ओपन सर्किट
जब करेंट बहुत अधिक होगा इसका अर्थ यह हुआ कि रजिसटेन्स जीरो (शून्य) है । शॉर्ट / कंटीन्यूअस सर्किट
अत : स्केल शून्य से अनन्त (जीरो से इंफीनिटी) तक होता है ।
मेगर को वोल्टेज रेंज से भी उपयोग करते हैं –
1 – 500 वोल्ट डीसी मेगर – 440 वोल्ट तक के लिए
2 – 1000 वोल्ट (1 केवी) मेगर या 5 केवी मेगर - उच्च वोल्टेज के लिए ।

अर्थ टेस्टर

अर्थ टेस्टर एक यंत्र है जो अर्थ (earth) इलेक्ट्रोड तथा जमीन के बीच का संपर्क प्रतिरोध का मान बताता है। मतलब कि हमे जिस स्थान पर अर्थिंग (earthing) करना है। उस स्थान पर एक अर्थ इलेक्ट्रोड (earth electrode) जमीन मे गाड़ दिया जाता है। तथा उससे कुछ दूरी पर अन्य दो इलेक्ट्रोड गाड़ कर उन दोनों के बीच का प्रतिरोध ज्ञात किया जाता है।

अर्थ टेस्टर से अर्थिंगप्रतिरोध मापना

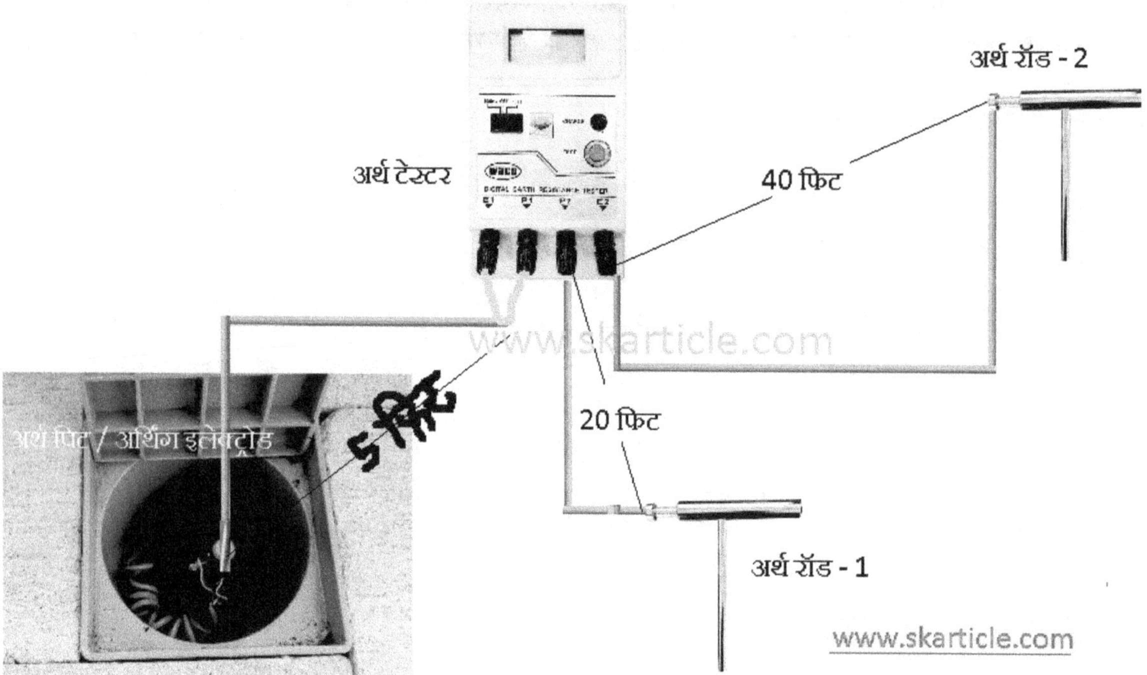

अर्थ टेस्टर (Megger) एवं अर्थ रेसिस्टेंस

अर्थ टेस्टर (Earth Tester) जिसे मेगर (Megger) के नाम से भी जाना जाता है। अर्थ टेस्टर उपयोग (Earth Tester Uses) के विषय में आपको कुछ उपयोगी जानकारी निम्नानुसार प्राप्त होगी।

अर्थ टेस्टर उपयोग (Uses Of Earth Tester (Megger)) : -

अर्थ - टेस्टर का प्रयोग -अर्थ टेस्टर का इस्तेमाल प्रतिरोध को मापने के लिए किया जाता है। यदि भूप्रतिरोध अधिक है तो उचित अभिक्रियाएं की जा सकती है।

भू - परीक्षक का कार्यकरण :एक हस्त प्रचालित डीसी (D C) जनित्र होता है। जब स्पाइक की धारा को पोषित करते समय एसी (A C) धारा में संपरिवर्तक द्वारा संपरिवर्तित किया जाता है और स्पाइक से प्राप्त एसी (A C) धारा पुनः जनित्र की ओर जाते समय परिशोधक की सहायता से डीसी (D C) धारा में संपरिवर्तित हो जाता है।

एसी (A C) धारा भूमि में चलित स्पाइक को पोषित करती है क्योकि उसमें कोई इलेक्ट्रोलाइटिक प्रभाव नहीं होता।

इस पध्दति में अर्थ टेस्टर अंतस्थ सीआई (C I) और पीआई (P I) को प्रत्येक से अलग छांटा जाता है और परीक्षणाधीन भू - इलेक्ट्रोड (पाइप) के साथ जोड़ा जाता है। अंतस्थ पी -2 (P2) और सी - 2 (C 2) भूमि में चालित दो अलग - अलग स्पाइकों के साथ जोड़ दिए जाते है। इन दोनों स्पाइकों को 25 मी, और 50 मी, की दुरी पर उसी लाइन में रखा जाता है जिसके कारण व्यकितगत स्पाइकों के क्षैत्र में पारस्परिक हस्तशेप न हो। यदि हम विनिर्दिष्ट गति के साथ जनित्र हैंडल को घुमाते है तो हमें सीधे स्केल पर भू - प्रतिरोध मिल जाता है।

नोट:-अर्थ में स्पाइक की लंबाई दो स्पाइकों के बीच की दुरी के 1 /20 वे भाग से अधिक नहीं होनी चाहिए।

चारसूत्रीपद्यति : -इस पध्दति में चार स्पाइकों को समान दुरी पर उसी लाइन में भूमि में गाड़ दिया जाता है। बाहरी स्पाइकों को प्रत्येक परीक्षक की C1 और C2 अंतस्थो के साथ जोड़ दिया जाता है। उसी प्रकार अंदर के दो स्पाइकों को P 1 और P2 अंतस्थो से जोड़ दिया जाता है। अब यदि हम विनिर्दिष्ट गति के साथ जनित्र हैंडल को घुमाते है तो हमें उस स्थान का भू प्रतिरोध मान मिलता है।

इस पद्धति में ध्रुवीकरण प्रभाव के कारण त्रुटि समाप्त हो जाती है और अर्थ टेस्टर को एसी (AC) पर सीधे प्रचलित किया जा सकता है।

लेखक

लेखक

रनवीर सिंह (तोमर) आत्मज स्व. श्री दिलीप सिंह

बी.ई. (इलेक्ट्रिकल), एफ.आई.ई., चार्टर्ड इंजिनियर .

जन्म – 02 जुलाई 1955

जन्म स्थान - गांव - नगला भूपसिंह, डाकघर - पिसावा, जिला अलीगढ़, उत्तर प्रदेश 202155.

शिक्षा – बी. एस सी. इंजीनियरिंग (इलेक्ट्रिकल) अलीगढ़ मुस्लिम यूनिवर्सिटी अलीगढ़ उ.प्र. (1978).

सेवा – मध्य प्रदेश विद्युत मंडल (1979 से 2015), 36 वर्ष, सेवानिवृत - अति. मुख्य अभियन्ता.

वर्तमान – फेकल्टी मेम्बर पावर डिस्ट्रीब्यूशन ट्रेनिंग सेंटर भोपाल.

वर्तमान निवास – मकान न. डुप्लेक्स - 11, कुटुम्ब अपार्टमेंट बलवन्त नगर, यूनिवर्सिटी रोड ठाठीपुर, ग्वालियर म.प्र. 474002.

अभिरुचि – पुस्तक अध्ययन, इलेक्ट्रिकल विषयों पर लेक्चर देना, सामाजिक गतिविधियाँ, वृक्षारोपण कार्य आदि.

अणु डाक – er.rsingh55@gmail.com , चलित दूरभाष +91 9425137463 .

प्रकाशित पुस्तकें – चौरासी का चक्कर, ऊर्जा संरक्षण एवं अक्षय उर्जा, विद्युत – सुरक्षा एवं उपचार, जाट संत, विद्युत वितरण संचालन और संधारण, जटवारा चम्बल सिंध, ज्योतिष और भारतीय पर्व, विद्युत ऊर्जा मीटर, अर्थिंग (भू संयोजन), विद्युत वितरण ट्रांसफार्मर, जाट कवि (प्रकाशक – नोशन प्रेस/Notion Press, वितरक – नोशन प्रेस, अमेज़न, फिल्पकार्ट).